PATRICIA DUFFY

Jeder blaue Buchstabe duftet nach Zimt

Buch

Was für Synästhetiker den Alltag bestimmt, bleibt für den Rest der Menschheit ein kaum nachvollziehbares Rätsel. Anfänglich wurden Menschen, die auf äußere Reize mit mehreren Sinnen zugleich reagieren, noch als hysterisch abgestempelt oder von der Wissenschaft gar als Geisteskranke eingestuft. Inzwischen fasziniert die außergewöhnliche Sensibilität eines Synästhetikers jedoch die moderne Hirnforschung. Patricia Duffy beschreibt ihre persönlichen Erfahrungen des Wahrnehmungsreichtums und erkundet Varianten dieser besonderen Begabung.

Autorin

Patricia Duffy ist Journalistin und schreibt für angesehene Zeitungen, Magazine und Literaturzeitschriften, u. a. den *San Francisco Chronicle*, *The Village Voice* und *The Philadelphian Inquirer*. Duffy, die lange als Dozentin für Sprachen und Kommunikation für die Vereinten Nationen tätig war, ist selbst Synästhetikerin. Sie ist Mitbegründerin der »American Synesthesia Association« und arbeitet für diese Organisation als Beraterin.

Patricia Duffy

Jeder blaue Buchstabe duftet nach Zimt

Wie Synästhetiker die Welt erleben

Aus dem amerikanischen Englisch
von Michael Müller

GOLDMANN

Die Originalausgabe erschien unter dem Titel
»Blue Cats and Chartreuse Kittens«
bei Times Books, Henry Holt & Company, New York.

Deutsche Erstveröffentlichung

Umwelthinweis:
Alle bedruckten Materialien dieses Taschenbuches
sind chlorfrei und umweltschonend.

Der Goldmann Verlag ist ein Unternehmen
der Verlagsgruppe Random House.

Deutsche Erstausgabe Juli 2003

Published by Arrangement with Patricia Duffy
Dieses Werk wurde vermittelt durch die Literarische Agentur
Thomas Schlück GmbH, 30827 Garbsen
Umschlaggestaltung: Design Team, München
Umschlagabbildung: Artothek/Willi (13897)
Satz: DTP-Service Apel, Hannover
Druck: Elsnerdruck, Berlin
Verlagsnummer: 15242
Redaktion: Birgit Schmitz
KF · Herstellung: Sebastian Strohmaier
Made in Germany
ISBN 3-442-15242-9
www.goldmann-verlag.de

1 3 5 7 9 10 8 6 4 2

Der Erinnerung
an meinen Vater Jack Duffy
gewidmet

Inhalt

The brain is wider than the sky,
For put them side by side
The one the other will include
With ease – and you beside.

Emily Dickinson

Weiter als der Himmel ist der Geist,
Denn stellst du den einen dem anderen zur Seit',
So wird der eine den anderen enthalten
Mit Leichtigkeit – und dich dazu.

Vorwort:

Mehr als ein Kuriosum. Synästhesie und die Wissenschaft vom menschlichen Verstand

> »Bis vor wenigen Jahren nahmen die Philosophen an, dass es einen typischen menschlichen Verstand gebe, dem der eines jeden einzelnen Menschen ähnele (...). Seit jüngster Zeit jedoch hat sich eine Fülle von Erkenntnissen ergeben, die uns zeigen, wie falsch diese Ansicht ist.«
>
> William James, 1890.

Vor mehr als einem Jahrhundert hat William James, der Vater der amerikanischen experimentellen Psychologie, festgestellt, dass jeder menschliche Verstand seine eigene Art und Weise besitzt, die Welt wahrzunehmen. Seitdem hat sich die Psychologie zu einer wissenschaftlichen Disziplin entwickelt, in der intensive Forschungen angestellt werden, und bis heute fördern wir immer neue Erkenntnisse zu Tage, die zeigen, wie Recht James mit seiner Feststellung hatte. In der Tat ist »Verschiedenheit« zu entdecken und zu analysieren ein Kennzeichen psychologischer Forschung geworden, und unsere Gesellschaft misst solcher »Diversität« heute großen Wert bei. Vor diesem Hintergrund sollten wir in besonderem Maße daran interessiert sein, etwas über das Bewusstsein und die mentalen Prozesse anderer zu erfahren und über die vielfältige Art und Weise, in der wir die Welt wahrnehmen. Das vorliegende Buch widmet sich einem besonders faszinierenden Phänomen: Es beschreibt und untersucht die persönlichen Empfindungen und Erfahrungen von Menschen, die Synästhetiker sind, das heißt, die eine eigenartige Verknüpfung von Sinneswahrnehmungen erfahren. Menschen mit Synästhesie können zum Beispiel sagen, dass sie die »Farben« von gesprochenen Wörtern oder von musikalischen Klängen »sehen« oder die »Gestalt« eines Geschmacks oder eines taktilen Sinneseindrucks »fühlen«. Diese Personen drücken sich nicht metaphorisch aus, sondern sie geben etwas wieder, was für sie eine alltägliche Realität ist.

Obwohl ich Synästhesie nicht aus persönlicher Erfahrung kenne, habe ich mich seit 1993 mit der wissenschaftlichen Erforschung dieses Phänomens beschäftigt. Mein lebhaftes Interesse für Synästhesie wurde durch eine Reihe von Gesprächen geweckt, die ich mit Dr. Simon Baron-Cohen führte, als ich nach meiner Promotion an der Universität Cambridge in England mit Forschungsarbeiten beschäftigt war. Dr. Baron-Cohen hatte schon mehrere wichtige Entdeckungen hinsichtlich der Natur dieser sehr seltenen sensorischen Erfahrung gemacht und forderte mich auf, die Methoden und Ergebnisse der kognitiven Neurobiologie zu ihrer weiteren Erkundung einzusetzen.

Seit damals sind Forschungsergebnisse von vielen Wissenschaftlern zusammengekommen und sie liefern gemeinsam einen substanziellen objektiven Beweis dafür, dass synästhetisches Wahrnehmen tatsächlich stattfindet (Grossenbacher und Lovelace, 2001). Ich engagiere mich weiterhin auf diesem Gebiet, assistiert wird mir von einem Doktoranden und einer Doktorandin, Christopher Lovelace und Carol Crane, die sich mit mir zusammen an den National Institutes of Health mit dem Studium der Synästhesie befassen. Mit großer Sorgfalt unter kontrollierten Bedingungen im Laboratorium durchgeführte Experimente haben psychologische Prozesse offen gelegt, die das bestätigen, was Synästhetiker aus ihrer subjektiven Erfahrung berichten.

Auf einer rein wissenschaftlichen Ebene liefert Synästhesie uns eine wundervolle Gelegenheit zu erfahren, wie die Eindrücke, die wir durch die verschiedenen Sinne, den Gesichts-, den Gehör-, den Geruchs-, den Geschmacks- und den Tastsinn, empfangen, im Gehirn zusammenkommen. Da wir schon viel darüber wissen, wie jeder dieser Sinne für sich alleine funktioniert, ist die Wissenschaft jetzt in der Lage, besser zu ermitteln, wie sie miteinander interagieren.

Wenn sie zum ersten Mal etwas über Synästhesie hören, fragen die meisten Menschen sich, ob sie das glauben können, was man ihnen erzählt. Wie sollte es möglich sein, dass einige Menschen jeden Tag solche fantastischen Verschmelzungen von Sinneseindrücken erleben, wenn doch die meisten nie etwas Derartiges kennen gelernt haben? Um das besser zu verstehen, lohnt es sich, eine ähnliche Auseinandersetzung über eine andere sensorische Erfahrung zu betrachten, die man ebenfalls einmal mit großer Skepsis ansah. In der ersten Hälfte des 20. Jahrhunderts gab es eine heftige wissenschaftliche Debatte darüber, ob visuelles Vorstellungsvermögen wirklich existierte, das heißt, die Fähigkeit, sich bewusst etwas vor das innere Auge zu führen. Nicht alle Menschen denken in Bildern; einige sind nicht in der Lage, sich eine vertraute Szene bildlich vorzustellen, sie zu »sehen«, wenn sie diese nicht wirklich vor Augen haben. Wie können solche Leute sicher sein, dass andere wirklich Bilder in ihrem Inneren heraufrufen können? Die wissenschaftliche Debatte darüber wurde beigelegt, als objektive Messungen des Verhaltens und physiologischer Vorgänge überzeugendes Beweismaterial dafür lieferten, dass es tatsächlich eine solche Art des Vorstellunsgvermögens gab. So wiesen Wissenschaftler etwa nach, dass die Zeit, die nötig ist, um sich mental von einem Teil eines Bildes zu einem anderen zu bewegen (also zum Beispiel sich erst einen Raum in seinem Haus oder seiner Wohnung vorzustellen und dann einen anderen) von der Entfernung abhängt, die in der imaginierten Szene zwischen diesen Teilen liegt (Kosslyn, Ball, Reiser, 1978). Dieses Forschungsergebnis zeigte, dass das Wahrnehmen von inneren Bildern auf der geistigen Vergegenwärtung der räumlichen Anordnung einer visuellen Szene beruht, genau wie bei der eigentlichen visuellen Wahrnehmung.

Nachdem sie festgestellt hatten, dass es wirklich zum Wahrnehmen von inneren Bildern kommt, wollten die Wissenschaftler herausfinden, welche Prozesse dabei im Gehirn ablaufen. Die Positronenemissionstomographie – oder PET – ist ein hochmodernes Verfahren, mit dem man den veränderten Blutfluss in den einzelnen Hirnregionen im Verlauf eines Wahrnehmungsprozesses messen kann. Bei mehreren physiologischen Studien ist das PET-Verfahren eingesetzt worden, um Muster des Blutstroms beim Wahrnehmen von inneren Bildern zu ermitteln, und in jüngerer Zeit durchgeführte Forschungen haben gezeigt, dass es in den Gehirnen von Synästhetikern zu einer neuralen Aktivität ganz besonderer Prägung kommt.

Man kann sich wohl bereits vorstellen, auf welche Art und Weise ein größeres Wissen über die faszinierende Anomalität, die Synästhesie darstellt, für andere Gebiete fruchtbar gemacht werden könnte. Es ist möglich, dass die Verbindungen, die in den Gehirnen von Synästhetikern existieren, auch in den Gehirnen von Nicht-Synästhetikern vorhanden sind, dort jedoch ungenutzt bleiben. Wenn das so ist, könnte es möglich werden, neue Methoden zur Rehabilitation von Patienten, die einen Schlaganfall erlitten haben oder an anderen Schädigungen des Gehirns leiden, auszuarbeiten. Es ginge darum, ihnen beizubringen, wie sie diese latenten Verbindungen, die von Synästhetikern aktiv eingesetzt werden, nutzen können.

Das vorliegende Buch ist insofern bemerkenswert, als es die persönlichen, inneren Erfahrungen verschiedener Synästhetiker schildert. Diese Einblicke in ihre Innenwelten sind an sich schon faszinierend, sie können aber auch jeden Leser und jede Leserin, ob sie nun selber synästhetische Erfahrungen erleben oder nicht, dazu anregen, sein bzw. ihr eigenes Bewusstsein weiter zu ergründen. Eine größere Bewusstheit im Umgang mit sich zu kultivieren ist der einzige sichere Weg, dafür zu sorgen, dass die Reichhaltigkeit des Lebens nicht an uns vorüberzieht. Ich hoffe aufrichtig, dass das, was wir im vorliegenden Buch über das mentale Leben von Synästhetikern erfahren, uns dazu animieren wird, unsere eigene Natur tiefer zu erforschen. In dem vorangestellten Epigraph hat William James die idiosynkratische Natur des menschlichen Geistes herausgestrichen. Nur wenn wir unsere eigene Erfahrung in dieser Hinsicht mit der anderer vergleichen, können wir selbst feststellen, ob er Recht hatte.

Juli 2000

Peter G. Grossenbacher, Ph. D.
National Institute of Mental Health
Bethesda, Maryland

Prolog:

50 blaue Katzen für Dad

> Die Unterschiede zwischen den Menschen sind gewaltig, und wir können nur davor bewahrt werden, in blinder Unkenntnis unserer eigenen geistigen Besonderheiten zu leben, wenn wir es uns zur Gewohnheit machen, uns, so gut es geht, über die anderer zu informieren.
>
> Sir Francis Galton,
> *Inquiries Into the Human Faculty*

Ich war sechzehn, als ich es herausfand. Das war im Jahr 1968. Mein Vater und ich unterhielten uns in der Küche – er lehnte, wie üblich, wenn er mit mir sprach, neben der Tür zur Speisekammer, während ich mich auf einen Stuhl vor dem Fenster platziert hatte. Wir tauschten Erinnerungen über die Zeit aus, in der ich ein kleines Mädchen gewesen war und gelernt hatte, die Buchstaben des Alphabets zu schreiben. Wir entsannen uns, wie ich unter seiner Anleitung alle Buchstaben sehr schnell gelernt hatte – mit einer Ausnahme: dem R.

»Bis ich dann eines Tages begriff«, sagte ich zu meinem Vater, »dass ich, um ein R zu schreiben, nur erst ein P hinzumalen und dann von seinem Buckel aus einen Strich nach unten zu ziehen brauchte. Und ich war unheimlich überrascht, dass ich einen gelben Buchstaben in einen orangefarbenen verwandeln konnte, indem ich einfach einen Strich hinzufügte.«

»Gelber Buchstabe? Orangefarbener Buchstabe?«, fragte mein Vater. »Wie meinst du das?«

»Nun«, antwortete ich, »P ist doch ein gelber Buchstabe, das R dagegen ist orange. Du weißt doch, was ich meine – die Farben der Buchstaben.«

»Die Farben der Buchstaben?«, sagte mein Vater erstaunt.

Das Gespräch war nie vorher darauf gekommen. Ich hatte es nie für nötig befunden, es irgendjemand gegenüber zu erwähnen. Solange ich denken konnte, hatte jeder Buchstabe des Alphabets eine andere Farbe gehabt. Auch jedes Wort hatte seine eigene Farbe gehabt – für gewöhnlich die seines Anfangsbuchstabens – und ebenso jede Ziffer. Die Farbe der Buchstaben, Wörter und Ziffern war ebenso ein fester Bestandteil von ihnen wie ihre Gestalt, ihre Form, und wie ihre Formen wandelten sich diese Farben nie. Sie erschienen automatisch, wann immer ich Buchstaben oder Wörter sah oder an sie dachte, und ich konnte sie nicht ändern.

Ich hatte es für gegeben angesehen, dass die ganze Welt diese Wahrnehmungen mit mir teilte, daher kam die entgeisterte Reaktion meines Vaters völlig unerwartet für mich. Von meiner Warte aus hatte ich eine ganz gewöhnliche Feststellung von der Art »Äpfel sind rot« oder »Blätter sind grün« getroffen – und damit totale Verblüffung ausgelöst. Ich wusste damals eben noch nicht, dass solche Dinge, wie gelbe Ps und orange Rs oder grüne Bs, purpurrote Fünfen, braune Montage und türkisfarbene Donnerstage wahrzunehmen, nur einem unter zweitausend Menschen vorbehalten sind, jemandem, bei dem sich wie bei mir selbst, ein eigenartiges neurologisches Phänomen manifestiert, das man »Synästhesie« nennt. Bei Synästhesie verhält es sich so, dass, wenn einer der fünf Sinne stimuliert wird, zusätzlich ein weiterer Sinn auf den Reiz anspricht. Das kann dazu führen, dass »Synästhetiker« merkwürdige miteinander verknüpfte Sinneswahrnehmungen haben, sodass ein bestimmter Geschmack für sie beispielsweise eine bestimmte Form aufweist. Später in meinem Leben las ich über Synästhetiker wie Michael Watson, von dem der Neurologe Dr. Richard Cytowic in seinem Buch *Farben hören, Töne schmecken* berichtet; für Watson löste der Geschmack eines gut durchgegarten Huhns das Gefühl von etwas Spitzem aus, das auf seiner Handfläche lag, während der Geschmack eines nicht lange genug gekochten Huhns ihn das Gefühl von etwas enttäuschend Rundem verspüren ließ. Ein anderer Synästhetiker erzählte, dass der Name »Francis« für ihn »den Geschmack von Baked Beans« habe, und die Künstlerin Carol Steen – ebenfalls Synästhetikerin – berichtete, dass starke Kopfschmerzen »aufdringlich orange«, leichte hingegen »bloß grün« seien. Ich las später auch, wie die Neurologen solche Phänomene zu erklären versuchen: Im Laufe der letzten zehn Jahre haben Neurophysiologen an der Universität Cambridge Forschungen durchgeführt, die darauf hinzudeuten scheinen, dass Synästhesie durch Gene weitergegeben wird, die im Hirn von Synästhetikern eine ungewöhnliche Anordnung von Neuronen bewirken, sodass der Gesichtssinn sich mit dem Gehörsinn, der Geschmackssinn sich mit dem Tastsinn überschneidet.

Doch an jenem Tag in der Küche waren mein Vater und ich, die wir beide noch nie etwas von Synästhesie gehört hatten, ganz einfach verwirrt. Die Bestürzung meines Vaters steigerte sich noch, als er erfuhr, dass seine Tochter nicht nur farbige Buchstaben sah, sondern auch farbige Zahlen, und dass sie sogar Zeit als etwas Farbiges wahrnahm: Eine Woche war ein bunter Gehsteig, der mit sieben quadratischen Platten – einer für jeden Tag – gepflastert war, und ein Jahr stellte sich mir als eine langgestreckte Kette von zwölf bunten Rechtecken dar. Mein Vater war über meine Schilderungen überrascht, und ich war überrascht über seine Überraschung. Für mich war es einer dieser Momente im Prozess des Erwachsenwerdens, in dem man eine Ahnung davon erhält, dass die Welt möglicherweise nicht so ist, wie man sie bislang wahrzunehmen gelernt hat. Es war ein Moment, in dem die grundlegendste aller Fragen, die Frage, die Menschen gesellschaftlich miteinander verbindet – »Siehst du das, was ich sehe?« – in einem luftleeren Raum zu schweben und keinerlei Bezug auf gemeinsam Erfahrenes zu nehmen schien.

Ich fühlte mich auf einmal auf einer eigenen privaten Insel von marineblauen Cs, dunkelbraunen Ds, grünfunkelnden Siebenen und weinroten Vs ausgesetzt. Ich fragte mich, was ich sonst noch anders als der Rest der Welt sah. Was sah der Rest der Welt, das ich nicht sah? Mir kam der Gedanke, dass vielleicht jeder Mensch auf der Welt irgendeine kleine merkwürdige Eigenschaft hinsichtlich seiner Wahrnehmung besaß, deren er sich nicht bewusst war und die ihn auf seine private Insel verbannte und ihn auf mysteriöse Weise von allen anderen abtrennte. Und ganz plötzlich überkam mich das Schwindel erregende Gefühl, dass es viele dieser privaten Inseln geben könnte.

Das Gespräch in der Küche veranlasste meinen Vater dazu, auf der Suche nach Informationen, die die merkwürdigen Wahrnehmungen seiner Tochter erklären könnten, Bibliotheken und Buchhandlungen zu durchkämmen. Den ersten Hinweis auf Synästhesie entdeckte er in einer Buchhandlung in einem alten, abgegriffenen Exemplar von *Yoga Digest*, und zwar in einem Artikel über Meditation. Mein Vater und ich sollten später herausfinden, dass auch andere synästhetisches Terrain bereist hatten: Arthur Rimbaud, der französische Lyriker des neunzehnten Jahrhunderts, verfasste ein Sonett mit dem Titel *Vokale*, in dem er davon sprach, dass er farbige Vokale sah; einer der größten Romanciers des zwanzigsten Jahrhunderts, Vladimir Nabokov, schilderte in seiner Autobiografie *Erinnerung, sprich* wie sein farbiges Alphabet aussah; die Komponisten Franz Liszt und Olivier Messiaen sahen beide bunte Töne – Liszt soll einmal den Musikern eines Orchesters die Anweisung gegeben haben: »Ein bisschen blauer bitte, meine Herren«, und Messiaen setzte seiner Farbmusik mit Kompositionen wie »Les couleurs du Temps« ein Denkmal. Der Maler David Hockney erzählte, wie sehr ihm die Tatsache, dass er »bunte Musik« hörte, dabei half, Bühnenbilder für die Metropolitan Opera zu entwerfen. Carol Steen setzt ihre synästhetischen Wahrnehmungen in Skulpturen und Gemälde um, und als der Physiker Richard Feynman die Quantentheorie formulierte, die ihm den Nobelpreis einbrachte, »sah« er farbige Gleichungen.

Auch Menschen von weit weniger Ehrfurcht gebietender Geistesgröße haben die Welt synästhetisch erfahren. Sie neigen aber dazu, über ihre Wahrnehmungen zu schweigen, denn sie fühlen sich durch die Tatsache gehemmt, dass so viele Menschen Synästhesie weder selber erfahren noch je davon gehört haben. Wir Synästhetiker müssen schon früh feststellen, dass den meisten Menschen unsere Wahrnehmungen einfach nur merkwürdig vorkommen oder sogar suspekt sind. Andere Menschen sehen nicht das, was wir sehen, und sie sind nicht wirklich überzeugt davon, dass wir selbst es sehen. Doch was wir sehen, ist die Realität, die wir kennen, und wir besitzen nicht die Freiheit, sie zu ändern. Ich bin ebensowenig in der Lage, die weiße Farbe des Buchstabens O zu verändern wie seine kreisförmige Gestalt. Für mich ist das eine in gleichem Maß ein Attribut des Buchstabens wie das andere. Für einen Synästhetiker sind die Farben von Buchstaben, Zahlen oder Noten nichts Beiläufiges oder Nebensächliches. Sie sind da, fester Bestandteil des Dings, das sie in dieser Welt sichtbar zu machen helfen.

Jahrhundertelang haben Wissenschaftler nicht gewusst, was sie mit den absonderlichen Berichten von Synästhetikern anfangen sollten. Da sie nur mit anekdotischem Material arbeiten konnten, kamen ihre Versuche zu einer wissenschaftlichen Erforschung des Phänomens beinahe zum Erliegen. Sogar Sir Francis Galton, der große Wissenschaftler des neunzehnten Jahrhunderts, der einen großen Teil seiner Zeit dem Studium von Berichten über synästhetische Wahrnehmungen widmete, verkündete anfangs: »Eine diese Erzählungen ist verrückter als die andere.« Jetzt, da die Wissenschaft die technischen Mittel besitzt, in das Gehirn hineinzuschauen und seine Aktivität zu beobachten, hat man die Erforschung von Synästhesie wieder aufgenommen. Heutzutage blicken die Wissenschaftler an bedeutenden Universitäten und Instituten – wie dem Pierce Laboratory der Universität Yale, dem Massachusetts Institute of Technology, den National Institutes of Health und der Universität Cambridge –, die glauben, dass man über die Erforschung des Phänomens vielleicht Geheimnissen des menschlichen Gehirns auf die Spur kommen könnte, mit Scannern neuester Technologie in die Gehirne von Synästhetikern.

1993 stieß mein Ehemann Josh ausgerechnet in der Zeitschrift *The Economist* auf einen Artikel über einige dieser in jüngster Zeit angestellten Forschungen. Als er mir den Aufsatz ganz beiläufig herüberreichte, fragte er: »Ist das nicht das, von dem du sagst, dass du es hast?« In dem Artikel mit dem Titel »Purple Prose«, der von Alison Motluck verfasst war, die selber Synästhetikerin ist, wurde über die Arbeit am Londoner Institute of Psychiatry berichtet. Dort stand ein Dr. Simon Baron-Cohen einem Team von Neurologen vor, die dabei waren zu entdecken, dass in den Gehirnen von Synästhetikern wirklich etwas Anderes vorgeht. Ich schrieb umgehend an Dr. Baron-Cohen und unternahm im darauf folgenden Sommer sogar eine »Pilgerfahrt« nach London, um mit ihm zusammenzutreffen. Bei einer Tasse Tee in seinem Büro im Londoner Stadtteil Denmark Hill erzählte er mir, dass Synästhetiker, die Buchstaben und Wörter in Farbe wahrnehmen, Sprache und Geräusche in einem Teil des Gehirns verarbeiten, der normalerweise für die Verarbeitung von visuellen Sinneseindrücken reserviert ist. Er wies mich auch auf die International Synesthesia Association (ISA) hin, die schon eine Reihe eintägiger Symposien mit Vorträgen von Synästhetikern und Forschern finanziert hatte. Ich wurde schnell Mitglied der ISA und einige Jahre später reiste ich nach England, um eine der von ihr organisierten Konferenzen zu besuchen, die an der Universität Cambridge abgehalten wurde.

An diesem Treffen nahmen ungefähr fünfzig Synästhetiker teil und hörten sich Vorträge an, in denen ihre Wahrnehmungen in das würdige Gewand wissenschaftlicher »Befunde« gekleidet wurden. Die Forscher berichteten, dass die Schilderungen von Synästhetikern gemeinsame Merkmale enthielten: Für sehr viele von ihnen nehme ein Wort die Farbe an, die sein Anfangsbuchstabe ausstrahlte, und für fast alle besäßen die Buchstaben O, I und U Farben, die derselben Skala angehörten – sie wären weiß, weiß bis fahlgrau oder gelb bis hellbraun. Wir erfuhren auch, dass man nach einer möglichen genetischen Basis für Synästhesie forsche, da das Phänomen gehäuft bei Mitgliedern ein- und derselben Familie vorzukommen pflege. Die Wissenschaftler erklärten uns, dass sie hofften, durch die Untersuchung von Synästhesie umfassendere Einblicke in die mysteriöse Funktionsweise des menschlichen Gehirns zu erhalten und vielleicht auch in die Art und Weise, in der alle Menschen – Synästhetiker wie Nicht-Synästhetiker – ihre Wahrnehmungen filtern und ihre Welt »färben«.

Als die Synästhetiker nachmittags im eleganten Old Combination Room von Cambridge bei Tee und Keksen miteinander plauderten, waren sie alle in Hochstimmung. »Ich fühle mich bestätigt«, war der Satz, den man am häufigsten hörte. Es waren alles Leute, denen ihre Angehörigen, Freunde und Kollegen jahrelang erzählt hatten, dass ihre Wahrnehmung von farbigen Klängen »albern«, »verrückt« oder – was am schlimmsten war – »erdichtet« sei. Die meisten hatten es schon vor langer Zeit aufgegeben, solche Wahrnehmungen mit anderen teilen zu wollen. Eine Frau mittleren Alters, die in Cambridge zu Hause war, gestand mir mit leiser Stimme: »Als ich als Kind zum ersten Mal erwähnte, dass der Name von jedermann eine Farbe besitze, sagte man mir, dass ich sehr dumm oder sehr albern sein müsse, um solche

Dinge zu behaupten.« Als Erwachsene war sie nun begeistert davon, an dem Programm der Universität zur Erforschung von Synästhesie mitwirken zu können.

Dass so viele an diesem Tag ein Gefühl der Selbstbestätigung verspürten, überrascht nicht, wenn wir uns vergegenwärtigen, wie viel von der Frage abhängt »Siehst du, was ich sehe?«: wen wir heiraten werden, aber auch, wer unsere Freunde und unsere Verbündeten im Büro sein werden. Es ist eine der grundlegenden Fragen, eine der Fragen, die uns in unserem Leben vorantreiben, uns dazu bringen, einige der intimsten Momente mit anderen zu teilen, und unser Gefühl von dem, was wir sind und was die Welt ist, festigen.

Daheim in New York, fern von der Versammlung der Synästhetiker, finde ich Zuflucht im Internet, diesem großen Bestätiger nicht der Norm entsprechender Wahrnehmung. Wenn ich mich auf der Synästhesie-Website des Massachusets Institute of Technology einlogge, wird mir klar, dass ich das Gespräch wieder aufnehmen will, das ich damals, 1968, mit meinem Vater geführt habe.

Lange bevor es das Internet gab und bevor renommierte Universitäten der Erforschung der Synästhesie mit Konferenzen und Websites Dignität verliehen, bestärkte mein Vater, er ganz allein, mich in dem, was ich sah. Weil er überzeugt war, dass den ungewöhnlichen Wahrnehmungen seiner Tochter irgendeine interne Logik innewohnen musste, war er bereit dazu, seinen Unglauben aufzugeben, was die Voraussetzung dafür ist, dass sich die eigene Sichtweise für die eines anderen Menschen öffnet.

Vor einigen Monaten stöberte ich in eben der Küche, wo mein Vater und ich uns vor so vielen Jahren über mein buntes Alphabet unterhalten hatten, in einer Schublade herum.

Ich stieß auf eine Zeichnung, die ich angefertigt hatte, als ich sieben gewesen war, und »50 blaue Katzen für Dad« genannt hatte. Auf der Rückseite hatte mein Vater eine Notiz geschrieben, die er mit dem Datum »Mai 68« versehen hatte; sie lautete: »Aktueller Nachtrag zu Pattys Kunstwerk. Sie hat mir heute erzählt, dass ›Katze‹ ein blaues Wort ist. Jetzt verstehe ich, warum diese Katzen blau sind.«

I

Ich zeichne farbige Wörter für meinen Vater

Farben verbergen sich in allem, auch in der Nacht.

Katherine Vaz, *Saudade*

So weit ich mich zurückerinnern kann, sind die Buchstaben des Alphabets, aber auch ganze Wörter und Zahlen farbig gewesen. Ich erinnere mich aber auch, dass in der Zeit, bevor ich lesen und schreiben lernte, jedes Wort vor meinem inneren Auge ein eigenes und unveränderliches buntes Muster entstehen ließ. Manchmal brachte ich die Wortmuster, die ich »sah«, zu Papier und zeigte die Bilder, wie alle anderen, die ich malte, meinem Vater.

Mein Vater war damals viel zu Hause. Zuerst ließ er sich von der Arbeit beurlauben, um sich um seinen eigenen Vater zu kümmern, der in eine durch Alter und Krankheit ausgelöste Depression verfallen war. Als mein Großvater dann starb, stürzte mein Vater selbst in eine Depression. In jener grauen Dekade der Fünfzigerjahre durften Väter eigentlich nicht viel zu Hause sein oder an Depressionen leiden. Meine Mutter sagte mir, ich würde meinen Vater aufheitern. Ich glaube, dass unsere Experimente mit Farben dazu beitrugen.

Ich weiß noch, wie mein Vater in dem großen, durchgesessenen grünen Wohnzimmersessel saß, einen Ellbogen auf die Armlehne gestützt, sein Kinn in die Hand geschmiegt. Ich pflegte mit der Hartnäckigkeit eines vierjährigen Kindes an dieser Hand zu zerren, entschlossen, ihm Fragen über meine Buntstifte zu stellen. Ich brauchte eine Farbe, die nicht in der Schachtel war. Was sollte ich tun? Als ich klein war, malte ich viele Bilder, und Buntstifte spielten eine große Rolle in meinem Leben. Auf meine Beharrlichkeit hin ließ mein Vater sich aus seinem düsteren Polstersessel zu meinem hell glänzenden roten Tischchen ziehen, auf dem ich jeden Tag Bilder aller Art malte. Die Tischplatte lag immer voller Zeichenpapier und Stifte in allen möglichen Farben, Formen und Größen. »Aber ich habe kein Rosa«, sagte ich zu meinem Vater, »und ich brauche Rosa.« Die Farbe Rosa war an jenem Tag einfach unheimlich wichtig. Ich malte ein Bild von einem Wort – ich weiß heute nicht mehr, welches Wort es war –, in dessen Muster sehr viel Rosa vorkam.

Es machte mir Spaß, die verschiedenen Wortmuster zu malen, die vor meinem inneren Auge erschienen, wenn ich Wörter hörte. Mir kam es nie in den Sinn, jemandem zu erzählen, dass es sich um die Darstellungen von Wörtern handelte. Es waren einfach meine »Muster«. Jedes von ihnen war sehr konsistent und beinhaltete eine Menge verschiedener Formen und Farben, wie die Muster, die man in einem Kaleidoskop sieht. Das Wort, das ich an jenem Tag malen wollte, hatte eine Menge Rosa in seinem Muster.

»Wenn du kein Rosa hast«, sagte mein Vater, »kannst du vielleicht deinen roten Stift nehmen. Wenn du nicht sehr stark mit ihm aufdrückst, dann kommt eine Farbe raus, die fast wie Rosa ist.«

»Nein«, antwortete ich, »ich brauche Rosa.«

Mein Vater sah erschöpft aus. Er schlief in jener Zeit in manchen Nächten nicht sehr gut und wirkte dann den ganzen Tag lang müde. Einen Augenblick dachte ich, dass er zu seinem Sessel im Wohnzimmer zurückgehen würde. Doch ich brauchte Hilfe beim Malen meines bunten Bildes, und ich wusste, dass er deswegen bei mir bleiben würde.

»Ich brauche Rosa, Daddy!«, sagte ich noch einmal.

»Nun«, meinte mein Vater, »vielleicht können wir mit deinem roten und deinem weißen Stift Rosa machen.«

»Rosa machen?«, fragte ich.

»Ja«, sagte mein Vater, »wenn man zwei Farben miteinander mischt, dann bekommt man eine ganz neue.«

»Eine ganz neue Farbe?«, wiederholte ich voller Staunen. »Wir können Rosa machen?« Das klang für mich nach Zauberei. Meine kindliche Verblüffung ließ meinen Vater dort bei meinem roten Tisch verweilen und hielt ihn davon ab, zu seinem grau-grünen Sessel zurückzukehren. Er schlug sogar vor, dass wir in der Küche ein Farbexperiment durchführten, dass wir neue Stifte mit neuen Farben herstellten, indem wir die alten Stifte aus der Schachtel einschmolzen und neu miteinander kombinierten.

In der Küche flutete das Sonnenlicht durch das Fenster, durch das man auf den Kirschbaum im Hinterhof blickte, in dessen Zweigen Vögel saßen und an den winzigen roten Früchten pickten. Ich sah aufgeregt zu, wie mein Vater mit dem Gemüsehobel meiner Mutter die Malstifte klein raspelte. Leuchtend rote und weiße Späne fielen von dem Hobel in einen Topf, der auf dem Herd stand, während draußen die Spatzen tschilpten und Schatten des Kirschbaumes über die Wände um uns herum zuckten. Mein Vater entzündete die Gasflamme, und ich verfolgte erstaunt mit, wie die Späne sich verflüssigten. Als sie sich alle aufgelöst hatten, goss mein Vater die Flüssigkeit in einen metallenen Halter, der eigentlich für die Aufnahme eines Kugelschreibers bestimmt war, und schob diesen Halter dann in den Backofen. Nachdem das Ganze lange genug »ausgebrütet« worden war, nahm er den Halter wieder aus dem Ofen heraus, öffnete ihn – und wie ein frisch geschlüpftes Küken lag ein neuer rosa Stift vor uns. Er war ein bisschen schief und krumm, aber dennoch ein rosa Stift, der sich zum Malen verwenden ließ.

Ich war entzückt und tanzte mit meinem neuen rosa Stift in der Küche umher.

»Können wir noch mehr Farben machen?«, fragte ich, weil ich wollte, dass mein Vater bei mir in der hellen Küche blieb.

Wir wiederholten das Experiment und kombinierten verschiedene bunte Malstifte miteinander, um welche von ganz neuer Farbe herzustellen. Wenn wir darauf warteten, dass ein solcher Stift im Ofen hart wurde, bemerkte ich, dass mein Vater ein trauriges Gesicht machte und in die Tiefe von irgendetwas hineinstarrte, das ich selbst nicht sehen konnte. Ich zog dann aber an seiner Hand und bestand darauf, dass es an der Zeit sei, »noch mehr Regenbogenfarben zu sehen« und noch mehr Stifte herzustellen. Mein Vater erhob sich und verschmolz die Späne von einem gelben und einem efeugrünen Crayola-Stift miteinander, sodass wir einen hellgrünen erhielten, und kombinierte dann die von einem gelben mit einem roten, sodass wir einen selbstgemachten Stift aus dem Backofen ziehen konnten, der so leuchtend orange wie der Sonnenschein war.

Mir kam eine Idee: Wenn man solche wunderbaren neuen

Farben herstellen konnte, indem man einfach zwei Malstifte miteinander verschmolz, was für eine wunderbare Farbe würden wir dann wohl erhalten, wenn wir alle die verschiedenen Stifte in meiner Schachtel miteinander verschmolzen? Ich fragte meinen Vater, ob wir nicht einen Stift machen könnten, der sich aus all den verschiedenfarbigen, die ich besaß, zusammensetzte.

Er zögerte einen Augenblick, dann sagte er: »Okay, wir werden einen Versuch machen. Wir werden sehen, was passiert.« Dann raspelte er den Rest meiner Stifte klein und schmolz sie zusammen; das Konfetti aus bunten Spänen verwandelte sich in dem Topf rasch in flüssige, farbige Strudel. Nachdem wir die Masse in den metallenen Halter gegossen hatten, warteten wir eine Weile, denn mein Vater meinte: »Dies hier braucht länger, bis es hart ist.« Er ging zurück ins Wohnzimmer und ließ sich wieder in seinen Sessel sinken.

»Daddy, Daddy, komm und schau dir die Regenbogenfarben an, schau dir die Regenbogenfarben an!«, sang ich unaufhörlich vor mich hin, während ich zwischen dem Wohnzimmer und der Küche hin- und herlief.

Nach einiger Zeit ließ mein Vater sich wieder von mir zum Küchenherd ziehen. Er nahm den Kulihalter aus dem Ofen und öffnete ihn. Zu meiner Überraschung und Enttäuschung war das, was zum Vorschein kam, nicht die prächtige »Regenbogenfarbe«, mit der ich gerechnet hatte, sondern bloß ein einfacher schwarzer Stift.

»Warum, Daddy?«, fragte ich. »Warum ist er einfach nur schwarz?«

»Wenn du alle verschiedenen Farben zusammenmischst«, sagte mein Vater sanft, weil er mir meine Enttäuschung anmerkte, »erhältst du Schwarz.«

In meinem kindlichen Verstand brachte ich das Schwarzwerden der so vielversprechenden Farbstrudel mit der Traurigkeit meines Vaters in Zusammenhang.

Für den Rest des Tages saß ich an meinem roten Tischchen und malte wie wild mit meinem schwarzen Stift, das heißt, ich malte ein Blatt Papier nach dem anderen schwarz an und zeichnete dann ein leuchtend-buntes Wortmuster auf diesen dunklen Untergrund. So erschienen die Wortmuster auch tatsächlich vor meinem inneren Auge: als leuchtende, bunte, kaleidoskopartige Gebilde, die, von dem Klang der Wörter herbeigerufen, aus tiefer Schwärze auftauchten.

Später an jenem Tag zeigte ich meinem Vater alle die farbenprächtigen Bilder, die ich mit meinen Stiften gemalt hatte; es kam mir aber nie der Gedanke, ihm zu erzählen, dass es die Darstellungen von Wörtern waren. Sie waren einfach nur meine »*designs*«. Ich entsinne mich noch sehr gut, dass mir der Klang des Wortes »design« gefiel und ich auch von ihm ein Bild malte. Heute habe ich aber nur noch eine ganz verschwommene Erinnerung daran, wie jenes Wortmuster – oder irgendeines der anderen – aussah.

Einige Leute haben mich gefragt, warum ich meine farbigen Wörter als Kind niemandem gegenüber erwähnt habe. Es kam mir eben nie in den Sinn, über sie zu sprechen. Sie waren einfach Teil der Welt, die zu entdecken ich im Begriff war. In jenem Alter verwoben sich verschiedene Vorkommnisse unauflösbar miteinander, um sich zu einem einzigen Gebilde gelebter Erfahrung zusammenzufügen. Ich kam nie auf den Gedanken, dieses Gebilde aufzulösen und die Muster, die ich wahrnahm, zu beschreiben, so als ob sie etwas Ungewöhnliches wären. Sie zu sehen, wenn ich Wörter hörte, hatte seit jeher zu meiner Erfahrung gehört, und ich stellte mir daher nie die Frage, ob auch andere Leute Wörter als bunte Muster hörten. Ich fand die Muster in meinem Kopf einfach schön, und ich wollte sie auf meinem Zeichenpapier abbilden, um meinen Vater glücklich zu machen (siehe Bildteil S. 1).

Jetzt jedoch existieren die hübschen Wortmuster nur noch als blasse Erinnerungen. Einigen Forschern zufolge – wie Dr. Lawrence Marks von der Universität Yale – legen viele Kinder, die in ihrer Jugend starke synästhetische Erfahrungen haben, diese Wahrnehmungsweise im Erwachsenenalter ab. Bei einem von zweitausend Menschen bleibt sie jedoch erhalten. Der Grund dafür könnte – zumindest partiell – ein physiologischer sein. Im Prozess des Heranreifens lernt das Gehirn, seine sensorischen Reaktionen ganz klar zu unterscheiden: dies ist Sehen – dies ist Hören – dies ist Riechen – dies ist Schmecken – dies ist Fühlen. Das heißt, die sensorischen Reaktionen überschneiden sich nicht mehr. Doch die noch unreifen Gehirne von Babys scheinen ganz anders zu arbeiten. Die Wissenschaftlerin Daphne Maurer berichtet, dass alle Kinder unter vier Monaten synästhetische Reaktionen erleben, weil das Gehirn seine Funktionen noch nicht aufgefächert hat, noch keine einzelnen Abteilungen geschaffen hat, die getrennt voneinander auf einen Reiz reagieren, je nachdem ob er visuell, auditiv, olfaktorisch, gustatorisch oder taktil ist. Das kleine Kind löst eine Erfahrung nicht in einzelne sensorische Komponenten auf. In einem Artikel mit dem Titel »Synästhesie bei Neugeborenen« legt Maurer dar: »Die Sinneswahrnehmungen eines Neugeborenen sind nicht gut voneinander unterschieden, sondern stattdessen in einem synästhetischen Durcheinander miteinander vermischt.« In ihrem Buch *The World of the Newborn* beschreiben Daphne und Charles Maurer die sensorische Erfahrung eines Kleinkindes folgendermaßen:

> »Seine Welt riecht für es mehr oder weniger so, wie unsere Welt für uns riecht, doch es nimmt Gerüche nicht allein als durch die Nase kommend wahr. Es hört Gerüche und sieht Gerüche und fühlt sie auch. Seine Welt ist ein Gemisch aus stechenden Aromen – und stechenden Klängen und bitter riechenden Klängen und süß riechenden visuellen Eindrücken und sauer riechenden Druckgefühlen auf der Haut. Wenn wir der Welt eines Neugeborenen einen Besuch abstatten könnten, würden wir glauben, in eine halluzinatorische Parfümerie geraten zu sein.«

Kleinkinder nehmen ganzheitliche Konfigurationen von Energie wahr, anstatt diese Konfigurationen den Filter unserer fünf Sinne passieren zu lassen, sodass durch den einen oder den anderen etwas auf uns einwirkt.

Mit der Zeit jedoch entwickelt sich das Gehirn und teilt seine Funktionen in bestimmte Sektoren auf, sodass die synästhetische Fusion der frühen Kindheit den voneinander getrennten sensorischen Erfahrungen der späten Kinderjahre und des Erwachsenenalters weicht. Einer Theorie zufolge bleibt einigen Erwachsenen die eine oder andere Form von Synästhesie deswegen erhalten, weil die Trennung der Funktionen in ihren Gehirnen nicht vollständig vollzogen wird. Diese unvollkommene Entwicklung bewirkt, dass das Gehirn sinnliche Erfahrungen partiell miteinander verknüpft aufnimmt, Gehörtes mit Gesehenem verschmilzt, etwas Gefühltes sich mit einem Geschmack verbindet, ein Geschmack mit einer bestimmten äußeren Gestalt einhergeht – je nach der Person. Eine ganze Palette synästhetischer Erfahrungen ist möglich, und seit Jahrhunderten haben sie nicht nur in wissenschaftlichen Zeitschriften einen Widerhall gefunden, sondern auch in Gedichten, Romanen und sogar Kinderbüchern.

Eine synästhetische Verschmelzung von Klang und Geschmack wird sehr phantasievoll von Norton Juster in seinem bekannten Kinderbuch *The Phantom Toll Booth* dargestellt. In einem Kapitel wird ein Markt beschrieben, auf dem kübelweise Buchstaben verkauft werden. Die Leute kaufen diese Buchstaben nicht nur, um Wörter zu bilden, sondern auch um sie zu kosten. Der »Buchstabenmann«, der diese Ware verkauft, sagt zu der Romanfigur namens Milo:

> »Hier, koste mal ein ›A‹; die schmecken sehr gut.«
> Milo knabberte vorsichtig an dem Buchstaben herum und stellte fest, dass er ausgesprochen süß und delikat schmeckte – genauso wie man es sich von einem ›A‹ erwartete.
> »Ich wusste, dass es dir schmecken würde«, sagte der Buchstabenmann lachend, warf sich zwei ›G‹ und ein ›R‹ in den Mund und ließ den Saft sein Kinn herunterrinnen. »›A‹ gehören zu unseren beliebtesten Lettern. Nicht alle von ihnen schmecken so gut«, gestand er dann leise. »Das ›Z‹ zum Beispiel – sehr trocken und sägemehlig. Und das ›X‹? Nun, es schmeckt wie eine Truhe voll abgestandener Luft (...). Doch die meisten anderen sind recht schmackhaft (...).«

Könnte es sein, dass solche synästhetischen Schilderungen in jungen Lesern eine Saite anschlagen, weil sie selbst in ihren nicht allzu fernen Kleinkindertagen solche Wahrnehmungsverschmelzungen erlebt haben?

Studien, die 1980 von David Lewkowicz und Gerry Turkewitz durchgeführt wurden, haben ergeben, dass Kleinkinder nicht zwischen visuellen und auditiven Reizen unterscheiden, sondern nur zwischen der unterschiedlichen Intensität von Stimuli, gleichgültig, welcher Art sie sind. Bei einem der Experimente unterschieden einen Monat alte Babys nicht zwischen einem Lichtblitz und einem plötzlichen Schwall von so genanntem »Weißen Rauschen« vergleichbarer Intensität. Der Herzschlag der Babys zeigte an, dass sie auf das eine genauso wie auf das andere ansprachen und nur auf ein Schwanken der Intensität reagierten. Dabei war es gleichgültig, ob das Licht oder das Geräusch davon betroffen waren, weil beides von den Babys wie ein- und derselbe Reiz wahrgenommen wurde. Solange das Licht oder das Geräusch von der Intensität her vergleichsweise konstant blieben, blieb auch der Herzschlag der Kinder auf einem konstanten Niveau. Wenn jedoch die Intensität des Lichts oder des Geräusches zu- oder abnahm, änderte sich entsprechend die Herzfrequenz der Babys. Eine Veränderung der *Art* des Reizes – zum Beispiel ein Übergang von einem visuellen zu einem auditiven – hatte keine Änderung in der Reaktion der Kinder zur Folge. Dieses Ergebnis überraschte die Forscher, weil sich diese Art der Reaktion sehr von der unterscheidet, die ältere Kinder oder Erwachsene an den Tag legen. Ältere Kinder und Erwachsene zeigen eine ganz bestimmte Reaktion auf Lichtblitze und eine andere auf Geräusche, und ihre Herzfrequenz ändert sich, wenn der Modus der Sinnesreizung sich ändert, auch wenn die unterschiedlichen Modi von vergleichbarem Intensitätsniveau sind. Die Babys bei dem

Experiment der beiden Forscher jedoch reagierten, als ob sie ein und demselben Stimulus ausgesetzt worden wären, obwohl es sich bei dem einen um einen Lichtblitz handelte und bei dem anderen um ein Geräusch.

Genauso wie Neugeborene das Leben als eine Verschmelzung von Sinneseindrücken erfahren, erfahren Kleinkinder es als eine zusammenhängende, in sich geschlossene Konfiguration, und es kommt ihnen nicht in den Sinn, irgendetwas zu hinterfragen: Sie leben einfach. Kinder machen Erfahrungen, die sie akzeptieren und den Erwachsenen nicht schildern. Das ist der Grund dafür, dass viele Eltern nie herausfinden, dass ihr Kind synästhetische Wahrnehmungen hat und dass so viele Menschen, die Synästhetiker sind, nicht wissen, wie ungewöhnlich ihre Form des Wahrnehmens ist, bis sie das Erwachsenenalter erreichen. Es gibt wahrscheinlich auch einige Synästhetiker, die durch das Leben gehen, ohne dass ihnen jemals bewusst wird, dass ihre Wahrnehmungen nicht der Norm entsprechen.

Einige Synästhetiker berichten, dass ihre Synästhesie an Intensität verliert, wenn sie das Erwachsenenalter erreichen. Warum kann ich mich nicht mehr an meine Wortmuster erinnern? Ich glaube, sie fingen an zu verschwinden, als ich begann, das Alphabet zu lernen, die gesellschaftlich sanktionierte Art der Darstellung von Sprache und Gesprochenem. Ich entsinne mich, wie mich im Alter von drei oder vier Jahren geschriebene Wörter und Lettern des Alphabets faszinierten, die ich auf den Kaffeedosen und Cornflakes-Schachteln auf unserem Küchentisch fand. Ich setzte mich mit meinem Bleistift an den Tisch und zeichnete sie auf ein Blatt Papier, als ob sie Bilder wären. Ich malte »Maxwell House Kaffee: köstlich bis zum letzten Tropfen« von der Dose mit dem roten Etikett und »Jane Parker Apple Pie: lässt einem das Wasser im Mund zusammenlaufen« von der flachen blau-weißen Schachtel ab. Ich konnte die Wörter nicht lesen, die ich kopierte. Damals konnte ich zwar schon die Buchstaben des Alphabets lesen, aber noch so gut wie keine Wörter. Ich weiß noch, dass ich mir nichts sehnlicher wünschte, als zur Schule zu gehen, damit ich lernen würde, was die Wörter bedeuteten, die ich abmalte. Mein Vater und meine Mutter ermunterten mich zu diesem Kopieren von Wörtern und Buchstaben, und sie sangen immer das Alphabetlied mit mir, wenn ich damit beschäftigt war. Das Lied »A-B-C-D-E-F-G / – H-I-J-K / – LMNO / – P« ließ mich sehr lange denken, dass »LMNO« der Name eines einzigen Buchstabens sei. Ich weiß noch gut, wie meine Eltern lachten, als ich fragte: »Wie schreibt man ein LMNO?« Und ich weiß auch noch, dass das »LMNO« die Gestalt eines abtrakten Gebildes hatte, das einem kantigen gelben und braunen Vogel mit einem dreieckigen Schnabel ähnelte.

Alle die Buchstaben, die ich lernte, besaßen von Anfang an eine Farbe. Ich frage mich manchmal, ob es einen Zusammenhang zwischen den Farben in meinen Wortmustern und den Farben gab, die durch den Klang der Buchstaben evoziert wurden. Ich wünschte, ich könnte mich gut genug an die Bilder erinnern, um die Farben vergleichen zu können. Ich weiß, dass die Farben der Buchstaben L, M, N und O gelb, braun, dunkelbraun und weiß waren, also denen jener vogelähnlichen Gestalt, die ich vor meinem inneren Auge sah, wenn ich den Klang von »LMNO« hörte, sehr ähnelten.

Aus irgendeinem Grund brauchte ich sehr lange dafür, ein R schreiben zu lernen. Ich versuchte es und versuchte es, kriegte aber den Dreh einfach nicht raus. Mein Vater, der erkannte, wie enttäuscht ich war, zeigte mir geduldig immer wieder von neuem, wie man den Buchstaben schrieb, aber es gelang mir anscheinend irgendwie nicht, es nachzumachen. Eines Tages jedoch, als ich lange ein R angestarrt hatte, bemerkte ich, wie sehr es von seiner Gestalt her einem P ähnelte. Der einzige Unterschied zwischen den beiden Buchstaben war, dass bei einem R ein Strich vom »Buckel« des P schräg nach unten ging. Wenn ich ein P machen konnte, konnte ich also auch ein R machen. Ich hielt vor Aufregung die Luft an, als ich zu meinem Stift griff. Ich malte ein P und zog dann eine schräge Linie von seiner Schlaufe schräg nach unten. Und meine Theorie war richtig gewesen – ich hatte ein R aufs Papier gemalt. Anders als das hellgelbe P war es orange. Ich wunderte mich darüber, dass aus einem gelben Buchstaben ein orangefarbener werden konnte, indem man einfach einen Strich hinzufügte!

»Daddy, Daddy, komm schnell und guck, ich habe ein R gemacht!« Mein Vater eilte zu mir an meinem kleinen roten Tisch. Da war es – zwischen den Stapeln meiner Zeichnungen von Wortmustern und Blättern mit Buchstaben des Alphabets: mein R. Es sah vielleicht ein bisschen wackelig aus, mit Strichen, die eher krumm als gerade waren, aber es war unzweifelhaft ein R. Ein breites Lächeln erschien auf dem Gesicht meines Vaters, und er hob mich, glücklich für mich und glücklich darüber, dass sein Unterricht Wirkung gehabt hatte, auf seine Schultern, um unseren Erfolg zu feiern, indem er mich Huckepack reiten ließ.

Während wir um den kleinen roten Tisch trotteten, fiel mein Blick auf unseren selbst gebastelten schwarzen Stift, der nun nicht länger der enttäuschende Vernichter aller Farben war, sondern einfach ihr Versteck.

2

Das heranwachsende Kind und die verschiedenen Arten synästhetischer Erfahrung

> A schwarz, E weiß, I rot, U grün, O blau, Vokale,
> Einst künd ich den verborgnen Grund, dem ihr entstiegen.
>
> Arthur Rimbaud, *Vokale*

Ich weiß noch sehr gut, wie begeistert ich darüber war, jeden Buchstaben des Alphabets gelernt zu haben. Endlich auch das R schreiben zu können gab mir das Gefühl, Einlass in die Welt erhalten zu haben, von der ältere Kinder und Erwachsene ein Teil waren – jenen geheimnisvollen Ort, zu dem sie alle jeden Tag aus der eigenen Wohnung oder dem eigenen Haus mit Schulranzen auf dem Rücken oder Aktentaschen in der Hand aufbrachen. Alle Zeichen des Alphabets zu beherrschen war so, wie alle Schritte auf dem Weg zu kennen, der in diese mysteriöse Welt der großen Leute führte. Ich ahnte nun, dass ich ihnen ganz bald in jene Welt folgen würde.

Ich war in unserem ganzen Wohnblock das jüngste Kind, das einzige, das noch nicht zur Schule ging. Von halb neun morgens bis halb vier nachmittags verbrachte ich einsame Stunden, in denen ich mich, so gut es ging, allein zu unterhalten versuchte, indem ich an meinem kleinen roten Tisch

Bilder malte, auf meinem Fahrrad – an das hinten Stützräder montiert waren – die Straße hinauf- und hinunterfuhr und Wörter abmalte, die mit farbigen Buchstaben auf den Dosen, Büchsen und Schachteln, die ich auf dem Küchentisch fand, geschrieben standen.

Das Alphabet zog mich in seinen Bann; ich erkenne jetzt im Rückblick, dass seine Buchstaben nach und nach begannen, an die Stelle der bunten Bilder zu treten, die in meinem Kopf erschienen, sobald ich Wörter hörte. Statt dieser Bilder begannen mir mit verschiedenfarbigen Buchstaben geschriebene Wörter vor die Augen zu treten. Die Formen der Buchstaben lösten schließlich meine Wortbilder ab, doch die Farben, die ich »hörte«, blieben.

Mehrere Forscher haben festgestellt, dass Synästhesie bei Kindern weitaus häufiger vorkommt als bei Erwachsenen: 30 bis 50 Prozent der untersuchten Kinder berichten von solchen Wahrnehmungen. Schon im Jahr 1883 entdeckte der Neurologe G. Stanley Hall, dass einundzwanzig von dreiundfünfzig Kindern, die er untersuchte, meinten, die Klänge, die man auf Musikinstrumenten hervorbringe, besäßen Farben. Der ungarische Wissenschaftler Geza Revesz, der sich mit der Einwirkung von Musik und bildender Kunst auf die menschliche Psyche befasste, gab 1923 bekannt, dass beinahe die Hälfte aller Kinder von Klang-Farb-Wahrnehmungen berichteten. Doch die Wissenschaftler haben auch festgestellt, dass Kinder, die in ihren frühen Jahren starke synästhesische Wahrnehmungen erleben, auf ihrem Weg ins Erwachsenenalter häufig einige Elemente davon einbüßen. Lawrence Marks von der Universität Yale schreibt in seinem Aufsatz »On Colored Hearing Synesthesia«:

»Wieso hat Synästhesie die Tendenz, mit zunehmendem Alter verloren zu gehen? Wahrscheinlich, weil sie durch eine andere, flexiblere Weise des Erkennens – das heißt, durch abstrakte Sprache – abgelöst wird (...). Wenn das Kind heranreift und kognitive Entwicklung stattfindet, wird es für das Kind nützlich, ja notwendig, die Bedeutungen vom perzeptorisch-synästhetischen in den sprachlichen Bereich zu transferieren.«

Wenn das Kind im Verlauf seiner Entwicklung seinen Platz innerhalb der Gemeinschaft einzunehmen beginnt, erlernt es die gemeinsam verwendeten Symbole der Sprache, und die persönliche Bildsprache der Synästhesie fängt an, sich aufzulösen oder in starkem Umfang dahinzuschwinden. Während ich jedoch nur eine vage Erinnerung an alle die vielen Wortmuster habe, die ich zu »hören« pflegte, haben die Farben der Buchstaben auf meinem »Alphabet-Pfad« ihre Lebendigkeit behalten. Vor meinem inneren Auge sehe ich die bunten Buchstaben des Alphabets als einen Ort, zu dem ich gehe, um mir die Lettern zu holen, die ich brauche. Die Buchstaben liegen nebeneinander auf einem nach oben ansteigenden Pfad, über den ich »gleite«, um mir die zu suchen, die ich benötige, wenn ich ein Wort bilde. Die Farben haben sich nicht verändert, seitdem ich schreiben lernte, ja schon seit der Zeit davor, als ich einfach die Buchstaben abmalte, ohne die Wörter lesen zu können, zu denen sie sich zusammensetzten.

Manchmal saß ich mit Stift und Papier vor dem Fernsehapparat und kopierte die Wörter, die in Werbespots auf dem Bildschirm aufblitzten: »Campbell's Suppen, sind – mmmh – so lecker«, »Kauft Spick und Span Reiniger«, »Meister Propper!« Es gefiel mir, die Wörter zu hören und sie in den magischen Buchstaben, die ich lernte, geschrieben zu sehen. Wenn mein Vater und ich zusammen vor dem Fernseher saßen, dann lächelte er oder lachte sogar laut, wenn er sah, wie aufgeregt ich wurde, wenn ich die Wörter aufleuchten sah, und mit welcher Entschiedenheit ich sie in aller Eile zu kopieren versuchte, bevor sie wieder verschwanden. Wenn wir so nebeneinander vor unserem Schwarzweißgerät der Marke Emerson hockten, nutzte er die Gelegenheit zu einer naturwissenschaftlichen Unterrichtsstunde und erklärte mir, auf welch wunderbare Weise bestimmte Dinge funktionierten. »Ist es nicht erstaunlich, Patty«, sagte er zum Beispiel, »wie ein Fernseher funktioniert?« Da damals in den Fünfzigerjahren die Übertragung von Fernsehbildern eine ganz neue Technologie war, rief alles, was mit Fernsehen zu tun hatte, zweifellos dasselbe Gefühl ehrfürchtiger Bewunderung hervor, wie die Computertechnologie es heute tut. Doch in meinem Vater hatte es schon immer ein genuines Gefühl des Staunens ausgelöst, wie Dinge funktionierten: »Weißt du«, fragte er mich zum Beispiel, »dass die Bilder, die wir auf dem Fernsehschirm sehen, in Wirklichkeit nur aus einem winzigen Lichtpunkt bestehen, der auf dem Schirm so schnell zurück und vor, vor und zurück läuft, dass man gar nicht erkennt, dass er sich bewegt? – Du kannst nur die Bilder sehen, die er entstehen lässt. Ist das nicht erstaunlich?«

Das kam mir in der Tat erstaunlich vor, doch mit der Tatsache, dass viele wunderbare Dinge auf geheimnisvolle Weise in einem einzigen sehr einfachen Ding enthalten sein können, war ich schon durch das »Experiment Schwarzer Stift« vertraut gemacht worden. Wenn all die unterschiedlichen Farben, die in meiner Malstiftschachtel enthalten waren, in einem einzigen schwarzen Stift versteckt werden konnten, dann schien es mir gleichermaßen plausibel, dass alle die verschiedenen Szenen und Situationen, die man im Fernsehen sah, sich in einem einzigen weißen Lichtpunkt verbargen.

Und wenn ich daher jetzt, viele Jahre später, die Studien lese, denen zufolge Synästhesie und die mit ihr verbundene Vielzahl singulärer und unterschiedlicher Wahrnehmungen das Produkt eines einzigen Gens sein könnten (das mit anderen im menschlichen Genom zusammenwirkt), dann tut sich für mich eine Parallele zu dem schwarzen Stift und dem weißen Punkt auf, insofern alle drei »Phänomene« sowohl erstaunlich als auch vollkommen verständlich zu sein scheinen. Die Vielfalt synästhetischer Erfahrungen ist – wie aus den Schilderungen von Synästhetikern hervorgeht – enorm. Buchstaben in Farbe zu sehen ist nur eine Variante der Synästhesie, wenn auch die gewöhnlichste, beinahe die Wald-und-Wiesen-Unterart. Und sogar innerhalb dieser verbreiteten Art ist die Skala der unterschiedlichen Wahrnehmungen beeindruckend groß. Forscher, die mit Synästhetikern arbeiten, bekunden oft ihr Erstaunen darüber, wie sehr ihre Versuchspersonen sich anstrengen, ganz genau anzugeben, wie ihre Buchstaben- oder Ziffernfarben aussehen. Chris Lovelace vom National Institute of Mental Health berichtet diesbezüglich: »Es ist nicht einfach Blau, es ist *das* Blau da mit dieser oder jener Schattierung im inneren Bereich und einer ganz anderen an den Rändern.« In seinem Buch *Synaethesia: A Union of the Senses* weist der Neurologe Dr. Richard Cytowic darauf hin, dass die ungeheure Mühe, die Synästhetiker sich geben, die genaue Farbe eines Buchstabens oder eines anderen durch Klang ausgelösten Photismus mit Worten wiederzugeben, kennzeichnend für ihre Beschreibungen ist. Dr. Cytowic schreibt: »Synästhesie scheint sich darin zu äußern, dass sie abstraktes Wissen in einer sehr präzisen und sehr idiosynkratischen Weise kodiert. Das visualisierte System, das von Synästhesie geschaffen wird, dient wohl manchmal auch dazu, einige neue Aspekte von Wissen aufzudecken.«

Im Folgenden führe ich einige Beispiele für von Synästhetikern geschilderte Buchstaben- und Wortfarben an. In ihrem Aufsatz »Two Synaesthetes Talking Color« zitiert die Wissenschaftsautorin und Synästhetikerin Alison Motluck folgende Beschreibungen solcher Farben:

> »Das glanzvolle Kirschrot eines S (...), das polierte Schwarz eines R (...), das hässliche staubige Blassblau des Buchstabens P (...), das prächtige satte Purpur von einem V (...). I und O sind eindeutig weiß und U ist ockergelb, so wie ein bestimmter Ölton. Ich erinnere mich, wie ich vor mehr als einem Jahrzehnt (...) genau die Schattierung, die das U hat, in schmutzig-gelber Farbe aus einer Tube wiederfand.«

Emily Florian, die für die Synästhesie-Liste im Internet Beiträge verfasst, meint: »A hat die Farbe der Schale eines dunkelroten Apfels oder von Blut; B ist braun wie eine Papiertüte, mit einer recht glanzlosen, matschartigen Oberfläche wie nasser Sand; die Farbe von E liegt zwischen dem Gelb der Blütenblätter von Sonnenblumen und dem von reifen Zitronen (sie ist so kräftig, dass sie meinen ganzen Vornamen gelb leuchten lässt).« Ann Kennedy, eine Dozentin und Autorin von Lehrbüchern, die in Linguistik promoviert hat, sagte in einem Interview: »L hat ein sehr weiches, helles, an ein Baiser erinnerndes Gelb. Es ist irgendwie aufgebläht.« Carol Steen, eine Künstlerin, die ihre synästhetischen Wahrnehmungen in Bilder und Skulpturen umsetzt, meint: »Der Buchstabe A ist hellrosa wie Zuckerwatte; B hat die Farbe eines schwarzen Schafs (das jedoch nicht ganz schwarz ist); C ist blau wie die Gewässer um Jamaika; D ist von einem kühlen rauchigen Grau. E ist lippenstiftrot ... (und das ist noch nicht alles).«

Eine Französischlehrerin bei den Vereinten Nationen, die in Paris aufwuchs, Anna Muir, erinnert sich, wie ihr Grundschullehrer der Klasse Rimbauds Gedicht *Vokale* vortrug, in dem der Lyriker davon spricht, dass die Vokale Farben besitzen. Anna merkte, dass sie ihre eigene Farbe für jeden Vokal hatte und dass diese sich von den in dem Gedicht aufgeführten unterschieden. Sie erzählte mir:

> »In dem Gedicht hieß es, A sei schwarz, doch für mich war es rosa. Und auch die meisten anderen meiner Vokalfarben waren anders als die von Rimbaud. Sein E war weiß, meines jedoch blau; sein I war rot, während meines gelb war. Unser beider U war grün. Ich nahm daher an, dass jedermann Farben für Vokale hatte, dass diese bloß in den meisten Fällen anders als die meinen waren.«

Eine andere synästhetische Vision eines französischen Autors finden wir in *Auf der Suche nach der verlorenen Zeit,* dem Roman Marcel Prousts. Der Erzähler Marcel sagt, dass für ihn der Nachname »Guermantes« »immer von einem zarten Orange überzogen« gewesen sei.

Die Schilderungen, die Synästhetiker von dem gegeben haben, was sie »sehen«, haben sich in den zwei Jahrhunderten, seit sie aufgezeichnet werden, wenig verändert. 1883 berichtete Sir Francis Galton in seinem Buch *Inquiries into the Human Faculty* über seine Befragung eines Dr. James Key. Key gab zu Protokoll: »Ich bin während der ganzen Zeit meiner bewussten Existenz immer der Überzeugung gewesen, dass das E von einem kalten bläulichen Hellgrau ist. Der Buchstabe R ist für mich immer von kupferner Farbe gewesen, in die sich eine Schwärze mit dunkelbrauner Schattierung zu mischen scheint, welche die visuelle Entsprechung einer gerollten Aussprache des R ist.«

Richard Feynman, der 1965 den Nobelpreis für Physik erhielt, war ebenfalls Synästhetiker. In seiner Autobiografie *What Do You Care What Other People Think?* berichtete Feynman:

> »Wenn ich Gleichungen sehe, dann sehe ich die Buchstaben in Farbe – ich weiß nicht, warum. Ich sehe verschwommene Bilder von Bessel-Funktionen aus Jahnkes und Emedes Buch mit hellbraunen Js, leicht blauviolett gefärbten Ns und dunkelnbraunen Xs, die da herumschwirren. Und ich frage mich, wie zum Teufel es wohl für die Studenten aussieht.«

In ihrem Buch *Sparks of Genius: Thinking Tools of the World's Most Creative People* stellen Robert und Michele Root-Bernstein die Vermutung an, dass synästhetisches Wahrnehmen einen anderen Ansatz zum Durchdenken komplexer Themen und Probleme eröffnet. Synästhetisches Denken besitzt den Vorteil, dass es abstrakte Vorstellungen in eine Form überführt, die konkret ist; es mag daher eine einzigartige Möglichkeit bieten, einige der gemeinhin als »unbegreiflich« oder »nicht erfassbar« betrachteten naturwissenschaftlichen, künstlerischen und philosophischen Probleme anzugehen.

Einige Synästhetiker schildern die taktilen Eigenschaften, die Buchstaben über ihre Farben hinaus für sie besitzen. Vladimir Nabokov, Verfasser einiger der bedeutendsten Romane und Erzählungen des 20. Jahrhunderts, war besonders eloquent, was die Beschreibung seiner Buchstaben anbelangte. In seiner Autobiografie *Erinnerung, sprich* meint Nabokov, dass er einen »guten Fall für *audition colorée*, für Farbenhören abgebe«, und schreibt weiter:

> »... ein französisches *a* [erinnert] mich an poliertes Ebenholz (...). Diese schwarze Gruppe enthält außerdem das *g* (vulkanisierter Kautschuk) und das *r* (ein rußiger Lappen, der zerrissen wird). Das hafermehlige *n*, das nudelweiche *l* und der Handspiegel des *o* mit seiner elfenbeinernen Rückseite wären die weißen Buchstaben. Mein französisches *on*, das ich als die Oberflächenspannung von Alkohol in einem randvollen kleinen Glas sehe, stellt mich vor ein Rätsel. In der blauen Gruppe befinden sich das stählerne *x*, die Gewitterwolke des *z* und das heidelbeerfarbene *k*. (...)
> Ehe man mich unterbricht, bringe ich meine Liste schnell zu Ende. In der grünen Gruppe gibt es das erlenblattgrüne *f*, den unreifen Apfel *p* und das pistazienfarbige *t*. Ein irgendwie mit Violett vermischtes stumpfes Grün ist das Passendste, was ich für *w* finden kann. Gelb umfasst verscheidene *e*'s und *i*'s, das sahni-

ge *d*, das goldglänzende *y* und das *u*, dessen alphabetischen Wert ich nur als Messing mit einem Schimmer von Oliv bezeichnen kann. In der braunen Gruppe gibt es den satten, gummiartigen Farbton des weichen *g*, das blassere *j* und den verschossenen Schnürsenkel *h*. Unter den roten Buchstaben endlich hat *b* den Farbton, den die Maler Gebrannte Siena nennen, *m* ist eine rosa Flanellfalte, und heute habe ich endlich in März' und Pauls Farblexikon in ›Rosenquarz‹ die vollkommene Entsprechung zum *v* gefunden.«

Wie Nabokov berichtet auch die russische Linguistin Natasha Lvovich, dass die Farbwerte und taktilen Eigenschaften von Wörtern sich ändern, je nachdem, welcher Sprache diese angehören. In ihrem Buch *The Multilingual Self* schildert sie, wie die farblichen und taktilen Charakteristika der Wörter in den verschiedenen Sprachen, die sie selbst spricht, voneinander abweichen: »Im Englischen ist ›sechs‹ weißlich, verschwommen, mattes Glas; im Französischen cremig von seiner Farbe und Substanz her. ›Montag‹ im Französischen, *lundi*, ist blass, wachsrosa; ›Montag‹ im Russischen, *Pondel'nik*, ist gräulich und stumpf, während ›Montag‹ im Englischen, *monday*, orange-rot-braun changiert.« Natasha Lvovichs 15-jährige Tochter Pauline, ebenfalls Synästhetikerin, gibt an, dass ihr *monday* orange ist. Mutter und Tochter, die beide ebenso fließend Englisch wie Russisch sprechen, berichten, dass Buchstaben des russischen und des englischen Alphabets ähnliche Charakteristika aufweisen, wenn ihr Klang ähnlich ist. Natasha beschreibt den englischen L-Laut als von einem »harten, sehr spröden, ausdrücklichen Rosa, während der weichere russische L-Laut (›lja‹) von einem weichen, warmen Rosa ist.« Für ihre Tochter ist das englische L blau, während das russische »lja« von einem blasseren Weißlich-Blau ist. Was fremde Sprachen betrifft, so berichtet die britische Künstlerin und Synäthetikerin Elizabeth Stewart-Jones in dem schon genannten Essay »Two Synaesthetes Talking Color« von Alison Motluck, dass »französische Wörter eher dazu neigen, dunkle Farben aufzuweisen, Blau-, Schwarz- oder Purpurtöne, während italienische Wörter häufiger in ziegelgelben Tönen vorkommen.«

In meinem eigenen Fall ist es so, dass ich in anderen Sprachen als Englisch – für deren Niederschrift man ebenfalls das lateinische Alphabet verwendet – nur eine ganz subtile Veränderung der Buchstabenfarben erlebe. Bei französischen Wörtern zum Beispiel sind die Buchstabenfarben um eine Schattierung heller und »luftiger« als bei englischen. In beiden Sprachen besitzen die Buchstaben jedoch dieselben taktilen Eigenschaften. Mein Z zum Beispiel ist von einem sehr dunklen Braun mit Reihen von Bläschen darin. Dieses »Perlen« wird durch den summenden Klang, das stimmhafte »zzz«, des Buchstabens hervorgerufen. Das S ist von einem sprudelnden Weiß, wobei das Sprudeln ebenfalls auf den Klang – das stimmlose »sss« – zurückgeht. Der Buchstabe C jedoch weist keinerlei Sprudelbläschen auf, vielleicht weil er mit dem soliden Vokalklang e endet (obwohl man Ähnliches für Z sagen könnte, das ja aber »perlt«). Der Buchstabe G ist schwarz, mit einem gelben Glitzern darin. Ich kann mir nicht erklären, warum diese glitzernden Pünktchen da sind: So sieht mein G eben aus.

Einige Synästhetiker, wie meine Freundin Ann Kennedy, sagen, dass sie ein »aktives Gefühl« für Buchstaben und Sprache haben:

»Dieses aktive Gefühl, das ich für bestimmte Dinge (...) wie Kunst (...) besitze, habe ich auch für fremde Sprachen, vor allem für das Italienische (...), es macht sich aber auch im Griechischen bemerkbar. Ich ›fühle‹ das Wort erst (...). Ich empfinde eine physische Reaktion auf das Wort, das ich präsentieren will. Ich fühle das Wort nicht nur, sondern erhalte auch eine Ahnung von seiner Farbe.«

Synästhetiker, deren Muttersprache zu den Sprachen gehört, in denen man kein lateinisches Alphabet verwendet, berichten ebenfalls, dass sie die Buchstaben des Schriftsystems ihrer Sprache in Farben sehen. Shibana Tajwar, eine Umweltingenieurin, die Bengali und Urdu spricht, erzählt, dass die Farben der Laute in diesen beiden Sprachen denen ähnlicher Laute im Englischen entsprechen, dass die Farbschattierungen aber voneinander abweichen können. Das aspirierte C in Bengali ist zitronengelb wie sein englisches Gegenstück, aber das nichtaspirierte C in Bengali ist von einem helleren Gelb – weniger »zitronig«, wie Shibana es ausdrückt. Sie berichtet, dass die vier unterschiedlichen T-Laute, die es in Bengali gibt, vier unterschiedliche Schattierungen von Blau aufweisen. Der T-Laut, der dem des englischen T am meisten ähnelt, ist marineblau. Ganz ähnlich berichtet Su Kim, deren Muttersprache Koreanisch ist, dass der koreanische ›ka‹-Laut marineblau ist und eine raue Textur aufweist wie sein klangliches Äquivalent im Englischen, der Konsonant K.

Die Farben, in denen sich Synästhetikern »ihr« Alphabet präsentiert, haben die Tendenz, sehr konsistent zu sein. Der gewöhnliche »Test« dafür, ob ein Fall von Buchstaben-Farb-Synästhesie vorliegt, besteht darin, die betreffende Person aufzufordern, alle ihre Farben-Buchstaben-Entsprechungen aufzulisten. Dann wird sie einige Zeit später ohne Vorankündigung wieder in das Labor bestellt, um dies zu wiederholen. Bei einem solchen Experiment, das 1993 von Dr. Simon Baron-Cohen am Londoner Institute of Psychiatry durchgeführt wurde, gaben 92 Prozent der Synästhetiker nach einem Jahr dieselben Farben für ihre Buchstaben an. Von den Mitgliedern einer Kontrollgruppe von Nicht-Synästhetikern, die man aufgefordert hatte, jedem Buchstaben eine Farbe zuzuweisen, ordneten nach nur einer Woche lediglich 37 Prozent jedem Buchstaben dieselbe Farbe zu wie beim ersten Mal.

Synästhetiker sehen ihre Buchstaben häufig nicht nur in Farbe, sondern auch in einer sehr spezifischen Anordnung. Die meisten Synästhetiker, mit denen ich gesprochen habe, »sehen« die Buchstabenpfade »innen«, vor ihrem inneren Auge, viele haben aber auch das Gefühl, ihre farbigen Buchstaben irgendwo »draußen« zu sehen. Einige Synästhetiker geben an, dass ihre Photismen auf eine Art externe Leinwand projiziert werden. Bei einigen, wie bei mir, verhält es sich aber anders: Während ich die schwarzen Konturen der auf dieser Seite gedruckten Lettern erblicke, »sehe« ich gleichzeitig die Farben, die die Buchstaben für mich persönlich haben. Dieses »Sehen« ist nicht leicht zu erklären.

Ich könnte es vielleicht mit dem Anschauen eines Schwarzweißfilms vergleichen, in dem alles in Grautönen gezeigt wird. Der Betrachter »korrigiert« den blassgrauen Ton, den das Haar einer jungen Schauspielerin tatsächlich hat, zu blond, den etwas dunkleren Grauton ihrer Augen zu blau. Etwas Ähnliches läuft in mir ab, wenn ich schwarze – oder auch andersfarbige – gedruckte Wörter lese. Ich »korrigiere« in meinem Kopf die Farbe, in der die Lettern gedruckt sind, in die Farben, die sie für mich besitzen. Der Snyästhetikerin Alice Dunder ist es mehr oder weniger gelungen, diese Erfahrung, seine persönlichen Buchstabenfarben zu sehen, während man liest, mit Worten zu beschreiben: »Für mich bleibt die Farbe, sie schwebt irgendwie in meinem Kopf am Rand des von mir Erblickten. Ich sehe den gedruckten Buchstaben mit meiner ›äußeren Sicht‹, die abgesondert von meiner ›inneren‹ ist.«

Es ist viel einfacher für Synästhetiker, die Farben gedruckter Buchstaben in die zu korrigieren, die sie ihrer »inneren Sicht« nach besitzen, wenn der gesamte Text in ein- und derselben Farbe gedruckt ist. Wenn die gedruckten Lettern verschiedene Farben aufweisen, die nicht mit denen übereinstimmen, die der Synästhetiker an ihnen wahrnimmt, dann kann er oder sie es als sehr irritierend empfinden, die Buchstaben in den »falschen« Farben vor sich zu sehen.

Als er 1883 die vielen und vielfältigen Beschreibungen von Synästhesie zur Kenntnis genommen hatte, schrieb Sir Francis Galton scheinbar voller Verzweiflung: »Eine dieser Schilderungen hört sich wilder und verrückter an als die andere!« Damit fasste er ohne Zweifel die Reaktionen vieler Wissenschaftler und Nicht-Wissenschaftler zusammen, die solchen Schilderungen lauschten. Da sie keine Möglichkeit besaßen, die merkwürdigen Berichte von Synästhetikern auf ihren Wahrheitsgehalt hin zu überprüfen, neigten die Wissenschaftler dazu, sie als zu absonderlich und anekdotenhaft abzutun. Die Darstellungen schienen ihnen aus einer Quelle aufzusteigen, die wissenschaftlicher Untersuchung unzugänglich war. Es ist Galton daher hoch anzurechnen, dass er seine Erforschung der Synästhesie fortsetzte. Er kam zu der Schlussfolgerung, dass sie möglicherweise genetisch bedingt sei, und heute sieht es so aus, als ob seine Theorie sich als richtig erweisen könne. Eine 1995 an der Universität Cambridge vorgenommene Studie deutet darauf hin, dass es sich um eine Eigenheit handelt, die vor allem vom Vater an die Tochter weitergegeben wird, und zwar durch das X-Chromosom des Vaters. Das würde erklären, warum Synästhesie so viel häufiger bei Frauen vorkommt als bei Männern. Der genannten Studie zufolge liegt das Verhältnis von Synästhetikern zu Synästhetikerinnen bei 1 : 6! Alle Männer tragen ein X-Chromosom und ein Y-Chromosom in sich, und Väter geben ihr X-Chromosom immer an ihre Töchter weiter, das heißt, diejenigen von ihnen, die das Phänomen in sich tragen, müssten es zwangsläufig, in 100 Prozent aller Fälle, ihrer Tochter vererben. Da Väter ihr X-Chromosom nie an Söhne weitergeben (Mütter tun das), würde die Eigenschaft nicht von einem Vater an den Sohn weitergegeben werden. Da Söhne nur eines der beiden X-Chromosomen der Mutter erben (alle Frauen haben zwei X-Chromosomen), liegt die Chance, dass eine Mutter, die ein Gen in sich trägt, welches für Synästhesie verantwortlich ist, dieses an ihren Sohn vererbt, nur bei 50 Prozent. Diese Theorie würde also erklären, warum so viel mehr Frauen als Männer synästhetische Wahrnehmungen kennen.

Dem von den Cambridger Wissenschaftlern 1995 beschriebenen Vererbungsmuster zufolge müsste Vladimir Nabokov seine Synästhesie von seiner Mutter geerbt haben. In seiner Autobiografie *Erinnerung, sprich* entsinnt sich der Schriftsteller der verständnisvollen Reaktion seiner Mutter, wenn er sich als kleines Kind darüber beklagte, dass die bunten Buchstaben auf seinen Bauklötzen »alle falsch« waren:

»Für meine Mutter schien das alles ganz normal zu sein. Wir kamen irgendwann während meines siebenten Lebensjahrs darauf zu sprechen, als ich einen Haufen alter Buchstaben-Bauklötze benutzte, um einen Turm zu bauen. Ich bemerkte ganz nebenher, dass ihre Farben alle falsch seien. Wir stellten dann fest, dass einige ihrer Buchstaben dieselbe Färbung hatten wie meine und dass, darüber hinaus, auch Noten eine optische Wirkung auf sie hatten (...)«

Nabokovs Frau Vera war ebenfalls Synästhetikerin. Wie ihr Mann sah sie die Buchstaben des Alphabets in Farbe. Veras und Vladimirs gemeinsamer Sohn, der Schriftsteller und Sänger Dmitri Nabokov, nahm ebenfalls Schriftzeichen und musikalische Klänge in Farbe wahr. Als Dmitri zehn Jahre alt war, trug sein Vater in sein Tagebuch ein, welche Farbe die einzelnen Buchstaben für seinen Sohn hatten. Als über Dreißigjähriger überprüfte Dmitri sich selbst und stellte fest, dass sich keine dieser Farben in der Zwischenzeit geändert hatte.

Wie auf seine Großmutter haben auch auf Dmitri musikalische Klänge eine besondere Wirkung. Einzelne Töne und auch Tonarten besitzen für ihn eine spezifische Farbschattierung. In einem Interview erzählte er: »Schuberts *Doppelgänger*, zum Beispiel, erhält eine andere Farbaura, wenn [die Komposition] um einen Halbton transponiert wird.« Wenn Dmitiri im Zusammenhang mit Musik von »Färbung« oder »Koloration« spricht, dann meint er das, wie er sagt, ganz wörtlich: »Ich meine hier nicht ›Farbe‹ in dem Sinn, in dem der Ausdruck oft benutzt wird, wenn man Musik beschreibt oder wenn man Musikunterricht erteilt.« Für Dmitri sind

Musik und ihre Farben eins, genauso wie für seinen Vater und seine Mutter die Buchstaben des Alphabets und ihre Farben eins waren.

Der Fachbereich für Experimentelle Psychologie der Universität Cambridge führte seine Studien zum Modus der Vererbung von Synästhesie mit Hilfe von sechs Familien durch, von denen jede mehr als ein Familienmitglied aufwies, das Synästhetiker war. Die Untersuchungen erbrachten nicht nur, dass Väter die Eigenschaft in 100 Prozent aller Fälle an ihre Töchter und Mütter sie in 50 Prozent aller Fälle an ihre Söhne weitergaben, sondern lieferten auch andere Indikatoren für die genetische Basis von Synästhesie. Innerhalb ein- und derselben Familie kamen verschiedene Formen von Synästhesie vor: einige ihrer Mitglieder nahmen Sprache farbig wahr, andere Musik. Die Forscher wiesen darauf hin, dass die verschiedenen Familienmitglieder, wenn Synästhesie ein »erworbenes« Phänomen sei, ohne Zweifel dieselbe Form von Synästhesie von den anderen »erlernen« würden, beispielsweise würde die Tochter die Buchstabenfarben des Vaters übernehmen. Die Wissenschaftler stellten jedoch nicht nur fest, dass in ein- und derselben Familie unterschiedliche Formen von Synästhesie vorkamen, sondern dass es sogar dann, wenn ihre Form dieselbe war, Abweichungen gab. Wenn zum Beispiel mehrere Familienangehörige farbige Buchstaben wahrnahmen, unterschieden sich die Farben, die die Buchstaben für den einen hatten, stark von denen, die sie für den anderen besaßen. Wenn Synästhesie ein erworbenes Phänomen wäre, dann könnte man erwarten, dass das eine Familienmitglied die Farben von dem oder den anderen lernte. Zu dem Zeitpunkt, da ich dies schreibe, hofft man in

Cambridge, die Erforschung des Vererbungsmodus von Synästhesie mit einer viel größeren Gruppe von Familien fortsetzen zu können, zu deren Mitgliedern jeweils mehrere Synästhetiker zählen. Nur die Zeit wird zeigen, ob Synästhesie sich auf Dauer in einem menschlichen Genom etablieren kann.

Wenn es jedoch so sein sollte, dass Synästhesie eine genetische Basis hat, was genau könnte dann ein Gen tun, um synästhetische Wahrnehmung auszulösen? Wie könnte es auf die Entwicklung des Gehirns einwirken, um jenes Wunderland von »Visionen« entstehen zu lassen, von dem Synästhetiker erzählen? Unterbricht dieses einzelne Gen den normalen Reifeprozess des kindlichen Gehirns, wie Daphne Maurer annimmt? Erhält es die Zellverbindungen, die einen Wahrnehmungsmodus mit dem anderen koppeln, wie Simon Baron-Cohen vermutet? Baron-Cohen weist darauf hin, dass ein selektives Absterben von Zellen Teil der normalen Entwicklung des kindlichen Gehirns ist. Im Laufe seines Reifungsprozesses lässt das Gehirn die Zellverbindungen absterben, die die Synästhesie des Kindes verursachten, und das Mädchen oder der Junge fängt an, die Welt durch voneinander getrennte sensorische Kanäle wahrzunehmen. Ist es denkbar, dass das Synästhesie-Gen diesen Prozess unterbricht und aktiv wird, um einige der synaptischen Brücken intakt zu halten, und es damit ermöglicht, dass synästhetisches Wahrnehmen bis zu einem gewissen Grad auch über die Kindheit hinaus stattfindet?

Oder wirkt das Gen auf eine ganz andere Weise, indem es nämlich ein anomales Pattern von Erregungsübertragungen im Gehirn verursacht? Dies ist jedenfalls die Vermutung von Peter Grossenbacher, der am National Institute of Mental Health über Synästhesie forscht. Grossenbacher hat die Theorie aufgestellt, dass der genetische Einfluss möglicherweise nicht die Zellverbindungen des Gehirns umwandelt, sondern vielmehr auf die Art und Weise einwirkt, in der die Zellen miteinander kommunizieren. Das würde zur Folge haben, dass Synästhetiker Informationen auf anomalen Wegen weiterleiteten: Der Sinnes-»Input« würde eine längere Bahn durchlaufen und dabei visuelle Zentren erreichen und aktivieren, wodurch visuelle Informationen in die »Konvergenzzone« des Gehirns strömten, wo das Endprodukt oder die »Botschaft« zustande kommt.

Grossenbacher mutmaßt weiterhin, dass Synästhesie das Ergebnis einer Gen-Mutation ist, die sich auf den Neocortex auswirkt, jenen äußerst differenzierten und von der Entwicklung her jüngsten Teil der Großhirnrinde. Er weist darauf hin, dass es zu synästhetischen Reaktionen oder *concurrents*, zum Mitlaufen von Reizen, wie er es nennt, am häufigsten bei der sensorischen Aufnahme von Sprache oder Musik kommt, und beides sind organisierte Systeme, die mit unseren »höheren« Denkfähigkeiten in Verbindung stehen. Es stimme zwar, dass Synästhethiker auch, wenn sie mit solch »unorganisierten Systemen« wie Kopf- und Zahnschmerzen oder Geräuschen wie dem Hupen von Autos und dem Knarren von Türen in Kontakt gekommen wären, Farben wahrgenommen hätten. Die große Mehrheit der Menschen, die solche Wahrnehmungen erlebt hätten, habe aber angegeben, dass die verknüpfte sensorische Reaktion von Wörtern und/oder musikalischen Klängen ausgelöst werde. Synästhetische Wahrnehmung biete vielleicht in evolutionärer Hinsicht einen Vorteil, da sie das Erinnerungsvermögen erweitere, indem sie mehrere Modi aktiviere, mit denen sich Informationen speichern ließen.

Dass der Neocortex bei synästhetischen Erfahrungen eine Rolle spielt, ist durch Aufnahmen des Gehirns belegt worden, die mithilfe eines technologisch höchst komplizierten Verfahrens angefertigt worden sind, das man Positronenemissionstomographie (PET) nennt. Bei einem PET-Experiment, das am Londoner Hammersmith Hospital durchgeführt wurde, entdeckte ein Forschungsteam, dem die Ärzte Dr. Simon Baron-Cohen, John Harrison und Eraldo Paulescu angehörten, signifikante Unterschiede zwischen den kortikalen Reaktionen von sechs »farbig hörenden« Synästhetikern und sechs Nicht-Synästhetikern. Mit Hilfe des PET-Verfahrens beobachteten die Forscher, welche Bahn das Blut in den Gehirnen der Versuchspersonen nahm und wie groß seine Menge war, als jeder von ihnen eine Liste von Wörtern vorgelesen wurde. Bei den sechs Nicht-Synästhetikern kam es zu einer signifikanten Steigerung des Blutzuflusses in die Teile des Gehirns, die an der Verarbeitung von Sprache beteiligt sind. Bei den sechs Synästhetikern konnten die Wissenschaftler eine solche Steigerung des Blutzuflusses nicht nur in die Regionen feststellen, die an der Verarbeitung von Sprache, sondern auch in die, die an der Verarbeitung von Farbeindrücken beteiligt sind. Diese zusätzliche Aktivität fand vor allem im hinteren Teil des unteren Schläfen-Cortex statt. Dieser Teil des Gehirns ist an komplexen Aspekten der Farbwahrnehmung beteiligt, wie zum Beispiel an der Unterscheidung einer Farbe von der anderen oder an der Verknüpfung einer Farbe mit einer Gestalt. Die PET-Untersuchungen gaben auch Aktivität in den okzipital-parietalen Knotenpunkten der Cortex zu erkennen. Diese stehen mit Zonen des Gehirns in Verbindung, die ebenfalls mit der Verarbeitung von Farbwahrnehmungen und der Verknüpfung von Farben und Formen zu tun haben. Die Ergebnisse der Experimente zeigen ganz klar, dass im Gehirn von Synästhetikern etwas ganz anderes vor sich geht, wenn sie sprachliche Informationen verarbeiten, als im Gehirn von Nicht-Synästhetikern.

Vor der im Laufe des letzten Jahrzehnts einsetzenden intensiven Erforschung von Synästhesie neigten viele Wissenschaftler dazu, das Phänomen auf eine Reihe erlernter Assoziationen zurückzuführen und zu reduzieren. Sie meinten zum Beispiel, dass Synästhetiker ganz einfach als Kinder Büchern oder Wandkarten ausgesetzt gewesen seien, mit denen ihnen das Alphabet in verschiedenen bunten Farben vor Augen geführt worden sei, und sie die einzelnen Buchstaben entsprechend farbig verinnerlicht hätten. Andere Forscher zeigten jedoch, wie löchrig diese Argumentation war, indem sie darauf hinwiesen, dass – wenn das tatsächlich zuträfe – die Frage offen bliebe, warum so viel mehr Frauen als Männer synästhetische Wahrnehmungen hätten. Denn mit Sicherheit waren die Schulbücher mit dem bunten Alphabet ebenso vielen Jungen wie Mädchen vorgelegt worden. Simon Baron-Cohen und John Harrison untersuchten eine Reihe von Lehrbüchern für Kinder, in denen das Alphabet farbig dargeboten wird, und stellten fest, dass die Autoren sorgfältig darauf geachtet hatten, Farben nicht zu wiederholen und aufeinander folgende Buchstaben nicht in unterschiedlichen Schattierungen ein- und derselben Farbe darzubieten. In den bunten Alphabeten vieler Synästhetiker haben aufeinander folgende Buchstaben jedoch oft Farben, die nur leicht variieren, das heißt, verschiedene Tönungen einer Grundfarbe sind. Gewiss haben sie solch ein fein abgestuftes Farbschema nicht aus irgendwelchen Schulbüchern gelernt.

Überdies: Wie könnte die Theorie, dass alles auf »erlernte Assoziationen« zurückzuführen sei, jene eigentümlichen subtilen Farbvariationen erklären, die Synästhetiker wahrnehmen, zum Beispiel »spinatgrüne Flecken« an den Rändern eines »purpurnen Namens«; hochglanzpoliertes Ebenholz bei dem Buchstaben A oder Sprudelbläschen im Z?

Das rege Interesse von Wissenschaftlern an der Erforschung von Synästhesie seit den Achtzigerjahren lässt einen leicht vergessen, dass Wissenschaftler jahrhundertelang Synästhesie als etwas abtaten, das sie mit ihren Mitteln nicht zu untersuchen vermochten, da sie nur auf die Berichte jener zurückgreifen konnten, die dieses Phänomen an sich selbst erfuhren. Vor allem in den Sechzigerjahren des vergangenen Jahrhunderts schloss der in der Psychologie vorherrschende behavioristische Trend aus, dass man subjektive Berichte als gültige Datenquellen anerkannte. Nur Phänomene, die sich beobachten ließen, waren einer wissenschaftlichen Untersuchung würdig. Das Pendel wissenschaftlichen Denkens hat sich aber in der »post-behavioristsichen« Phase wieder in die andere Richtung bewegt: Jetzt erkennt man persönlichen Berichten und Schilderungen bei der Suche nach wissenschaftlicher Erkenntnis wieder einen Stellenwert zu. Und hat es in den Bereichen von Medizin und Psychologie nicht immer einen solchen Raum für subjektive Darstellungen gegeben? Haben nicht Mediziner und vor allem Psychologen die persönlichen Ausführungen ihrer Patienten auf die Frage: »Wie geht es Ihnen?« in Betracht gezogen, wenn sie ihre Diagnose stellten? Ärzte stellen im Allgemeinen eine Diagnose, indem sie die Ergebnisse objektiver medizinischer Untersuchungen heranziehen *und* den subjektiven Ausführungen ihrer Patienten darüber zuhören, wie ihr Gesundheitszustand ihrem eigenen Empfinden nach ist. Wenn genügend Patienten ähnliche Empfindungen zu Protokoll geben, kristallisiert sich für die Ärzte ein Muster von Symptomen heraus, das mit einem bestimmten physischen Zustand einhergeht.

Über die Bereiche von Medizin und Psychologie hinaus basieren zahlreiche unserer alltäglichen Entscheidungen auf dem Pattern, das sich ergibt, wenn viele Menschen eine gemeinsame Erfahrung beschreiben. Ein solches Pattern können beispielsweise Augenzeugenberichte über ein Verbrechen, aber auch Anekdoten von Reisenden über einen Ort, den wir selber für einen Ferienaufenthalt in Betracht ziehen, entstehen lassen. Wenn wir zum Beispiel eine Reise nach Marokko erwägen, dann ist es wenig wahrscheinlich, dass wir das ausschließlich auf der Grundlage objektiver, »harter« Fakten tun, wie der territorialen Ausdehnung des Landes in Quadratkilometern oder seiner Lage über oder unter dem Meeresspiegel in Metern. Es drängt uns vielmehr danach, mit Leuten zu sprechen, die schon in Marokko gewesen sind, und ihren persönlichen Erzählungen über Moscheen, Basare, Kaffeehäuser und Sonnenuntergänge an der Straße von Gibraltar zuzuhören. Ohne Zweifel werden wir das Muster, das sich aus diesen Erzählungen ergibt, hinzuziehen, um unsere eigene Reiseroute zu planen. Und wenn mehrere Leute von einem bestimmten Aussichtspunkt berichten, von dem aus der Himmel sich bei Sonnenuntergang über der Meerenge in unvergesslichen Farben präsentiert, dann erkennen wir diese von ihnen allen geteilte Erfahrung als etwas besonders Schönes an, auch wenn wir den Anblick selbst nie genossen haben und der eine die Farbe des Himmels als leuchtendes Orange beschreibt, der andere als Karmesinrot und der dritte als feuriges Rosa.

In ihrem Artikel »Synesthesia: Reconciling the Subjective with the Objective« weisen die Neurologen Harrison und Baron-Cohen darauf hin, dass das Phänomen Synästhesie uns einige nützliche Erkenntnisse über die Natur subjektiver Erfahrung vermitteln könnte. Sie zitieren die berühmte Ausführung des Physiologen C. F. Sherrington über die Unbeschreibbarkeit und den einzigartigen Wert des Subjektiven. Sherrington konstatierte, dass Wissenschaftler zwar ganz genau begriffen hätten, wie das Licht von einem Stern die Sehrinde erreiche, aber keine Erklärung für die persönliche Erfahrung besäßen, die es für einen Einzelnen bedeute, einen Stern zu sehen. Eine prägnante Metapher verwendend, die die Grenzen wissenschaftlichen, objektiven Verständnisses des Universums deutlich machte, sagte Sherrington: »An diesem Punkt legt das System die Finger an seine Lippen und schweigt.«

Dieses Schweigen umfasst, was das Anschauen eines Sterns für uns bedeutet, das ästhetische Vergnügen wie das Staunen, das es in uns auslöst.

Die persönliche Bedeutung, die etwas für uns besitzt, wird vielleicht am lebendigsten während jener Stunden eingefangen, in denen wir am Wenigsten objektiv sind, in jener subjektivsten und geheimnisvollsten aller Erfahrungen, dem Traum. Ich träumte einmal, dass mein Vater und ich zusammen in einem Feld goldenen Weizens säßen, in einer unserer Unterhaltungen über Farbe, über Bedeutungen, über das Leben versunken. Während wir miteinander redeten, begann der goldene Weizen immer heller aufzuglühen, er erleuchtete nicht nur die Wörter, die wir sprachen, sondern das innerste Wesen unserer Beziehung. Es lässt sich nur schwer vermitteln, welche intensive Erfahrung jene Traumbilder einfingen;

ich weiß nur, dass sie – seit damals, als ich diesen Traum hatte – mit unverminderter Wirkung lebendig geblieben sind – über drei Viertel meines Lebens hinweg.

Und wenn ich mich jetzt meiner äußerst subjektiven Erfahrung im Alter von vier Jahren entsinne, als ich neben meinem Vater saß und jenen einzelnen sich bewegenden Lichtpunkt betrachtete – diesen »verborgenen Grund« der Phantasmagorien im Fernsehen, einzelner Bilder oder Szenen, die manchmal durch meine bunten Wörter in ihrer Wirkung gesteigert wurden –, den Punkt, der meine Neugier weckte und zahlreiche kindliche Fragen auslöste, die dazu beitrugen, meinem Vater etwas von seiner Traurigkeit zu nehmen und uns für immer zusammenzuschmieden, dann höre ich meinen Vater immer noch sagen: »Ist es nicht erstaunlich, Patty?«

3

Wie man Synästhesie in der Praxis eines Zahnarztes entdeckt

Im tiefen und dunklen Zusammenhang
Des Echos, das weit entfernt wieder erwacht,
So lang wie der Tag und lang wie die Nacht,
Entsprechen sich Farben, und Düfte, und Klang.

Charles Baudelaire, *Entsprechungen*

Das Wartezimmer eines Zahnarztes ist nicht der Ort, von dem man erwartet, dass es dort zu persönlichen Epiphanien kommt. Die Trostlosigkeit des Ambientes erhöht nur noch die Angst vor dem unheilvollen Moment, in dem die Helferin einem zunickt und sagt: »Sie können jetzt zum Herrn Doktor reingehen.« Bei dem Zahnarzt, zu dem ich damals im Jahr 1975 ging, musste man immer quälend lange warten. Mein nervöser Magen pflegte sich zusammenzukrampfen, und ich ließ meine furchterfüllten Augen im ganzen Raum herumwandern, da ich mein Denken auf nichts anderes zu konzentrieren vermochte als auf die bevorstehenden Torturen. Sogar die üppigen Zeitschriften, die fächerförmig und einladend auf dem Tischchen neben mir ausgelegt waren, vermochten meine Gedanken nicht von dem auf mich wartenden Bohrer abzulenken. An einem bestimmten Tag jedoch fiel mein Blick, da ich nervös und ruhelos wieder einmal meine Augen umherschweifen ließ, als ob ich einen Fluchtweg ausfindig zu machen suchte, auf eine Ausgabe von *Psychology Today* mit der Titelgeschichte »Can You Hear and Taste in Color? Synesthesia.« Es war das erste Mal in den sieben langen Jahren, seit mein Vater in einer obskuren, vergilbten Nummer von *Yoga Digest* auf den Ausdruck gestoßen war, dass ich dem magischen Wort »Synästhesie« wieder begegnete. Meine Verwunderung ließ mich ganz plötzlich meine Angst vergessen; ich nahm die Zeitschrift in die Hand und schlug den Artikel auf, der die Überschrift hatte: »Synesthesia: The Lucky People with Mixed-Up Senses.« Sein Verfasser, ein Wissenschaftler namens Lawrence Marks, lieferte eine umfassende Beschreibung des Phänomens, wobei er entsprechende wissenschaftliche Studien anführte und aus Interviews mit Synästhetikern zitierte, von denen einige Künstler und Schriftsteller waren. Ich las den Artikel mit vor Erstaunen weit geöffneten Augen, immer verwunderter zu erfahren, dass meine ungewöhnlichen »Visionen« Teil eines dokumentierten Wahrnehmungsmodus waren, der eine eigene Geschichte und sogar seinen Platz in der wissenschaftlichen Literatur hatte.

In dem Artikel hieß es, Synästhesie schaffe »eine ›Alice im Wunderland‹-Welt, in der Informationen aus einer Sinnesabteilung ohne Sinn und Zweck in eine andere überwechselten.« Marks führte Beispiele an, erzählte von Synästhetikern, die die Wochentage, die Namen von Leuten oder alle Buchstaben des Alphabets farbig sahen. Er berichtete von einer Versuchsperson Sir Francis Galtons, des großen Forschers des neunzehnten Jahrhunderts, die zu Protokoll gegeben hatte:

»Jedes Wort ist ein für sich stehendes Ganzes. Ich habe immer dieselben Farben mit denselben Buchstaben assoziiert, und wenn ich mir auch noch so große Mühe gebe, vermag ich die Farbe eines Buchstabens nicht zu ändern, sie auf einen anderen zu übertragen. Gelegentlich, wenn ich unsicher war, wie man ein Wort schreibt, habe ich überlegt, welche Farbe es haben sollte, und es auf diese Weise herausgefunden. Ich glaube, dass mir das beim korrekten Schreiben eine große Hilfe gewesen ist, sowohl im Englischen wie auch in anderen Sprachen.«

Die Schilderung dieser Person stimmte so sehr mit meinen eigenen alltäglichen Erfahrungen überein, dass es etwas beunruhigend war, sie in den Kontext einer »Alice-im-Wunderland-Welt« eingeordnet zu sehen. Ich schaute einen Moment lang von der Zeitschrift auf, um das zu verarbeiten, was ich gelesen hatte. Ich fragte mich, ob es wohl eine Bedeutung hatte, dass *Alice im Wunderland* lange eines meiner Lieblingsbücher gewesen war.

Ich kehrte dann zu meiner Lektüre zurück und las den Bericht des Verfassers über den Zirkel französischer symbolistischer Lyriker des neunzehnten Jahrhunderts, die von Synästhesie fasziniert waren. Marks ging auf die schwarzen, weißen, roten, grünen und blauen Vokale in Arthur Rimbauds synästhetischem Gedicht *Vokale* ein:

»A schwarz, E weiß, I rot, U grün, O blau, Vokale,
Einst künd ich den verborgenen Grund, dem ihr entstiegen.
A, schwarzbehaartes Mieder glanzvoll prächtiger Fliegen,

Die summend schwärmen über stinkend grausem
Mahle.

Der Schatten Golf. E, Weiß von Dämpfen und von
Zelten,
Speer stolzer, weißer Gletscherkönige, Rausch von
Dolden;
I, Purpur, Blutsturz, Lachen, wie's von Lippen, holden
In trunkner Reue strömt und in des Zornes Schelten.

U, Kreise, grüngefurchter Meere göttlich Beben,
Der Almen Friede, wo die Herden weidend leben,
Friede, den Alchemie in Denkerstirnen gräbt.

O, wunderbares Horn, voll seltsam schrillem Weisen,
Stillschweigsam, drin die Welten und die Engel kreisen:
– O, Omega, Strahl, der *ihr* Auge blau umwebt.«

Marks erwähnte auch die farbigen Klänge und klingenden Farben in Charles Baudelaires *Paradis Artificiel,* in dem es heißt: »Klänge sind in Farben gekleidet und Farben in Musik.« Und er wies auch auf Théophile Gautier hin, der einen »Lärm von Farben« vernahm. Gautier schrieb: »Mein Gehör war außerordentlich entwickelt: Ich hörte den Klang von Farben. Grüne, rote, blaue, gelbe Töne drangen vollkommen deutlich zu mir her.« Es schien, dass einige Dichter des neunzehnten Jahrhunderts so von dem Phänomen der Synästhesie betört waren, dass diejenigen, die es nicht von Natur aus ihr eigen nannten, versuchten, es in sich zu kultivieren, indem sie Haschisch rauchten. Ich schaute noch einmal von der Zeitschrift auf, um das zu durchdenken, was ich gerade erfahren hatte. Einige Menschen hatten tatsächlich Drogen genommen, um eine Form der Wahrnehmung herbeizuführen, die Teil meiner ganz alltäglichen Existenz war? Der Artikel wurde durch viele Fotografien und Zeichnungen ergänzt, die es dem Leser ermöglichen sollten, die synästhetische Wahrnehmung farbiger Sprache und Musik nachzuvollziehen. Ich dachte, dass die Abbildungen, die ganz deutlich von dem »psychedelischen« Jahrzehnt beeinflusst waren, das wir damals, 1975, gerade wieder hinter uns ließen, eher wie Gemälde von Peter Max oder wie die verträumten Werke der Pop-Art aussahen, als dass sie irgendetwas ähnelten, was ich selbst jemals »gesehen« hatte. Meine eigenen farbigen Buchstaben, Ziffern und Zeiteinheiten besaßen ein sehr lebendiges Äußeres, waren aber vom Stil her beträchtlich weniger aufsehenerregend, weniger »bunt« als das, was ich in der Zeitschrift wiedergegeben sah. Ich erkannte aber, was die Abbildungen vermitteln sollten. Und die Beschreibungen synästhetischer Wahrnehmungen in dem Artikel schlugen ganz klar eine Saite in mir an: Sie trugen meine Art des »Sehens« auf der Karte des anerkannten Terrains menschlicher Erfahrung ein.

Als die Sprechstundenhilfe meinen Namen aufrief, waren meine Ängste vor dem Bohrer schon längst von dem Staunen über das, was ich gerade entdeckt hatte, absorbiert worden. Ich fragte, ob ich das Magazin mitnehmen könne, und presste es an mich, als ich vor Erregung wie in Trance das Allerheiligste der Zahnarztpraxis betrat und zu dem gefürchteten STUHL hinüberging, wobei ich das lebhafte Rot dieses Wortes überall um mich herum verspürte. So schwer es auch war, die wirbelnden, farblosen Bohrgeräusche zu erdulden, noch schwerer war es, meine rasende Ungeduld zu ertragen: Ich wollte die Zahnarztpraxis so schnell wie möglich verlassen und mit der U-Bahn von Manhattan nach Queens fahren, wo meine Eltern wohnten, um meinem Vater den Artikel zeigen zu können. Ich wünschte mir, schon dort zu sein, über jene von Bäumen gesäumten ruhigen Straßen zu dem mit grünen Schindeln gedeckten Haus meiner Familie zu eilen, wo ich meinen Vater, tief in Gedanken über eines seiner Projekte versunken, antreffen würde. Ich wusste, dass er, gleichgültig was er gerade tat, damit aufhören würde, sobald ich das Zimmer betrat – und ich würde ihm dann von meiner Entdeckung berichten. Ich war damals Anfang zwanzig und wohnte nicht mehr bei meinen Eltern. Ich hatte aber ohnehin vor, sie an jenem Nachmittag zu besuchen.

Als ich in das Haus meiner Eltern stürmte, platzte ich trotz meiner sich noch immer unangenehm betäubt anfühlenden Lippen sofort heraus: »Synästhesie, Dad! Erinnerst du dich noch an das Wort? Synästhesie! Schau dir das hier an. Ein ganzer Artikel darüber.« Ich zog die Zeitschrift aus meiner Tasche, schlug den Artikel auf und wies ihn auf die Passagen hin, in denen über Erfahrungen berichtet wurde, die meinen eigenen, so wie ich sie ihm beschrieben hatte, am nächsten kamen, und zeigte ihm die Bilder, die am ehesten dem entsprachen, was ich selbst sah. Ich war zu aufgeregt, um zu warten, bis er selbst den Artikel durchgelesen hatte. Ich fing sofort an, ihm laut über die Dichter und Schriftsteller vorzulesen, die Synästhetiker gewesen waren und deren ungewöhnliche Farb-Empfindungen eine offizielle »Sanktionierung« gefunden hatten. Während ich ihm vorlas, gerieten wir beide immer mehr in Hochstimmung. Ich hatte das Gefühl, dass meine Wahrnehmungen von außen bestätigt wurden, und mein Vater empfand, dass die Achtung, die er ihnen schon immer entgegengebracht hatte, bestätigt wurde. Als wir meiner Mutter von dem Artikel erzählten, schaute sie nur verblüfft und sagte: »Nun, das Alphabet ist das Alphabet und Wörter sind Wörter, und ich kann wirklich nicht einsehen, was Farben damit zu tun haben!« In ihren Augen war dieser »Synästhesie-Kram« nur ein weiteres der vielen sonderbaren Hirngespinste, über die mein Vater und ich stundenlang diskutieren konnten. Meine Mutter verwandte viel Zeit darauf, mich vor dem zu bewahren, was sie als kauzige Ideen meines Vaters ansah, und vor allem sah sie es nicht gern, dass er mich ermunterte, selbst solche Vorstellungen zu entwickeln.

Im Laufe der Jahre hatte mein Vater begonnen, immer mehr in seiner eigenen Gedankenwelt zu leben. Er widmete sich Ideen und Erscheinungen, die seiner Meinung nach von der Allgemeinheit nicht genügend gewürdigt wurden, und Synästhesie schien in diese Kategorie zu gehören. Wenn es damals mehr Literatur zu dem Thema gegeben hätte, hätte er Synästhesie mit Sicherheit seiner Liste hinzugefügt. Mein Vater las immer fünf Bücher gleichzeitig, und wenn er sich gut genug fühlte, dann stellte er Experimente an, deren Bandbreite vom Albernen bis hin zum Grandiosen reichte. Zu den grandiosen Experimenten gehörte ein umwerfendes Puppenhaus, das er für mich aus einfachem Karton und grünem Krepp-Papier bastelte. Es hatte eine funktionierende Türklingel und elektrisches Licht, damit ich etwas über Elektromagnetismus lernte.

Ein anderes Mal war sein Werkraum im Souterrain mit Perpetua mobilia angefüllt, die er aus Batterien, sorgfältig ausbalancierten Gewichten und Drähten fabriziert hatte, um mir zu zeigen, wie der faszinierende Prozess der »ewigen Bewegung« ablaufen könnte. Ohne Reibung, so sagte er, könnten die Dinge sich ungehindert bis in alle Ewigkeit bewegen! Doch meine Mutter klagte, dass sie es satt habe, ständig über diese sich unaufhörlich bewegenden Apparate hinwegsteigen zu müssen, wenn sie in den Keller ging, um unsere Wäsche zu waschen.

Allerdings gab es auch Aspekte seiner Kreativität, die auch meine Mutter zu schätzen wusste. Aus den vielen Büchern, die mein Vater gelesen hatte, hatte er gelernt, wie man Sachen herstellte. Er fertigte Bücherschränke für das Esszimmer und eine Holzvertäfelung für das Wohnzimmer an, tischlerte ein Schreibpult für meinen Bruder und für mich ein Kopfbrett für mein Bett, das gleichzeitig ein Bücherbord mit speziellen Fächern für mein Radio und meine Stofftiere war. Außerdem baute er Nistkästen, die wir an den Bäumen im Hinterhof anbrachten.

Während seiner Anfälle von Traurigkeit und Unwohlsein suchte mein Vater unablässig nach den gemeinsamen Prinzipien, die allem zugrunde lagen, von der Möbeltischlerei bis hin zur »ewigen Bewegung«, dem Verhalten der Vögel und dem Leben selbst. Der große übergreifende Plan, nach dem die Welt geschaffen war, existierte, er war da – unter all dem Chaos und all dem Schmerz –, er brauchte nur offen gelegt zu werden.

Als mein Vater und ich an jenem Tag den Artikel über Synästhesie lasen, schien es plötzlich, als ob genau dieses Phänomen den verborgenen allumfassenden Plan repräsentiere. Farbe und Klang, Geschmack und Gefühl waren nicht länger voneinander getrennte Einzelerfahrungen, sondern Teile eines zusammenhängenden Ganzen, dessen Komponenten manchmal ineinander übergehen konnten. In dem Artikel war auch die Rede davon, dass die französischen symbolistischen Dichter des neunzehnten Jahrhunderts glaubten, die Menschen, die mit Synästhesie begabt seien, nähmen tatsächlich eine mystische Einheit wahr, die unter der vielfach aufgesplitterten Oberfläche der Welt verborgen liege. Diese Künstler zogen Inspiration aus den Verschmelzungen der sinnlichen Wahrnehmungen, von denen Synästhetiker berichteten. In seinem Buch *Bright Colors Falsely Seen* führt der Historiker Kevin Dann dazu aus:

> »Als im neunzehnten Jahrhundert allgemein bekannt wurde, dass einige Menschen in Reaktion auf Klänge Farben sehen, erinnerten sich diejenigen, die sich ernsthaft mit Synästhesie befassten, an die Schriften von Künstlern, Dichtern und anderen Menschen, die danach strebten, ihr Bewusstsein zu erweitern, in denen ähnliche Erfahrungen beschrieben wurden. (...) Die scheinbare Bestätigung einer inhärenten Einheit und Ganzheit durch die Synästhesie ist das, was sie für das romantische Empfinden vor allem anderen anziehend macht.«

Mein Vater wäre fasziniert gewesen, wenn er von all den »Erfindungen« gewusst hätte, zu denen die Begeisterung der Romantiker für die Synästhesie den Anstoß gegeben hat. Der Komponist Arthur Wallace Rimington entwickelte ein Tasteninstrument, das synchron zu der Musik, die auf ihm gespielt wurde, bunte Lichter auf eine Leinwand projizierte. Einige Jahrzehnte früher hatte Erasmus Darwin, der Großvater von Charles Darwin, aufblinkende farbige Lichter mit den Klängen eines Cembalos synchronisiert, um die Farb-

Klang-Entsprechungen vorzuführen, an deren Existenz er glaubte. Und schon im achtzehnten Jahrhundert hatte – wie Marks in seinem Artikel »On Colored Hearing Synesthesia« berichtet – der französische Jesuitenpater Louis Castel eine Farborgel konstruiert. Castel führte dazu aus: »Wir werden in Musik hineingeboren, und wir brauchen nur unsere Ohren zu öffnen, um sie zu schmecken. ... Man braucht nur seine Augen zu öffnen, um eine Musik der Farben zu schmecken.« Louis Castel war zu seiner ungewöhnlichen Orgel durch die Farbtheorie eines Vorgängers, ebenfalls eines Jesuiten, inspiriert worden. Pater Athanasius Kirchner hatte in seinem 1650 erschienenen Werk *Musurgia Universalis* geschrieben: »Wenn wir bei einem schönen Konzert erkennen könnten, wie die Luft von all den Schwingungen bewegt wird, die die Stimmen und Instrumente ihr beibringen, wären wir überrascht zu sehen, wie sie mit den lebhaftesten und aufs zarteste miteinander vermischten Farben erfüllt ist.«

Der russische Komponist Aleksandr Skrjabin wollte die Konzertsäle im wahrsten Sinne des Wortes mit »aufs zarteste miteinander vermischten Farben« erfüllen. Er komponierte mit *Prometheus: Le poème de feu* ein Werk, das für eine Farborgel, wie Rimington sie konstruiert hatte, bestimmt war. Tatsächlich wollte Skrjabin die Konzertsäle nicht nur mit den Farben der Musik erfüllen, sondern auch mit ihren Wohlgerüchen. Bei der Aufführung seiner – nie vollendeten – Komposition *Mysterium* sollten Düfte freigesetzt werden. Skrjabin war ein Schüler von Helena Petrovna Blavatsky, der großen Mystikerin, die Ende des neunzehnten Jahrhunderts die theosophische Bewegung begründete. Madame Blavatsky schrieb: »Sensitive Menschen verbinden jede Farbe mit einem Klang«, und war der Meinung, dass »wahrhaft medial veranlagte Menschen die Farben der Klänge wahrnehmen« könnten. Sie erklärte, dass unsere musikalischen Noten aufgrund ihrer jeweiligen Schwingungen im »Astralreich« folgende Farben hätten:

C – rot
D – orange
E – gelb
F – grün
G – blau
A – indigoblau
B – violett

Einige Fachleute fragen sich, ob Skrjabin wirklich Synästhetiker war oder ob er nicht nur in die mystische Philosophie der Madame Blavatsky verliebt war. Andere meinen aber, dass die Hingabe, mit der er sich bemühte, die Farben der Musik zum Ausdruck zu bringen, auf wirklichen Empfindungen beruht haben muss, die ihn eben auch für Madame Blavatskys Vorstellungen von farbiger Astralmusik empfänglich gemacht haben.

Dass die Mystikerin selbst so fasziniert von dem Phänomen Synästhesie war, wirft eine wichtige Frage auf: Sind die »himmlischen« Farb-Klang-Entsprechungen, von denen sie schreibt, tatsächlich das, was Menschen mit konstitutioneller Synästhesie wahrnehmen? »Erblicken« Synästhetiker akustische Schwingungen, die sich normalerweise der menschlichen Wahrnehmung entziehen? Die Antwort lautet mit größter Gewissheit: Nein. Man muss zwischen jenen Menschen unterscheiden, die eine theoretische Vorstellung von Farb-Klang-Entsprechungen entwickeln, und jenen anderen – den Synästhetikern –, die auf neurologischer Ebene solche Entsprechungen als Teil ihrer alltäglichen Realität erleben.

In *Bright Colors Falsely Seen* stellt Kevin Dann die These auf, dass die Philosophen, Dichter und andere Denker des neunzehnten Jahrhunderts, die Synästhesie nicht aus eigener Erfahrung kannten, diese Art des Wahrnehmens falsch deuteten und mystifizierten, indem sie eine Verbindung zu der romantischen Suche nach transzendenten Bewusstseinszuständen herstellten:

> »Viele Beobachter sind der Meinung gewesen, dass Synästhetikern ein Blick auf etwas gewährt worden ist, das mehr Wahrheit in sich zu bergen scheint als das, was sie selbst – nichtsynästhetisch – wahrnehmen. Seit mehr als einem Jahrhundert sind jetzt diese mysteriösen Fähigkeiten von vielen als etwas betrachtet worden, das einen Fortschritt in der kognitiven Evolution des Menschen bedeutet.«

Dann erinnert er daran, dass das Phänomen Synästhesie nur wenigen Fachwissenschaftlern als medizinische Absonderlichkeit bekannt gewesen war, bevor sich im neunzehnten Jahrhundert jener Kreis französischer Künstler mit ihm beschäftigte. Arthur Rimbaud war auf den Ausdruck »Farbhören« gestoßen, als er medizinische Zeitschriften durchgeblättert hatte, um Aufschluss über einige der ungewöhnlichen Bewusstseinszustände zu erhalten, die von den Mitgliedern seines Kreises so geschätzt wurden. Er hatte seiner Faszination für die Synästhesie dann in seinen Gedichten Ausdruck verliehen, wodurch das Phänomen weitere Beachtung fand.

Um deutlich zu machen, dass es tatsächlich eine Wechselbeziehung zwischen Kunst und Wissenschaft gab, weist Kevin Dann darauf hin, dass 1889, in dem Jahr nach der Veröffentlichung von Rimbauds *Vokale*, bei der in Frankreich abgehaltenen Internationalen Konferenz über Physiologische Psychologie nicht weniger als sechzehn Referate über Synästhesie vorgelegt wurden. Ironischerweise war es die Hochachtung der Dichter vor dem Phänomen, die die Wissenschaftler dazu veranlasste, ihm größere Aufmerksamkeit zu schenken.

Damals bezogen sowohl Mediziner wie auch Kunstkritiker manchmal extreme Positionen, was diese Erscheinung betraf. Max Nordau, der Farbhören als eine pathologische Störung ansah und die Vorstellung, dass es die Grundlage für eine künstlerische Bewegung bilden könnte, verabscheute, schrieb in seinem Buch *Entartung*: »Die Verknüpfung, die Umsetzung, die Verwechselung der Gehörs- und Gesichtswahrnehmungen zu einem Kunst-Grundsatze erheben, in ihm Zukunft sehen zu wollen heißt, die Umkehr vom Menschen- zum Austern-Bewusstsein als Fortschritt zu bezeichnen.«

Eine extreme Gegenposition dazu bezogen die Künstler und »Seher«, die keine Zeit verloren, die potenziellen »erhabenen« Implikationen der synäthetischen Erfahrung zu ergründen. Kevin Dann berichtet von Edouard Gruber, einem rumänischen Wissenschaftler, der Interviews mit Synästhetikern durchführte. Nachdem er einen Mathematiker befragt hatte, der Ziffern in Farbe sah, kam Gruber zu dem Schluss, Wahrnehmungen solcher Art seien »ein Echo der großen mathematischen Struktur des Universums«. Der Schweizer Psychologe Theodore Flournoy forderte eine objektivere Einschätzung des Farbhörens und meinte, es verdiene »weder übertriebene Achtung noch Schmähung«. Flournoy glorifizierte das Phänomen nicht, tat es aber auch nicht ab; er meinte, dass es einfach als Anomalie betrachtet werden sollte. Eine solche Einschätzung würde weitere Forschungen auf diesem Gebiet fördern, da man sich dann dem Phänomen unvoreingenommen widmen könnte, das heißt, ohne es entweder zu einer krankhaften Störung zu erklären oder aber es in den Himmel zu heben.

Die Uneinigkeit darüber, ob die synästhetische Form der Wahrnehmung als medizinische Absonderlichkeit betrachtet werden müsse oder ob sie eine besondere ästhetische Sensibilität bedeute und sogar ein Mittel darstelle, um mit transzendenten Welten in Kontakt zu treten, führte dazu, dass so viele verschiedene Menschen so viele verschiedene Dinge unter Synästhesie verstanden, dass die Begriffe und Definitionen 1890 auf der Internationalen Konferenz für Physiologische Psychologie standardisiert werden mussten. Bei dieser Konferenz wurde festgesetzt, dass der erst vor kurzem geprägte Terminus »Synästhesie« Farbhören wie auch andere Arten miteinander verknüpfter sinnlicher Wahrnehmungen umfasste.

Bis heute bemühen sich die Fachwissenschaftler darum, die verschiedenen Arten von Synästhesie zu bestimmen und voneinander abzugrenzen, damit wir ganz klar machen können, auf welches Phänomen wir uns beziehen. Das Folgende ist eine stark zusammengefasste und gekürzte Version der Beschreibung von vier verschiedenen Arten von Synästhesie, die Simon Baron-Cohen und John Harrison vor kurzem vorgelegt haben. Ich habe ihrer Auflistung einige eigene Kommentare und Ergänzungen hinzugefügt:

Konstitutionelle Synästhesie

Die konstitutionelle Synästhesie weist in den meisten Fällen folgende Charakteristika auf:

1. Sie scheint in der Kindheit einzusetzen, und zwar immer bevor das vierte Lebensjahr erreicht ist.
2. Die Wahrnehmungen unterscheiden sich von Halluzinationen, Wahnvorstellungen oder anderen psychotischen Phänomenen.
3. Die wahrgenommenen »Bilder« unterscheiden sich den Aussagen der Betroffenen zufolge von solchen, die man mit seiner Einbildungskraft hervorruft.
4. Die Wahrnehmungen werden nicht durch die Verwendung von Drogen ausgelöst.
5. Die Wahrnehmungen sind lebendig-anschaulich.
6. Sie steigen automatisch / ungewollt auf.
7. Diese Form von Synästhesie ist nicht »erlernt«.

Metaphorische Synästhesie

Ein künstlerisches oder sprachliches Mittel: Eine Sinnesempfindung wird mit Ausdrücken dargestellt, die eigentlich einer anderen Art des Empfindens zugeordnet sind. Edgar Allen Poe beschreibt zum Beispiel einen visuellen Eindruck mit einem Terminus, der normalerweise einen akustischen Eindruck bezeichnet, wenn er in seinem Gedicht »Al Aaraaf« vom »Murmeln des grauen Zwielichts« spricht. Die meisten Schriftsteller, Maler und anderen Menschen, die dieses Ausdrucksmittel einsetzen, sind keine konstitutionellen Synästheten, man sollte also nicht davon ausgehen, dass sie synästhetische Wahrnehmungen aus eigener Erfahrung kennen.

Erworbene Synästhesie

(Durch eine neurologische Dysfunktion oder eine andere dramatische physische Veränderung verursacht): Erworbene Synästhesie kann Folge einer Kopfverletzung oder eines Tumors sein. Das eine wie das andere kann bei Menschen, die nie zuvor miteinander verbundene Sinneswahrnehmungen gekannt haben, zu solchen führen. Erworbene Synästhesie äußert sich jedoch nicht im Wahrnehmen solch organisierter Systeme wie bunter Buchstaben- oder Ziffernfolgen oder farbiger Musik, sondern vielmehr im Wahrnehmen unorganisierter Formen wie zum Beispiel farbiger lauter Geräusche.

Diese Art der Synästhesie kann auch eine Folge von Erblindung sein. Man weiß von Menschen, die farbige akustische oder taktile Empfindungen gehabt haben, nachdem sie ihr Augenlicht verloren hatten. Menschen, die bereits vor Beginn ihrer Erblindung regelmäßig die eine oder andere Art synästhetischer Wahrnehmung erfuhren, erfahren diese danach in intensiverer Form.

In seiner Autobiografie *And There Was Light* schildert Jacques Lusseyran, der während des Zweiten Weltkriegs den französischen Widerstand gegen die Deutschen mit organisierte, die Farb-Klang-Synästhesie, die bei ihm einsetzte, nachdem er im Alter von acht Jahren durch einen Unfall erblindet war:

> »Bei Konzerten war das Orchester für mich so etwas wie ein Maler. Es überflutete mich mit allen Farben des Regenbogens. Wenn die Violine allein erklang, dann war ich plötzlich mit Gold und Feuer erfüllt und mit einem Rot, das so leuchtend war, dass ich mich nicht erinnern konnte, es jemals an irgendeinem Gegenstand

gesehen zu haben. Wenn die Oboe an die Reihe kam, dann durchlief mich ein klares Grün von einer solchen Kühle, dass ich den Atem der Nacht zu fühlen meinte. Ich besuchte das Land der Musik.«

Schwester Mary Second, eine blinde Nonne des Klosters Regina Mundi in Devon, Pennsylvania, erzählte mir, dass sie vor ihrem geistigen Auge immer noch Farben wahrnimmt – aber gekoppelt mit einer bestimmten haptischen Beschaffenheit. Als Kind konnte Schwester Mary auf einem Auge sehen, sodass sie Farben kennen gelernt hat. Als ihr Sehvermögen immer mehr zu schwinden begann, fingen die Farben an, eine »Textur« anzunehmen: Chartreusegrün wurde »scharfkantig und gezackt wie zerbrochenes Glas«, Fuchsienrot wurde »staubig« und Rosa wurde zu »flockiger Schlagsahne«, während Rot die »Beschaffenheit von Töpferglasur« annahm, Dunkelblau die »von weichem Kord« und Hellbau die von »weichem Samt« hatte. Purpur wurde zu einem »Vorhang aus dickem Samt« und Weiß fühlte sich wie »blendendes Sonnenlicht« an.

Der Psychologe Raymond Wheeler berichtet vom Fall eines blinden Synästhetikers, der besonders eindrucksvoll ist. 1920 veröffentlichte Wheeler *The Synaesthesia of a Blind Subject*, einen Bericht über die Farb-Ziffern-, Farb-Zeit-, Farb-Tast- und Farb-Buchstaben-Synästhesie seines Schülers und späteren Forscherkollegen Thomas Cutsforth. Cutsforth hatte immer synästhetische Wahrnehmungen gehabt, auch schon bevor er im Alter von elf Jahren sein Sehvermögen einbüßte. In der folgenden Passage schildert Cutsforth seine synästhetischen Empfindungen beim Lesen von Braille-(Blinden-)schrift:

»Als meine Fingerspitzen zum ersten Mal über das Wort glitten, nahm ich den Buchstaben D wahr. Diese Wahrnehmung entwickelte sich folgendermaßen: Zu Beginn war ich mir nur einiger in unbestimmter Weise gruppierter flacher Punkte bewusst; diese Punkte ordneten sich sofort räumlich, wie zu einem visuellen Bild, und nahmen gleichzeitig das dürftige, alles andere als satte Blaugrau des D an. Dann traten die undeutlichen taktilen Eigenschaften völlig zurück, und die Farbe des Buchstabens blieb mir allein im Bewusstsein als das, wodurch ich des Buchstabens selbst gewahr wurde.«

Die Studien von Wheeler und Cutsforth zur Synästhesie sind in der kleinen Gemeinde derer, die ähnliche Forschungen anstellen, vielleicht besser bekannt als in der großen Gemeinschaft der Wissenschaftler schlechthin. Ihre Arbeiten geben möglicherweise wichtige Hinweise darauf, wie alle Menschen, Synästhetiker und Nicht-Synästhetiker, Informationen mental kodieren und Bedeutung konstruieren. Einige Ergebnisse ihrer Forschungen werden in Kapitel acht diskutiert.

Durch Drogen herbeigeführte Synästhesie

Psychoaktive Drogen wie Haschisch oder LSD können synästhetische Wahrnehmungen in Personen auslösen, die unter normalen Umständen frei von ihnen sind. Wie bei der erworbenen Synästhesie sind die Erfahrungen dieser Personen nicht von der systematischen Konsistenz wie die konstitutioneller Synästhetiker. Bei einer durch Drogen verursachten synästhetischen Empfindung kann beispielsweise ein lautes Geräusch in einem Moment als gelb wahrgenommen werden, im nächsten als blau. Bei dieser Art von Synästhesie kommt es für gewöhnlich zu keinen miteinander verknüpften Sinneswahrnehmungen mehr, wenn die Wirkung der Droge nachlässt.

Wenn er auch eindeutige Unterschiede zwischen den einzelnen Arten von Synästhesie erkennt, sieht Lawrence Marks eine klare Verbindung zwischen konstitutioneller Synästhesie und metaphorischer Synästhesie. In seinem Aufsatz »On Colored Hearing Synesthesia« weist er darauf hin, dass nicht nur die dichterische, sondern auch unsere alltägliche Sprache überaus reich an synästhetischen Metaphern ist. So können visuelle Eindrücke unter Zuhilfenahme von Termini wiedergegeben werden, die akustische Eindrücke bezeichnen – man kann zum Beispiel von »schreienden Farben« sprechen –, oder akustische Empfindungen mit Hilfe von Ausdrücken für taktile Empfindungen – man kann zum Beispiel einen Klang »weich« nennen. Diese – durchaus gängige – Ausdrucksweise weist möglicherweise auf eine in der Tiefe liegende Verbindung zwischen den unterschiedlichen »Sinnen« hin. Marks bezieht sich auf den Physiologen Heinz Werner, der 1934 schrieb, dass jeder Sinnesreiz »zuerst einen allgemeinen, synästhetischen Sinn erregt, bevor er in spezifische, modale Wahrnehmungen aufgegliedert wird«. Dieser Ansicht zufolge beruht unser gesamtes Empfinden auf einem einzigen Sinn, der, sobald er von der äußeren Welt angerührt wird, zu einem »Zauberstab« wird, der das von ihm Erfahrene in Gesehenes, Gehörtes, Gerochenes, Geschmecktes und Gefühltes differenziert. Werners »allgemeiner Sinn« lässt an die Forschungsarbeit von Daphne Maurer und David Lewkowicz denken, die auf die Existenz eines solchen synästhetischen Sinnes hindeutete, mit dem Kleinkinder, die erst wenige Monate alt sind, die Welt in sich aufnehmen.

Vielleicht ist es auch dieser »allgemeine Sinn«, der es uns ganz gewöhnlich erscheinen lässt, wenn es von jemandem heißt, er sei in »schreiende Farben« gekleidet wie »Knallrosa« oder in »kalte Farben« wie Minzgrün. Einige Liedtexte und Gedichte stecken voller solcher Ausdrücke, die verschiedene Wahrnehmungsmodi miteinander verschmelzen. Wir verstehen genau, was gemeint ist, wenn Cyndi Lauper in ihrem Song *True Colors* singt, dass jemand »seine wahren Farben« zeigt. Der Reiz des Titels liegt darin begründet, dass der Ausdruck uns schon seit langem vertraut ist. Wir können auch irgendwie den Sinn der Worte verstehen, wenn die Sängerin und Liedermacherin Joni Mitchell, die auch Malerin ist, von den »klingenden Farben« ihrer Bilder spricht und ihre Lieder als »Klanggemälde« beschreibt. Wir verstehen es auch, wenn der Dichter Hart Crane die »Königspalme« einen »Turm aus geflüstertem Licht« nennt, oder wenn Edith Sitwell, eine Bewunderin der synästhetischen Bilder in den Gedichten Baudelaires und anderer französischer Symbolisten, in ihrem Gedicht *Aubade* vom »knarrenden, leeren Licht« spricht oder in *Dark Song* sagt, »das Feuer war pelzig wie ein Bär«. Und wir begreifen auch, was der japanische Dichter Toshimi Horiuchi in seinem Gedicht *The Minnesota Winter* mit den folgenden Versen ausdrücken will:

»Auf dem Boden Klänge weiß,
Im Himmel Klänge blau.
In der Kälte Klänge hell ...«

Lesen Sie einmal diese rhapsodische synästhetische Schilderung von Chang Yu, einem chinesischen Lyriker aus dem vierzehnten Jahrhundert:

»Strahlend, leuchtend – die Blumen der Jahreszeit!
Ihr zarter Duft steigt in der Stille auf.
Andere hoffen, sie mehrmals zu riechen, doch ich
gebrauche lieber meine Ohren!
Der Wohlgeruch sendet Lieder wie Juwelen aus;
wenn ich sie laut singe, verspüre ich solche Freude!
Und wer sagt, dass im Klang kein Duft liegt?
Riechen und Hören sind in Wirklichkeit dasselbe.«

Lawrence Marks meint, dass alle Menschen die Neigung haben, Entsprechungen zwischen der einen und der anderen Sinnesempfindung wahrzunehmen. Zusammen mit Dr. Gail Martino führte er eine Reihe von Experimenten mit Nicht-Synästhetikern durch, um zu ermitteln, bis zu welchem Grad sie Entsprechungen zwischen visuellen und akustischen Eindrücken herstellten. Die Ergebnisse zeigten, dass die Versuchspersonen systematisch laute Geräusche mit grellen Lichtern und leise Geräusche mit gedämpften Lichtern gleichsetzten und ebenso strahlende Farben mit lauten Geräuschen und gedeckte Farben mit leisen Geräuschen. Auf einem bestimmten Level machen solche Korrespondenzen zwischen sensorischen Eindrücken, die eigentlich verschiedenen Kategorien angehören, für jeden von uns Sinn. Marks ist der Ansicht, dass die Wahrnehmungen von konstitutionellen Synästhetikern am extremen Ende eines Kontinuums synästhetischer Erfahrungen liegen, die allen Menschen bekannt sind.

Wenn Marks dieselben Experimente mit konstitutionellen Synästhetikern angestellt hätte, hätten sie dann auf eine ebenso systematische Weise wie die Nicht-Synästhetiker Klang mit Licht und Klang mit Farben in Zusammenhang gebracht? Die von Synästhetikern empfundenen Korrespondenzen zwischen unterschiedlichen Sinneseindrücken sind nicht nur bemerkenswert konsistent, sie sind auch bemerkenswert idiosynkratisch. Den meisten Forschern fiel es schwer, in den Reaktionen von Synästhetikern ein erkennbares Muster aufzuspüren. Marks jedoch entdeckte ein solches Muster; er stellte fest, dass die Tonhöhe von Vokalen in einem festen Zusammenhang mit der Helligkeit der von Synästhetikern »gesehenen« Farben steht: Je höher der Ton, desto heller die Farbe. Wenn es sich bei einem Synästhetiker auch nicht unbedingt um dieselbe – konkrete – Farbe handelte wie bei einem anderen (der eine sagte, A sei rot, der andere, es sei gelb, und so weiter), stellte Marks fest, dass in einer signifikanten Zahl von Fällen helle Farbwerte mit hohen Tönen einhergingen und dunkle Farbwerte mit tiefen Tönen.

Eine andere Versuchsreihe, die von Marks zusammen mit Dr. Martino an der Universität Yale durchgeführt wurde, deutete darauf hin, dass sogar »Personen, die sich selbst nicht als Synästhetiker ansehen, eine ›schwache‹ Form von Synästhesie zeigen«. Wie sie in einem 1999 für die Zeitschrift *Perception* verfassten Artikel mit dem Titel »Perceptual and Linguistic Interactions in Speeded Classification« berichten, forderten die beiden Forscher die Versuchspersonen auf, auf einem Computer-Keyboard in Reaktion auf hohe oder tiefe Töne, die sie über Kopfhörer vernahmen, eine bestimmte Taste anzuschlagen. Die Versuchspersonen saßen in Kabinen, in denen Monitore aufgestellt waren, über deren Bildschirme weiße oder schwarze Farbblitze zuckten. Sie wurden nicht angewiesen, auf diese Farbblitze zu achten, sondern man forderte sie vielmehr auf, sich ganz auf die Töne zu konzentrieren, die ihnen durch die Kopfhörer zugespielt wurden. Die Versuchspersonen reagierten schneller, wenn ein hoher Ton von einem weißen Lichtblitz oder ein tiefer Ton von einem schwarzen Lichtblitz auf dem Monitor begleitet war. Ja, wenn ein hoher Ton erklang und gleichzeitig einfach nur das *Wort* »weiß« auf dem Schirm aufblitzte oder das Erklingen eines tiefen Tons mit dem Aufblitzen des Wortes »schwarz« einherging, reagierten die Personen ebenfalls schneller auf die hohen oder tiefen Töne, die sie vernahmen. Im Gegensatz dazu reagierten sie langsamer, wenn Töne und Farben nicht zusammenpassten, wenn also ein hoher Ton von einem schwarzen Farbblitz oder dem Wort »schwarz« bzw. ein tiefer Ton von einem weißen Farbblitz oder dem Wort »weiß« begleitet war. Obwohl die an diesen Experimenten beteiligten Personen aufgefordert wurden, *nur* auf die Töne zu achten, die in ihre Kabinen eingespielt wurden, und nicht auf die Farbblitze oder die Wörter, die auf den Monitoren erschienen, hatten diese Farbblitze oder Wörter eine signifikante Auswirkung auf die Geschwindigkeit, mit der sie auf die akustischen Signale reagierten.

Die Reaktionszeit der Versuchspersonen wurde in derselben Art und Weise beeinflusst, als sie die Anweisung erhielten, nur auf die Farbblitze zu achten, die sie sahen, und nicht auf die Töne, die sie hörten. Die Ergebnisse dieses Tests zeigen, dass man unwillkürlich Verbindungen zwischen einem korrespondierenden auditiven und visuellen Input herstellt, und genau diese Tendenz ist es, die Marks und Martino als »schwache Synästhesie« bezeichnen. Obwohl diese schwache Form sich von der »starken« unterscheidet, die man bei einer von zweitausend Personen findet – bei jemand, der infolge bestimmter Stimuli *seine eigenen* sekundären sensorischen Reaktionen hervorbringt, das heißt, bei dem Wörter, musikalische Klänge oder Geräusche idiosynkratische Wahrnehmungen von Farben oder Formen hervorrufen –, haben sowohl die starke wie die schwache Form der Synästhesie möglicherweise gemeinsame Ursachen im neuralen Bereich. Dass Menschen mit größter Konsistenz Entsprechungen zwischen einem auditiven und einem visuellen Input wahrnehmen, hat Marks und Martino dazu veranlasst, ihre »Semantische Kodierungs-Hypothese« aufzustellen. Wenn eine Person synästhetisch korrespondierende Stimuli wahrnimmt (oder Stimuli, die sich, was ihre Schwingungen oder Wellen betrifft, auf einem vergleichbaren Niveau befinden, wie zum Beispiel ein hoher Ton und ein weißer Farbblitz), dann wird diese Sinneserfahrung sprachlich-abstrakt im Gehirn gespeichert, sodass sogar die Wörter »schwarz« und »weiß« oder »gut« und »schlecht« ausreichen können, um das Gefühl einer Entsprechung zwischen verschiedenen Modi sensorischen Inputs auszulösen.

Marks meint sogar, dass das menschliche Empfinden inhärent synästhetisch sei. In seinem schon erwähnten Aufsatz »On Colored Hearing Synesthesia« führt er aus:

> »Es ist ohne Bedeutung, ob man sich mit der Wahrnehmung von Synästhetikern oder Nicht-Synästhetikern [die man neuerdings »starke Synästhetiker« und »schwache Synästhetiker« nennt] befasst; in beiden Fällen sind die Entsprechungen zwischen Dimensionen visueller und auditiver Erfahrung nahezu identisch (…).

> Alle Theorien zur Synästhesie sind Theorien, die *Vermittlung* betreffen. Sinnesempfindungen oder sensorische Dimensionen, die miteinander verbunden sind, müssen durch irgendetwas verbunden sein.«

Marks schreibt, dass auch in modernen Multimedia-Veranstaltungen und künstlerischen Experimenten über die einzelnen Sinnesbereiche hinwegreichende Assoziationen zum Ausdruck kommen. Von den Lesungen von Beat-Lyrik zum Klang von Bongotrommeln in den Fünfzigerjahren, über Martha Grahams »getanzte Poesie«, das Musiktheater, wie es am Broadway florierte, die psychedelische »Joshua Light Show« der Siebzigerjahre bis hin zu den Ballettaufführungen des Choreographen Mark Morris in Zusammenarbeit mit der New York City Opera und der Royal Opera in Covent Garden in den Achtziger- und Neunzigerjahren, können multimediale Performances der verschiedensten Art als Versuche angesehen werden, den Zuschauern und Zuhörern eine erweiterte sensorische Erfahrung zu vermitteln. Sogar ein Erzeugnis der Pop-Kultur wie der Film *Fantasia* bemühte sich darum, das Publikum »die Musik sehen« und »die Farben hören« zu lassen.

Die meisten Experimente, bei denen verschiedene Kunstgattungen miteinander verknüpft werden, machen in einem gewissen Sinn den Unterschied zwischen starker und schwacher Synästhesie deutlich. Während schwache Synästhesie dadurch charakterisiert ist, dass Entsprechungen *zwischen zwei unterschiedlichen Medien* wahrgenommen werden, ist starke Synästhesie durch eine *unmittelbare Wahrnehmung in einem Sinnesbereich, die durch eine Aktivierung eines anderen Sinnes herbeigeführt wird,* charakterisiert, sodass es bei starker Synästhesie zu einer verschmolzenen »Einzel«-Wahrnehmung kommt. Wie Marks in seinem Artikel »Synesthesia: Strong and Weak« schreibt: »Während starke Synästhesie in einer regulären Wahrnehmungserfahrung zum Ausdruck kommt, kommt schwache Synästhesie am deutlichsten in transmodaler und metaphorischer Sprache und in transmodaler Gleichsetzung zum Ausdruck.« Marks und Martino meinen, dass weitere Forschungsarbeit notwendig sei, um zu ermitteln, ob bei starker Synästhesie möglicherweise auch eine Vermittlung durch semantische Kodes oder andere Mechanismen stattfinde.

Als ich damals, 1975, im Wartezimmer des Zahnarztes saß und den Artikel las, der mir die Augen öffnete, ahnte ich natürlich nicht, dass ich an die zwanzig Jahre später im Loft der synästhetischen Künstlerin Carol Steen seinem Verfasser, Dr. Lawrence Marks, begegnen würde. 1997 stellte Carol Steen ihre Räume für eine Versammlung von Synästhetikern und Wissenschaftlern von Yale und Rutgers, der Universität von Vermont und den National Institutes of Health zur Verfügung, die alle der sich gerade formierenden American Synesthesia Association angehörten. Als wir uns inmitten der Skulpturen und Gemälde der Künstlerin unterhielten, zog ich die Ausgabe von *Psychology Today* von 1975 aus meiner Handtasche und reichte sie Dr. Marks, damit er mir ein Autogramm gäbe. »Ich habe Ihren Artikel diese ganzen Jahre lang aufgehoben«, sagte ich. »Ich hätte es mir nie erträumt, dass Sie ihn eines Tages für mich signieren würden.«

So wie die Schönheit, die die Dichter in der Synästhesie entdeckten, einst die Wissenschaftler dazu veranlasste, das Phänomen gründlicher zu erforschen, hatte ihre Schönheit mich veranlasst, zu dieser Versammlung von Wissenschaftlern zu gehen. Diese Schönheit lag für mich nicht nur in dem begründet, was ich selbst synästhetisch erfuhr, sondern auch in dem Platz, den Synästhesie in der besonderen Welt einnahm, die ich mit meinem Vater teilte.

4

Eine Freundin: Carol Steen, synästhetische Künstlerin

Im Leben hängt so viel von der Frage ab: »Siehst Du das, was ich sehe?«

Carol und ich sitzen zusammen in ihrem Loft in Downtown Manhattan und streiten bei einer Tasse Bancha-Tee über die Farbe des Buchstabens L. Wir sind uns über die Farben vieler Buchstaben uneins, doch ihr Beharren darauf, dass das L schwarz mit blauen Schattierungen sei, kommt mir besonders absurd vor, denn ich sehe das wirklich komplett anders. »Schwarz mit blauen Schattierungen ist die Farbe, die Veronicas Haar in den *Archie*-Comics hat«, sage ich. »Aber es ist nicht die Farbe von L. L kann doch ganz klar nur von einem äußerst blassen, äußerst zarten Gelb sein.«

»Ganz klar ist nur, dass dein L Vitamine braucht«, entgegnet Carol daraufhin.

Und ganz klar ist, dass irgendetwas in jedem von uns will, dass die spezifische Art und Weise, in der wir die Welt färben, dominiert. Mein Streit mit Carol über die Farbe des Buchstabens L scheint diese allgemein menschliche Tendenz auf eine etwas ungewöhnliche Weise deutlich zu machen.

Carol ist eine der beiden Synästhetikerinnen, die zu meinen allerbesten Freundinnen gehören. Simon Baron-Cohen hat uns zusammengebracht, als er festgestellt hatte, dass die beiden einsamen New Yorker Synästhetikerinnen, die sich mit ihm in Verbindung gesetzt hatten, beide in dem Bezirk Manhattans lebten, den man gemeinhin als Downtown bezeichnet. Bei unseren Treffen zanken Carol und ich uns immer, um gleich darauf gemeinsam zu kichern, denn es bedeutet eine große Erleichterung, mit jemandem zusammenzusitzen, der sagen kann: »Ja, ich sehe das, was du siehst, wenn du es auch in der falschen Farbe siehst!« (siehe Bildteil S. 2/3).

In Carols höhlenartigem Loft in der Gegend von Soho, wo das Gezanke und das Gekichere stattfindet, ist ganz eindeutig ihre eigene synästhetische Sichtweise tonangebend. Die Skulpturen und Gemälde, die den Raum füllen, sind materielle Verkörperungen der verschiedenen Formen und Farbkleckse, die sie sieht, wenn sie Geräusche hört oder bestimmte taktile Empfindungen hat. Ein Schwarm kleiner Bronzestatuen, die sich voller Majestät spiralenförmig in die Höhe schrauben, gibt visuelle Eindrücke wieder, die durch das Hören von Geräuschen oder von Musik ausgelöst wurden. Eine Skulptur, die die Künstlerin *Cyto* genannt hat, ist dem Neuologen und Fachmann für Synästhesie Dr. Richard Cytowic gewidmet. Carol sagt, dass Dr. Cytowic ihr »Freiheit schenkte«, indem er ihr half, ihre synästhetischen Erfahrungen zu verstehen. *Cyto* ist patiniert, und zwar in den Farben, die der Nachname des Mannes, dem die Statue gewidmet ist, vor dem geistigen Auge ihrer Schöpferin aufsteigen ließ – vor allem in Himmelblau.

Wie ich sieht auch Carol farbige Buchstaben, anders als ich nimmt sie aber auch taktile Empfindungen farbig wahr. Während einer Reihe von Akupunkturbehandlungen zum

Beispiel empfand sie die Einstiche der Nadeln an verschiedenen Druckpunkten als lebhaft-gefärbte geometrische Figuren. Diese Behandlungen inspirierten sie zu einer Serie von Gemälden für eine Ausstellung in einer Galerie in Soho, der sie den Titel *Shapes Seen* (Gesehene Formen) gab. In einem Artikel berichtete sie von den Akupunktursitzungen, die die Quellen für ihre Bilder gewesen waren. Zu einem der Gemälde, das sie *Vision* genannt hatte, führte sie aus:

> »Während ich dort lag, verfolgte ich, wie der schwarze Hintergrund von einer leuchtend roten Farbe durchstoßen wurde, die sich in der Mitte der satten, samtigen Schwärze zu bilden begann. Das Rot war am Anfang ein kleiner Farbklecks, der dann recht schnell ziemlich groß wurde und einen großen Teil der Schwärze verdrängte. Ich sah in der Mitte des Roten diese grünen Formen auftauchen und sich über die roten und die schwarzen Flächen bewegen.«

Während ich behaglich meinen Tee trinke, schaue ich mir einige der »Akupunkturgemälde« genau an, die jetzt in ihrem Loft an der Wand hängen. Zwar ist die Verknüpfung einer primären taktilen Empfindung mit einer sekundären Farbwahrnehmung nichts, das ich aus eigener Erfahrung kenne, doch kommt mir irgendetwas an den Bildern, auf denen plastische Formen aus dem dunklen Hintergrund der Leinwand hervorbrechen – vertraut vor. Sie rufen mir einige der Wortmuster, die ich als Kind erblickte, wieder in den Sinn. Sie erinnern mich an die schattenhaften Gebilde, die mir durch den Kopf huschen, wenn ich Musik höre. Das Gemälde mit dem Titel *Green Commas* oder *December 14* (das war der Tag, an dem Carol die Farbempfindung hatte, die dem Bild zugrunde liegt) scheint mit seinen chartreusegrünen Kringeln besonders viel in mir selbst anzusprechen. Die Kringel erinnern mich an die Formen, die ich sehe, wenn ich Geigern zuhöre, die mit dem oberen Teil ihrer Bögen kurze Bewegungen auf den Saiten ihrer Instrumente ausführen. Ich wundere mich darüber, dass das gleiche synästhetische Bild vor dem inneren Augen zweier Synästhetikerinen erscheint, und zwar bei der einen, wenn sie die Akupunkturnadel fühlt, bei der anderen, wenn sie die Töne hört, die der Geigenbogen hervorbringt.

Von Musik hervorgerufene Bilder »sehe« ich recht verschwommen, dieses Gemälde hat sie mir deutlicher vor Augen geführt. Ich habe das Gefühl, dass Carol etwas über unsere »innere Landschaft« ausgesagt, sie nach außen geholt, ans Licht befördert hat. Ich frage mich, ob Nicht-Synästhetiker manchmal auch diese flüchtigen, schattenhaften Gebilde wahrnehmen, die von Gehörtem oder Gefühltem zum Leben erweckt werden, Bilder, die so hauchzart und ephemer sind, dass es leicht geschehen kann, dass man sich ihrer Präsenz nicht mehr bewusst ist.

Carol erinnert sich, dass das Bild, das die Vorlage zu *Green Commas* war, ihr während einer Sitzung erschien, bei der sie durch die Akupunkturnadeln in eine sehr friedvolle Stimmung versetzt worden war. Das Gefühl, das die Nadeln an den Akupunkturpunkten hervorriefen, wurde zu einer leuchtend blauen Kugel mit hellgrünen Halbmonden, die von ihr herabregneten. »Das Bild war so schön«, sagte Carol, »dass mir die Tränen in die Augen schossen, als die Nadeln entfernt wurden und es verschwand.«

Carol ist nicht die einzige Synästhetikerin, die berichtet,

dass Akupunkturnadeln Farbempfindungen bei ihr auslösen. In einem Fall behandelte der Elektroakupunkteur David Mayor im englischen Hertfordshire eine Patientin, indem er die Frequenz so einstellte, dass seine Patientin ihre Lieblingsfarben wahrnahm: »einen grau-blauen Strich, von Burgunderrot umgeben, der zu fahler Unschärfe verblasst«.

Auch für Carol sind farbige taktile Empfindungen nicht nur in ästhetischer Hinsicht nützlich gewesen, sie haben ihr auch in diagnostischer Hinsicht gedient. Sie hat einmal festgestellt, dass sie eine Wurzelbehandlung brauchte, als sie einen »orangefarbenen Schmerz« in einem Backenzahn verspürte. »Orange ist die Farbe eines starken Schmerzes, blaue Schmerzen sind nicht besonders quälend«, erzählt Carol. »Zuerst hat mein Zahnarzt gemeint, mit meinem Zahn sei alles in Ordnung, aber ich habe ihm gesagt, ich wisse mit Sicherheit, dass da irgendetwas nicht stimme, da sich der Schmerz orange anfühle. Er hat eine Röntgenaufnahme gemacht, nur um mich bei Laune zu halten, und war ganz erstaunt, als er sah, dass der Nerv in meinem Zahn nicht tot war, sondern dabei war abzusterben, und der Zahn tatsächlich eine Wurzelbehandlung brauchte.«

Farbige Schmerzen warnten sie auch, als sie sich im Sommer 1998 am Knie verletzte; sie machten ihr deutlich, wie ernst diese Verletzung war. Bei einem Ferienaufenthalt in British Columbia hatten sie und ihr Mann sich auf einen riesigen Felsen am Strand gestellt und auf das Meer hinausgeschaut, als Carol plötzlich ausgerutscht war. »Während ich schrie, sah ich alles in Orange, die Felsen, die Luft, meinen Mann; das Geräusch meines Schreis war von demselben Orange wie der Schmerz, den ich von der Verletzung her spürte. Es verschmolz alles miteinander, sodass ich bis heute nicht sicher bin, ob der Schrei oder der Schmerz der Ursprung von diesem Orange waren.«

»Vielleicht war der Schrei der Klang des Schmerzes und Orange seine Farbe«, gebe ich zu bedenken.

»Es ging alles so schnell«, erzählt Carol weiter. »Es war, als ob ein Fotograf mit Gel die Aufnahme einer ganzen Landschaft einfärbte.«

Farbige Gefühle halfen ihr auch dabei, die Physiotherapeutin anzuleiten, die sie wegen ihrer Knieverletzung behandelte. »Wenn die Therapeutin mich ein bisschen zu hart rannahm, dann sagte ich ihr: ›Wir hören jetzt besser auf, denn der Schmerz ist dabei, orange zu werden.‹«

Wie kann es wohl geschehen, dass eine Person farbigen Schmerz empfindet? Wenn wir uns Peter Grossenbachers Feedback-Theorie in Erinnerung rufen, könnte folgende Erklärung plausibel erscheinen: Das Schmerzgefühl wird von einem Teil des Gehirns hervorgebracht, den man somatosensorischen Cortex nennt; er liegt in einem »Tal« unterhalb der zentralen Furche, die den vorderen Teil des Gehirns vom hinteren trennt. Die Aktivierung von Schmerzrezeptoren im somatosensorischen Cortex könnte eine Erregungsübertragung in Gang setzen, die auf ihrem Weg auch untergeordnete Sehzentren berührt. Während bei den meisten Menschen der Stimulus wohl zu schwach ist, um dort eine voll entwickelte Empfindung auszulösen, könnte sie bei Synästhetikern, deren untergeordnete Sehzentren möglicherweise hyperempfindlich für solche Stimuli sind, eine derartige Empfindung hervorrufen. Zweifellos gehört das Phänomen des »farbigen Schmerzes« zu denen, die weiter erforscht werden müssen. Dafür müssen aber noch mehr Synästhetiker so offen wie Carol sprechen.

Was mir sofort auffiel, als ich Carol zum ersten Mal traf, war, dass wir eine ganz unterschiedliche Einstellung zu unserer Synästhesie haben. Während ich mich oft bemüßigt sehe, mich zu entschuldigen, und Witze darüber mache, dass ich farbige Wörter »sehe« – womit ich einfach nur beweisen will, dass ich nicht verrückt bin –, ist Carol nie in irgendeiner Weise schüchtern oder zurückhaltend, was ihre Synästhesie betrifft. Sie ist überzeugt, dass diese eine große Bereicherung für sie darstellt. Mit ruhiger Autorität in der Stimme und mich ernst aus ihren großen, grün-blauen Augen anschauend, erklärt sie: »Synästhesie zu haben bedeutet nicht, sich von anderen sagen zu lassen: ›Oh, Sie haben diese merkwürdige Sache.‹ Es bedeutet, dass man dieses zusätzliche Bewusstsein hat und es auch nutzt.« In ihren Werken ergründet sie, inwieweit Synästhesie von Nutzen sein kann. Die farbigen Striche auf einer Serie von Gemälden, die in ihrem Loft hängen, lassen einen an Werkzeuge oder Geräte denken: an ein Messer, ein Nudelholz, den Zirkel eines Künstlers.

Obwohl sie ihnen mittlerweile voller Leidenschaft Ausdruck verleiht, hat Carol die meiste Zeit ihres Lebens, wie viele Synästhetiker es tun, über ihre nicht der Norm entsprechenden Empfindungen geschwiegen. Sie erinnert sich daran, wie sie im Alter von sieben Jahren auf dem Weg zur Schule einer Klassenkameradin gegenüber erwähnte, dass der Buchstabe A eine »so hübsche rosa Farbe« habe. »Du bist komisch!«, hatte das andere Mädchen ausgerufen. (Natürlich muss ich an dieser Stelle hinzufügen, dass auch ich es komisch finde, wenn jemand sagt, der Buchstabe A sei rosa – er ist ganz eindeutig orange.)

Carols Vater hat ganz anders auf ihre farbigen Buchstaben reagiert. Als sie eines Tages am Esstisch der Familie sagte:

»Die Zahl Fünf ist gelb«, entgegnete ihr Vater: »Nein, sie ist ocker-gelb.« Damals erfuhr Carol zum ersten Mal, dass auch ihr Vater synästhetische Wahrnehmungen hatte. »Mein Vater hat danach mir gegenüber seine Synästhesie jahrelang nicht mehr erwähnt«, erzählte Carol. »Er hatte Synästhesie und hat sie immer gehabt, doch er hatte sich selbst beigebracht, nicht darüber zu sprechen.«

Während Synästhetiker häufig einer gewissen Abwehr, beinahe einem Widerstand gegenüber ihren ungewöhnlichen Sinneswahrnehmungen begegnen, legen sie selbst oft eine ähnlich abwehrende Haltung gegenüber den Wahrnehmungen anderer Synästhetiker an den Tag, wenn deren Reaktionen von anderer Art sind oder ihre Wahrnehmungen sich hinsichtlich der gesehenen Farben und Formen von ihren eigenen unterscheiden. Wie Ursula Pritchard, die Beiträge zur Internet Synesthesia-Liste verfasst, es formuliert hat: »Briefe oder Botschaften, die mit Lettern geschrieben sind, die eine andere Farbe haben [als die meinen], ›stimmen‹ irgendwie ›nicht‹ und scheinen mich wütend oder nervös zu machen.« Sogar Sir Francis Galton erwähnt diesen Umstand in seinem Buch *Inquiries into the Human Faculty.* Galton berichtet, wie er einem Synästhetiker einmal die Wahrnehmungen eines anderen schilderte, weil er annahm, dass dies in seinem Gegenüber ein entzücktes Gefühl der Identifikation auslösen würde. Zu seiner Überraschung musste Galton aber feststellen, dass

> »wenn der Bericht eines Sehers einem anderen Seher unterbreitet wird, der sicher ist, andere Farben wahrzunehmen, letzterer schockiert und beinahe wütend über die Ketzerei des ersten reagiert. Ich unterbreitete den

> Bericht, den Dr. Key abgegeben hat, einer Dame (...) Sie vermochte seine Darstellung überhaupt nicht zu verstehen, seine Farben waren so vollkommen anders als die, die sie selbst sah (...).«

Um diese heftige Reaktion nachvollziehen zu können (einigen mag es sogar wie eine Überreaktion vorkommen), muss man unbedingt verstehen, dass für einen Synästhetiker die Farbe eines Buchstabens ein ebenso wesentlicher Bestandteil von ihm ist wie seine Form. Mir käme ein rotes O genauso sonderbar und falsch vor, wie es ein dreieckiges O täte. Ein O ist kreisförmig! Und es ist weiß! Allgemein gesprochen: Für Synästhetiker liegen die Farben eines Buchstabens genauso fest, wie seine Form es tut. Es gibt allerdings ein paar Ausnahmen: Mein T ist von einem dunkleren Blau, wenn es neben einem braunen Buchstaben wie einem U steht – wie zum Beispiel im englischen »Tuesday«. Das T hat eine hellere Farbe, wenn es neben einem H steht, das gelb-orange ist – wie zum Beispiel in »Thursday«. Carol erzählt mir jetzt, dass ihr H, das mattschwarz ist, manchmal einen metallischen Glanz bekommt, wenn es neben einem O (weiß) oder einem D (grau) steht.

Während sie mir das erzählt, fällt mir das metallische Glitzern ihrer Bronzeskulpturen ins Auge, und es durchfährt mich der Gedanke, wie interessant es doch ist, wenn man Elemente dessen, was eine Person wahrnimmt, in den von ihr geschaffenen Kunstwerken wiederfinden kann. Auf eine mysteriöse Weise verflicht die Kunst einer Person all die losen Stränge ihres Lebens zu einem neuen und nie zuvor gesehenen Muster. Synästhetische Kunst geht in dieser Hinsicht vielleicht sogar noch einen Schritt weiter, da sie nicht nur die sichtbaren Fäden einbezieht, sondern auch die, die man hört und fühlt und die sichtbar geworden sind.

Carol sagt: »In meinen Arbeiten geht es um jenes essenzielle geheimnisvolle Etwas, das Dinge miteinander verbindet. Farbe und Rhythmus sind bei dieser Verbindung das Wesentlichste.« Um den positiven Einfluss ihrer Synästhesie auf ihr Schaffen hervorzuheben, sagte ihr Ehemann, der selber Bildhauer ist, einmal zu mir: »Ich arbeite daran, sie mir selbst zuzulegen!«

Seit 1993 sind Carols Steens Werke und ihre synästhetischen Wahrnehmungen Gegenstand von Artikeln gewesen, die in einer Vielzahl von Zeitungen und Zeitschriften erschienen, wie *New York Times*, *New Scientist*, *Discover* und *The Smithsonian*. Man kann sich ihr Werk auch auf der Synesthesia Website des Massachusetts Institute of Technology ansehen, und sie hat in Radiointerviews und in Fernsehsendungen darüber gesprochen, unter anderen auch in einer Sondersendung der BBC über Synästhesie, der den Titel *Orange Sherbet Kisses* trug. »Diese erste Sendung der BBC hat mir so gut gefallen«, meint Carol. »Es war wirklich ein Versuch einer ernsthaften Behandlung des Themas Synästhesie. Die Sendung hat meiner Sehweise und meiner Kunst Anerkennung verschafft.«

Carol und ich stimmen darin überein, dass man als Synästhetiker das Fehlen einer solchen Anerkennung nur allzu gut kennt. Leider gewöhnen sich viele Synästhetiker daran, dass ihre Wahrnehmungen von der übrigen Welt nicht anerkannt werden. Ihre Wahrnehmungen sind ein Teil der Realität, der den üblichen »Test« nicht besteht. Irgendwann erfahren wir, dass die meisten Menschen nicht das sehen, was wir sehen, und dass unsere Wahrnehmungen als, im besten

Fall, »phantasievoll« gelten, im schlimmsten Fall als »verstiegen« oder sogar als »dubios«. Ein großer Teil der Welt sieht nicht das, was wir sehen, und ist nicht überzeugt davon, dass wir selbst es wirklich sehen.

Seitdem sie Dr. Cytowic kennen gelernt hat, hat Carol sich mit anderen Synästhetikern in Verbindung gesetzt und die Erleichterung verspürt, die sich einstellt, wenn man Erzählungen lauschen kann, in denen man eigene Erfahrungen widergespiegelt findet. »Es ist wohltuend gewesen«, sagt sie. »Und ich fühlte mich viel weniger einsam.« Sie erinnert sich, wie sie Dr. Cytowic zuerst in einer Radiosendung gehört hat, irgendwann im Jahr 1993. Sie arbeitete damals mit einer Gruppe von Künstlern in einer Bildhauerwerkstatt in Manhattan. Der Bildhauer neben Carol hatte seinen Walkman eingeschaltet und rief plötzlich laut aus: »Carol, das musst du dir anhören! Ein Wissenschaftler spricht im Radio über die Sache, von der du uns erzählt hast – weißt du, dass Leute Dinge in Farbe hören.« Der Mann setzte Carol die Kopfhörer auf, und sie hörte gebannt zu, wie Dr. Cytowic über Menschen sprach, für die Buchstaben und Ziffern Farben haben, und über solche, für die sogar ein Geschmack mit einer bestimmten Form verbunden ist. Carol sagt: »Als die Sendung zu Ende war, hatten sich alle im Atelier um mich geschart.« Sie fühlte sich zu dem Versuch ermutigt, mit Dr. Cytowic telefonisch Kontakt aufzunehmen. Letzten Endes tat sie das aus Trotz, um es der Angestellten des Radiosenders, die den Hörer abgenommen hatte, zu zeigen. Die hatte ihr nämlich nicht geglaubt.

»Ich habe Synästhesie«, hatte Carol gesagt.

»Das ist unmöglich«, war die barsche Antowrt gewesen. »Synästhesie ist etwas extrem Seltenes.« Carol hatte sich nicht abwimmeln lassen. Schließlich hatte man ihre Telefonnummer an Dr. Cytowic weitergeleitet, der sie dann tatsächlich ein paar Wochen später angerufen hatte. Als sie endlich seine Stimme vernommen hatte, war Carol in Tränen ausgebrochen.

»Ich weiß nicht, warum ich weine«, hatte sie immer wieder zu ihm gesagt.

»Es ist eine Katharsis für Sie«, war seine Antwort gewesen.

Für uns hängt unendlich viel von der Frage ab: »Siehst du das, was ich sehe?« Es ist die fundamentalste aller Fragen, die Menschen gesellschaftlich zusammenschmiedet. Die Antwort auf diese Frage ist entscheidend für sehr viele verschiedene Dinge in unserem Leben: dafür, für wie gesund in geistiger Hinsicht man uns erachtet, aber auch dafür, wer die anderen Menschen sein werden, die für uns von Bedeutung sind, unsere Freunde fürs Leben, unsere Verbündeten am Arbeitsplatz, unsere Ehepartner. Die Leute sehen es im Allgemeinen als gegeben an, dass die meisten anderen Menschen, die es auf der Welt gibt, das sehen, was sie selbst sehen. Für einen Synästhetiker ist die Sachlage viel komplizierter.

Es sind nicht nur die farbigen Buchstaben, die ein Band zwischen Carol und mir schmieden. Es ist das lebenslange Gefühl, dass zwischen unseren Wahrnehmungen und denen des ganzen Restes der Menschheit eine unerklärliche Lücke klafft. Es ist die Erfahrung und das Empfinden, einer Minderheit anzugehören, was diese Wahrnehmungen betrifft, Wahrnehmungen, die von der Welt im Allgemeinen nicht anerkannt werden. Es ist das dadurch entstehende dringende Bedürfnis, der eigenen Sicht der Dinge Ausdruck zu verleihen und sich mit anderen zu verbinden, die dasselbe sehen oder bereit sind, es sich anzuschauen.

Wie ist es mit Carols R, A, B, D und dem Rest ihrer andersfarbigen Buchstaben, die mir so falsch vorkommen? Und mit jenem absonderlichen L, von dem sie behauptet, es sei schwarz mit blauen Glanzlichtern? Nun, ich bin zu der Ansicht gelangt, dass die Welt groß genug ist, um unseren unterschiedlich gefärbten Alphabeten Platz zu bieten. Und ich glaube, dass Carol zu der gleichen Ansicht gekommen ist, auch wenn sie vielleicht meinem platinblonden L gegenüber immer Zweifel hegen mag. Diese gegenseitige Akzeptanz hat uns beide eingestehen lassen, dass die Welt seltsamer ist, als wir wahrhaben wollten, aber auch größer und weiträumiger, als jede von uns für sich allein es jemals festgestellt haben würde.

5

Alles kämpft um sein Überleben – sogar eine Wahrnehmung

Man wird am Ende sehen, wie große Metaphysiker und Psychologen irren können, wenn sie nämlich annehmen, dass ihre eigenen geistigen Operationen, Instinkte und Axiome identisch mit denen des Restes der Menschheit sind, anstatt zu sehen, dass sie ihnen selbst eigentümlich sind.

Sir Francis Galton,
Inquiries into the Human Faculty

»Also«, sagte Zina, die Philosophieprofessorin, wobei sie ihre Augenbrauen skeptisch in die Höhe schnellen ließ, »in all den Jahren, in denen ich in Forschung und Lehre tätig war, habe ich leider noch nie etwas von dieser ... Synästhesie gehört. Sie sehen Buchstaben in Farbe? Wie können Sie sich dann auf das konzentrieren, was Sie lesen, wenn Ihnen alle diese Farben in die Quere kommen?«

Zweifel und sogar Ungeduld schwangen in ihrer Stimme mit, als sie mich das fragte.

»Für mich haben Buchstaben immer Farben gehabt«, antwortete ich. »Es lenkt mich in keiner Weise ab, wenn ich lese. Für mich ist es einfach immer so gewesen.« Zina und ich tranken Kaffee in ihrem Apartment in Greenwich Village. Inez, unsere gemeinsame Freundin, die uns miteinander bekannt gemacht hatte, war auch dabei. Inez und ich hatten auf unserem Weg zu einer Galerie in Soho, wo einige Bilder meiner Freundin ausgestellt waren, bei Zina hereingeschaut. Als Malerin interessierte Inez sich sehr für Farben und dafür, was sie ausdrücken. Sobald sie von meiner Farb-Sprache-Synästhesie erfahren hatte, hatte sie mehr darüber wissen wollen. Sie hatte angenommen, dass sich ihre Freundin Zina ebenso sehr dafür interessieren würde. Stattdessen jedoch hatte die bloße Vorstellung, dass jemand solche absonderlichen Wahrnehmungen hatte, bei Zina nur Skepsis und sogar Sarkasmus ausgelöst.

»Nun, dann kann ich wohl annehmen, dass ihr Synästhetiker euren eigenen privaten Kode habt. Ihr könnt doch alles nur in euren Buchstabenfarben schreiben und auf diese Weise alle möglichen geheimen Botschaften austauschen. Das muss doch großen Spaß machen.«

Während ein Teil meines Ich danach verlangte, Zina zu erklären, dass Synästhetiker keinen gemeinsamen Farbcode besitzen können, weil jeder andere Buchstabenfarben wahrnimmt, wollte ein anderer, schüchternerer und verlegenerer Teil einfach ihrem Sarkasmus ausweichen und das Thema wechseln. Wenn jemand nicht bereit ist, sich etwas über Synästhesie anzuhören, dann sträubt sich irgendwas in mir, darüber zu sprechen. Eine immer größer werdende Verlegenheit ergreift von mir Besitz, wenn ich meine merkwürdigen Wahrnehmungen Leuten schildere, die sich fragen, ob ich eine Irre oder eine Lügnerin bin. Obwohl ich mir selbst vorhielt, dass ich es lernen müsste, mit allen möglichen Reaktionen auf meine Synästhesie fertig zu werden, war mein Impuls, zu einem anderen Thema überzugehen, stärker als alles andere. Ich wandte meine Aufmerksamkeit Zinas Sammlung von Wandbehängen zu und fragte: »Wo haben Sie diese schönen bestickten Seidenstoffe her?« Inez wollte aber nicht von dem Thema lassen und sagte: »Aber Pat, du musst uns mehr über das berichten, was du empfindest. Ich finde es faszinierend, dass einige Leute Wörter in Farbe hören und die einzelnen Lettern ebenfalls farbig vor sich sehen, wenn sie etwas schreiben oder lesen. Und du hast mir auch erzählt, dass einige Menschen Musik farbig aufnehmen – was für eine unvergleichliche Erfahrung das sein muss!«

Als ich da zwischen Inez und Zina am Tisch saß, fühlte ich mich im wahrsten Sinne des Wortes zwischen zwei vollkommen gegensätzlichen Einstellungen gefangen. Diese völlig konträren Reaktionen hatte Synästhesie im Lauf ihrer Geschichte als bekanntes und zu erforschendes Phänomen immer wieder hervorgerufen, und auch ich war ihnen während meines gesamten eigenen Lebens immer wieder begegnet: an dem einen Ende stand fasziniertes Interesse, an dem anderen deutliche Geringschätzung. Solche Geringschätzung können auch gebildete Menschen an den Tag legen, die entweder nicht informiert sind, oder denen das Thema Unbehagen bereitet, weil sich die Existenz von Synästhesie nicht mit ihrer eigenen Wahrnehmung der Realität oder Auffassung von ihr vereinbaren lässt. Es ist zweifelsohne keine ungewöhnliche Erfahrung für Synästhetiker und diejenigen, die das Phänomen erforschen, auf Abwehr zu stoßen. In den einleitenden Bemerkungen zu einer Sammlung von wissenschaftlichen Aufsätzen mit dem Titel *Synesthesia: Classic and Contemporary Readings* beschreiben die Neurologen Simon Baron-Cohen und John Harrison von der Universität Cambridge die abweisende Haltung, die einige ihrer Berufskollegen gegenüber Synästhesie eingenommen haben:

»Es (...) erheitert uns irgendwie, dass Teilgruppen der wissenschaftlichen Gemeinde sich manchmal dagegen gewehrt haben, das genuine Vorhandensein von Synästhesie anzuerkennen, und sich vor allem auch gegen die Vorstellung gesträubt haben, dass ein verändertes Schaltsystem im Gehirn ein Individuum vielleicht in einer qualitativ andersgearteten perzeptiven Welt leben lässt, wo jeder Klang eine Farbe ist. Für uns ist Synästhesie immer ein empirisch nachweisbares Phänomen gewesen, und wir nehmen die Gelegenheit wahr, jenen Wissenschaftlern zu danken, die aufgeschlossen genug gewesen sind, um sich unvoreingenommen und überlegt mit dieser Erscheinung zu beschäftigen (...). Die Existenz von verschiedenen Arten der Wahrnehmung dürfte eigentlich nicht wissenschaftlich umstritten sein, da schon lange bekannt ist, dass verschiedene tierische Spezies verschiedene Arten perzeptiver Erfahrung kennen (...) und dass Gene bei Menschen eine Veränderung der Wahrnehmung herbeiführen können (wofür Farbenblindheit das Musterbeispiel ist).«

Neuere Forschungen, die Henry Kennedy und Pascal Barone vom Nationalen Naturwissenschaftlichen Institut Frankreichs (INSERM) durchgeführt haben, ergaben, dass es in den Gehirnen von Katzen zu synästhetischen Reaktionen kommt, solange sie sich im Mutterleib befinden, und auch noch in den ersten zehn Tagen nach ihrer Geburt. Auch Makaken haben synästhetische Reaktionen gezeigt. Solchen Studien bringt man erst jetzt größere Aufmerksamkeit entgegen. Leider haben die Jahrzehnte, in denen die Wissenschaft sich über Synästhesie mehr oder weniger ausgeschwiegen hat, ein Informationsvakuum entstehen lassen, das dazu beigetragen hat, dass man vieles an dem Phänomen missverstand und sogar an seinem wirklichen Bestehen zweifelte. Einige Forscher haben ihm die Validität abgesprochen, ohne seine Geschichte zu studieren, wie sie in der medizinischen Fachliteratur dokumentiert ist – einfach deswegen, weil das Phänomen ihnen zu ungewöhnlich vorkommt. Dr. Richard Cytowics 1993 erschienenes, bahnbrechendes Buch über Synästhesie, *The Man Who Tasted Shapes* (dt. *Farben hören, Töne schmecken,* 1996), bereitete dem jahrzehntelangen eisigen Schweigen der Fachwissenschaftler über das Thema ein Ende. Wie Baron-Cohen und Harrison stieß Cytowic zunächst auf Skepsis von Seiten vieler Kollegen, als er mit seiner Forschungsarbeit begann. In seinem Buch berichtet er vom Unwissen anderer Mediziner über Synästhesie und von ihrer Abneigung, sich mit ihr zu befassen:

> »Ich hätte angenommen, dass die bezaubernde Fremdartigkeit von Synästhesie und die besonderen visuellen Konditionen, die ich aufgedeckt hatte, ihre Existenz bekannter gemacht hätten. Schließlich ist die Neurologie voller merkwürdiger, unerwarteter (...) klinischer Fakten. Ich musste jedoch feststellen, dass das Gegenteil der Fall war. (...) Die respektable zweihundertjährige Geschichte der Synästhesie in den Annalen der Medizin und der Psychologie war so gut wie in Vergessenheit geraten. Sogar noch merkwürdiger waren, so dachte ich, die Feindseligkeit und der Argwohn, die sie in jenen auslöste, denen gegenüber ich sie bis dahin erwähnt hatte. Ich spürte aus der heftigen Überreaktion meiner Kollegen heraus, dass sie sich irgendwie bedroht fühl-

ten. (...) Ihre autoritäre Botschaft: »Wir sind die Experten und wissen, wie die Dinge sein sollten« wirkte ziemlich arrogant, so als ob sie behaupteten, im Besitz einer Kristallkugel zu sein, mit deren Hilfe ihre Fakultät immer eine Antwort finden konnte.«

Die Geschichte lehrt uns anhand von Beispielen, die von der »diskriminierenden« Wahrnehmung verschiedener Rassen über die verschiedener Geschlechter bis zu der verschiedener Kulturen reichen, dass gebildete Leute ebenso anfällig für eine Beeinflussung ihrer Ansichten durch persönliche Vorurteile sein können wie jedermann sonst. Erst in der jüngsten Vergangenheit sind wir dank einer besseren Erziehung und einer gesteigerten Sensibilisierung unseres Bewusstseins zu einem umfassenderen Verständnis und einer größeren Wertschätzung der vielen und vielfältigen kulturellen Unterschiede zwischen den Menschen gelangt. Und ganz ähnlich sind wir uns auch der vielen unterschiedlichen »Lernstile« einer Gruppe von Individuen, die nicht größer ist, als dass sie in ein einziges Klassenzimmer passte, bewusst geworden. Forschern wie Dr. Rebecca Oxford von der University of Maryland verdanken wir es, wenn wir nun wissen, dass unterschiedliche Menschen unterschiedliche Lernstile haben: Einige müssen die neue Information *sehen*, um sie zu verstehen, während andere sie *hören* müssen und wieder andere sich mit ihr auf eine kinetisch/taktile Art *bewegen*, sie gewissermaßen in einem konkreten Sinn »begreifen« müssen. So wie anthropologische und pädagogische Studien unser Verständnis der unterschiedlichen Art und Weise gefördert hat, in der Menschen Informationen, die sie aus der Außenwelt erreichen, verarbeiten und interpretieren, so haben Forscher auf dem Gebiet der Neurobiologie viel dafür getan, uns mit der Vielfalt der Formen mentalen Verarbeitens bekannt zu machen, die sich auf unserer Erde ausgebildet haben.

Mit Sicherheit hat der renommierte Neurologe Dr. Oliver Sacks sehr viel dazu beigetragen, dass wir besser verstehen, auf welche Art und Weise sich die jeweilige neurologische Verfassung eines Menschen auf seine individuelle Wahrnehmung und sein Gefühl von sich selbst auswirkt. Wie Sacks in der Einleitung zu seinem berühmten Buch über dieses Thema, *Der Mann, der seine Frau mit einem Hut verwechselte*, schreibt:

> »Für die Psychologie und die Feinbereiche der Neurologie ist das Wesen des Patienten von großer Bedeutung, denn hier geht es ja in der Hauptsache um seine Persönlichkeit, und seine Krankheit und seine Identität können nicht unabhhängig voneinander betrachtet werden. Solche Störungen, deren Studium und deren Beschreibung erfordern eine neue Disziplin, die man ›Neurologie der Identität‹ nennen könnte, denn sie beschäftigt sich mit den neuralen Grundlagen des Selbst (...). Es mag sein, dass – notwendigerweise – eine kategorische Kluft zwischen dem Psychischen und dem Physischen besteht; Untersuchungen und Geschichten jedoch, die sich gleichzeitig und untrennbar auf beides beziehen, (...) mögen dennoch dazu dienen, beide Bereiche einander anzunähern und uns in den Stand zu versetzen, den Schnittpunkt von Funktion und Leben, die Auswirkungen physiologischer Prozesse auf die Biografie zu erhellen.«

Als Inez, Zina und ich uns an jenem Tag in dem Apartment in Greenwich Village inmitten von Pflanzen jeder erdenkbaren Art und gerahmten bestickten Wandbehängen aus vielen Kulturbereichen am Kaffeetisch weiter unterhielten, begannen wir unsere verschiedenen mentalen Prozesse miteinander zu vergleichen. Ich war überrascht zu hören, dass Inez, die als Malerin eine ausgesprochene »Koloristin« ist, sich nur selten eine Farbe abstrakt vorstellte; sie musste diese Farbe konkret vor sich sehen. Das Anschauen dieser Farbe löste dann aber eine so starke Reaktion in ihr aus, dass sie den Wunsch verspürte, nicht damit aufzuhören und ihre »Vision« dieser Farbe zu malen. Zina sagte, dass bei ihr Ähnliches der Fall sei: Sie führe sich nicht oft Bilder vor Augen, die sie nicht wirklich vor sich habe. Sie besitze jedoch ein fotografisches Gedächtnis für gedruckte Texte. Immer wenn sie sich eine Information vergegenwärtigen wolle, rufe sie einfach aus ihrem Gedächtnis die betreffende Seite auf und lese die Information von ihr ab. »Das ist aber ein fantastischer Vorteil!«, sagte ich. »Sie haben ja immer ihr eigenes privates ›Archiv‹ zur Verfügung, gleichgültig wo sie sich befinden.«

»Nun, ich habe es nie für etwas so Besonderes gehalten«, antwortete Zina. »Es ist einfach die Art, in der ich mich an Dinge erinnere – so ist es bei mir eben immer gewesen.«

»Ich weiß, was Sie meinen«, sagte ich. »Es ist genau wie mit meinen farbigen Wörtern.«

Zina schaute einen Moment nachdenklich in ihre Kaffeetasse und dachte über meine Bemerkung nach. »Nun, Pat – ich nehme an, meine Art des Denkens kommt Ihnen so außergewöhnlich vor, weil Sie sie nicht aus eigener Erfahrung kennen, und Ihre Art der Wahrnehmung kommt mir absonderlich vor, weil ich sie nicht kenne.«

»Ja«, warf Inez ein. »Es scheint, als ob unsere Denkweisen sich alle sehr voneinander unterscheiden. Weißt du, Zina, wenn ich an das denke, was in deinem Kopf vor sich geht, scheint mir da überhaupt keine Farbe zu sein. Einfach nur perfekt aufeinander abgestimmte ›Informations-Bausteine‹, die sich sauber und fugenlos aneinander und ineinanderfügen.«

Inez hatte das als Kompliment gemeint, Zina fasste es aber ganz anders auf.

»Na, das klingt ja so, als ob ich eine ganz langweilige Person wäre«, sagte sie protestierend. Sie schien beleidigt darüber zu sein, dass jemand meinte, ihre Art des Denkens sei farblos.

Meine synästhetischen Wahrnehmungen hatten Zina Unbehagen bereitet, weil sie zu viel Farbe enthielten; weil sie so bunt waren, waren sie ihr ein wenig albern und sogar suspekt vorgekommen. Auf der anderen Seite wollte sie nicht, dass man dächte, das, was in ihrem eigenen Kopf vor sich ging, sei nicht farbig genug. Schließlich bevorzugt ja auch der konservativste aller Geschäftsmänner, der den grauesten aller Anzüge trägt, eine Krawatte, die ein bisschen lebhafter ist.

Die Unterhaltung in Zinas Apartment ließ mich über unser Verhältnis zu »farbigen« und »farblosen« Dingen nachdenken. Was färbt unsere Einstellung gegenüber Farben? Zu viel Farbe und wir riskieren es, nicht ernst genommen zu werden. Zu wenig und wir müssen fürchten, als blass und langweilig zu gelten. Ich dachte über die Farben so genannter seriöser Umgebungen nach: die gedämpften Grautöne von Konferenzräumen, das matte Beige von Gerichtssälen, das fahle Weiß von Laboratorien. Dann dachte ich an die hellen, lebhaften Farben von Kinderzimmern, Zirkuszelten, Vergnügungsparks. Was sagten diese so unterschiedlich in so unterschiedlichen Farben gehaltenen Umgebungen über Menschen und ihr Verhältnis zu Farben aus?

Den Beispielen zufolge, die mir in den Sinn gekommen waren, richtet sich unsere Einstellung zu Farben vielleicht nach einer vorgegebenen Skala, bei der »ernste Arbeit/düster« an dem einen und »frivoles Spiel/bunt« am anderen Ende steht. Hat man deswegen von männlichen Angehörigen der westlichen Welt seit Jahrzehnten erwartet, wichtigen Ereignissen in Anzügen von dunkler oder gedeckter Farbe beizuwohnen, und sich nur, was das schmale Band ihrer Krawatten betrifft, zu bunten Farben zu bekennen. Frauen steht es natürlich frei, Kleider zu tragen, die auch andere als solche »seriösen« Farben haben. In Amerika zumindest ist es für eine Frau oft durchaus möglich, zu einer geschäftlichen Verabredung in einem leuchtend roten oder rosa Ensemble zu erscheinen (denken Sie an die Bonbonfarben einiger Chanel-Kreationen), ja es zeugt sogar von ihrem guten Geschmack. Ist »mehr Farbe« feminin und »weniger Farbe« maskulin? Ist maskulin dann gleichbedeutend mit seriös und feminin gleichbedeutend mit frivol?

Ich fragte mich, inwiefern unsere unbewussten und nicht hinterfragten Einstellungen zur Farbe Auswirkungen darauf gehabt haben konnten, wie ernsthaft man sich mit dem Phänomen Synästhesie auseinandergesetzt hatte. Während Synästhesie viele Erscheinungsformen annehmen kann, von denen einige überhaupt nichts mit Farbe zu tun haben, ist bei ihrer verbreitetsten Form, bei der bunte Wörter, Ziffern oder musikalische Klänge gesehen werden – Farbwahrnehmung von zentraler Bedeutung. Ist Synästhesie so wenig erforscht worden, weil das Phänomen auf Grund der Präsenz von so viel Farbe auf der Skala in der Nähe des »frivolen« Endes angesiedelt worden ist? Wohnt Farbe eine Macht inne, die in uns das Verlangen auslöst, sie in ihren leuchtenderen und kräftigeren Ausprägungen aus ernsthaftem Ambiente wie Konferenzzimmern und Hörsälen herauszuhalten? Und, wenn das so ist, was für eine Macht besitzt dann Farbe?

Was wir mit Bestimmtheit über Farbe wissen, ist, dass sie die Kraft besitzt, unsere Phantasie und Kreativität anzuregen. Warum neigen wir sonst dazu, die Schlafzimmer unserer Kinder, die Räume, in denen sie spielen, und sogar ihre Klassenzimmer so farbig wie möglich zu gestalten? Und generell ist es so, dass wir die Räume umso bunter halten, je jünger die Kinder sind. Lebhafte Farben regen möglicherweise die Entwicklung des Gehirns an. Bei einer unter der Leitung von Henner Ertel, des Leiters des Instituts für Rationelle Psychologie in München, durchgeführten Studie wurde einer Gruppe von Kindern in einem Raum, dessen Wände in leuchtenden Farben (gelb, gelb-grün, hellblau und orange) gestrichen waren, ein IQ-Test vorgelegt, und diese Kinder schnitten wesentlich besser ab als die Angehörigen einer Kontrollgruppe vergleichbaren Alters, familiären Backgrounds, geistigen Leistungsvermögens, denen man dieselben Fragebögen in einem Raum mit in tristen Farben (vor allem weiß, schwarz und braun) gestrichenen Wänden vorlegte. Die Kinder, die sich dem Test in der bunten Umgebung unterzogen, erzielten bis zu zwölf Punkte mehr als diejenigen, die sich dabei in dem in reizloseren Farben gehaltenen Raum befanden.

Wir wissen, dass Farbe eine Auswirkung auf unsere Stimmung hat. Warum kann man sich Reisekataloge nicht ohne die gewöhnlichen leuchtenden Farben vorstellen? Könnten sie uns begeistern und dazu motivieren, eine Reise zu machen, wenn sie in Schwarzweiß gedruckt wären? Es scheint, als ob Farbe unsere Phantasie anrege und uns zum Handeln bewege. Diane Ackerman schreibt in ihrem wunderbaren Buch *A Natural History of the Senses* über die Macht der Farbe: »Unsere Leidenschaft für Farbe verbindet uns ganz innig mit Menschen überall auf der Welt ... und auch mit Pflanzen und Tieren. ... Aus Sehnsucht nach Farbe erheben wir uns in der Morgendämmerung oder wandern wir lange Strecken zu Aussichtspunkten, nur um Farbe aus der Quelle der Sonne zu trinken.«

Wir wissen auch, dass es eine Strafe sein kann, wenn man jemandem Farben vorenthält. Triste Farben können unseren Geist abtöten und Depressionen auslösen. Denken Sie an all die düsteren Gelbbraun-, Dunkelbraun- und Grautöne, die in Erziehungsanstalten, Gefängnissen, Gerichtsgebäuden, Straßenverkehrsämtern und anderen langweiligen bürokratischen Einrichtungen jeder Art vorherrschen.

Fröhliche Farben hingegen öffnen den Geist und stimulieren das Gedächtnis. Farbe hilft offenbar vielen Menschen, sich an Dinge zu erinnern. Warum verwenden Studenten leuchtend gelbe oder rosa Marker, um Informationen in Lehrbüchern oder Vorlesungsskripten, die für ihre Prüfungen wichtig sind, hervorzuheben? Warum malen Menschen einen roten Kreis um wichtige Einträge in Einkaufslisten ebenso wie auf Tagesordnungen? Und Leute, die für ihre kommerziellen Produkte werben wollen, verwenden viel Zeit und Geld darauf, ausdrucksvolle, farbige Bilder zu kreieren, auf denen ihre Erzeugnisse dargestellt sind. Schwarzweiß-Abbildungen würden viel weniger kosten. Verkaufspsychologische Studien zeigen jedoch, dass die Wirkung von Farbe auf das Gedächtnis und das Verhalten so stark ist, dass viel mehr Leute sich an bestimmte Produkte erinnern und motiviert werden, sie zu kaufen, wenn sie ihnen in attraktiven Farben präsentiert werden oder man sie mit verlockend bunten Bildern assoziiert.

Was den Nexus von Farbe und Gedächtnis betrifft, so wissen wir auch, dass Farbige-Wörter- und Farbige-Buchstaben-Synästhetiker oft angeben, besonders gut in Rechtschreibung zu sein, da sie die Wörter in Farbe geschrieben vor sich »sehen«, wobei diese Wörter entweder »draußen« oder in ihrem Inneren vor ihnen stehen. Einige Synästhetiker berichten, dass sie eine »Leinwand« vor sich erblicken, auf die ihre farbigen Bilder projiziert sind. Andere sehen die synästhetischen Begleiterscheinungen nur vor ihrem geistigen Auge.

Einer der berühmtesten Synästhetiker, mit dessen Hilfe Wissenschaftler das Phänomen untersucht haben, war Solomon Shereshevsky, bei dem die Synästhesie so stark ausgeprägt war, dass er nichts *vergessen konnte.* A. R. Luria, der russische Psychologe, der dreißig Jahre, die ganze Zeitspanne von 1930 bis 1960, damit verbrachte, Shereshevskys grenzenloses Erinnerungsvermögen und seine Wahrnehmungen zu erforschen, berichtete über diesen Fall in seinem Buch *The Mind of a Mnemonist.* Über seinen Patienten, den er nur »S.« nannte, schrieb er: »Ich musste eingestehen, dass die Kapazität seines Gedächtnisses keine deutlichen Grenzen erkennen ließ. (…) Ich äußerte die Ansicht, dass S. hochgradige Synästhesie aufweise. (…) Jeder Sprachlaut rief für S. sofort ein markantes visuelles Bild herauf, denn es hatte seine eigene markante Gestalt, seine Farbe.«

Shereshevsky machte sich seine unglaubliche Erinnerungsfähigkeit zunutze, indem er auf Varietébühnen auftrat und sein fasziniertes Publikum als Mnemonist, als Gedächtniskünstler, unterhielt. Er konnte lange Reihen von Zahlen, die in keiner Relation zueinander standen, im Kopf behalten und sie rückwärts und vorwärts aufsagen, nachdem er sie nur einmal gesehen oder gehört hatte. Ausschlaggebend dafür, dass es ihm gelang, eine so große Menge an Informationen zu speichern, war seine Fähigkeit, diese Informationen zu kodieren, das heißt in anschauliche Bilder und Wörter umzusetzen. Er beschrieb dies Luria gegenüber so:

> »Für gewöhnlich empfinde ich den Geschmack eines Wortes und sein Gewicht und muss mich nicht anstrengen, es zu erinnern – das Wort scheint von selbst zurückzukommen. Aber es lässt sich nur schwer beschreiben – etwas Aalglattes –, ich spüre ein Kitzeln in meiner linken Hand, das durch eine Menge winziger, federleichter Spitzen hervorgerufen wird. Wenn das geschieht, dann erinnere ich mich einfach, ohne den Versuch dazu unternehmen zu müssen.«

Synästhetiker besitzen nicht notwendigerweise ein besseres Gedächtnis als Nicht-Synästhetiker, sie verfügen aber über eine besondere Art und Weise des Erinnerns. Und diese besondere Art und Weise bietet ein breites Spektrum an Möglichkeiten zum Wiederaufrufen von Informationen. Viele Synästhetiker berichten von einer ausgeprägten Fähigkeit zur Aktualisierung von bestimmten Informationen: von Eigennamen, der orthographisch korrekten Form von Wörtern, sogar von Telefonnummern, die für sie alle in farbigen Lettern oder Ziffern geschrieben sind. Eine Synästhetikerin schilderte in der Radiosendung der BBC *Orange Sherbet Kisses*, wie das Erinnern eines Eigennamens bei ihr abläuft:

»Ich kann den ersten Buchstaben eines jeden Wortes mit seiner Farbe verbinden; wenn ich also jemanden treffe und seinen Namen erfahre – sagen wir einmal, er lautet Teresa –, dann ist das ein gelber Name. Wenn ich sie ein paar Jahre lang nicht sähe und ihr dann zufällig begegnete, dann könnte ich mir sagen: ›Okay, ich weiß noch, dass sie einen gelben Namen hat‹, und dann würde ich meine gelben Buchstaben durchgehen (...) und könnte so leichter auf den richtigen Namen kommen.«

Geoffrey Chester, ein Professor an der Cornell University, merkt sich ebenfalls sowohl Namen als auch Zahlen in Farbe. Der vor kurzem emeritierte Physiker meint, dass er Zahlen in Farbe wahrnehme, habe für ihn einen deutlichen Vorteil beim mentalen Ausarbeiten mathematischer Formeln bedeutet. Chester gibt an, schon immer Zahlen und Gleichungen in lebhaften Farben vor seinem geistigen Auge »gesehen« zu haben und auch auf einer Druckseite, da etwas in seinem Kopf die Farben von Ziffern so »korrigiert«, dass sie mit seinen eigenen übereinstimmen. Er erinnert sich, dass ihm seine Schwester, als er drei Jahre alt war, beibrachte, wie man die verschiedenen Ziffern schreibt, und dass sie alle von Anfang an farbig waren. Bis heute kann er sich keine Zahlen *ohne* Farben vorstellen, und es fällt ihm immer noch schwer, sich klar zu machen, dass die meisten anderen Leute keine bunten Ziffern sehen. Er hatte es die meiste Zeit seines Lebens für ganz selbstverständlich erachtet, dass jedermann sie so wie er selbst wahrnehmen würde, und war schon zweiundsechzig, als seine Tochter ihn über seinen Irrtum aufklärte. Als er sich eines Tages ganz beiläufig bei ihr nach den Farben ihrer Zahlen erkundigte, machte sie ihm ganz unzweideutig klar, dass Ziffern keine Farben besäßen. »Aber meine haben doch alle Farben!«, hatte er eingewandt, woraufhin sie nur gesagt hatte: »Dad, hör auf zu spinnen!« Vater und Tochter hatten die Angelegenheit Mrs. Chester vorgelegt, die dann befunden hatte, die farbigen Ziffern ihres Mannes seien »seltsam, aber okay«. Sie hatte nämlich von Komponisten wie Messiaen und Skrjabin gehört, die Tonarten und Klänge in Farbe wahrgenommen hatten. Auf der Party zu Professor Chesters siebzigstem Geburtstag ließ seine Tochter ihn die Zahlen von 1 bis 9 hinschreiben und ihre jeweilige Farbe hinzufügen (»1 ist dunkelbraun, 2 ist weiß, 3 ist gelb, 4 ist dunkelrosarot, 5 ist dunkelrot, 6 ist blau, 7 ist von einem prächtigen Braun, 8 ist leuchtend grün und 9 ist anthrazitgrau«). Sie hat vor, diese Liste an seinem fünfundsiebzigsten Geburtstag wieder hervorzuholen, um zu überprüfen, ob die Farben immer noch dieselben sind, was sie seiner Meinung nach mit größter Sicherheit sein werden, da sie sich in seinem ganzen bisherigen Leben nicht geändert haben.

Professor Chester lehrt zwar nicht mehr, arbeitet aber immer noch gemeinsam mit Physikstudenten der Cornell University an verschiedenen Forschungsprojekten und befasst sich zurzeit mit Halbleitern aus flüssigen Materialien. Er hat mir erzählt, dass die Studenten, mit denen er zusammenarbeitet, oft sehr überrascht darüber sind, wie genau er sich aller einzelnen Schritte einer komplizierten Formel entsinnen kann, die sie Wochen zuvor entwickelt haben. »Die Zahlen und ihre Farben stehen ganz klar vor meinem geistigen Auge«, sagt der Professor. »Vielleicht ist das der Grund dafür, dass ich mich immer ohne Schwierigkeiten an Gleichungen erinnern konnte.« Chester glaubt auch, dass die Anregung, die die bunten Zahlen ihm gegeben haben, ihm dabei helfen, sich mit ganzer Aufmerksamkeit auf komplexe Formeln zu konzentrieren, bis er sie mental durchgearbeitet hat. Schrödingers Gleichung zur Quantenmechanik sieht er in verschiedenen Schattierungen von Gelb. Das Symbol H in der Gleichung ist ockergelb, während die grundlegende Variable, die oft mit dem griechischen Psi bezeichnet wird, hellgelb ist. »Es war auch ein großer Vorteil für mich als Kind, in meiner strengen Grundschule in Edinburgh in Schottland, wo wir auf Multiplikationsaufgaben rasch eine Antwort bereit haben mussten. Ich konnte die Zahlen in lebhaften Farben sehen, was mir half, sehr schnell zu rechnen.« Er erinnert sich noch an die wunderschönen Farben, die entstanden, wenn man 362 mit 20 multiplizierte (oder Gelb, Blau und Weiß mit Weiß malnahm): eine prachtvolle braune 7, der eine weiße 2, eine rosarote 4 und eine strahlend weiße 0 folgten. Und wenn man eine leuchtend grüne 8 mit einer zweiten leuchtend grünen 8 malnahm, dann erhielt man eine hübsche Kombination aus schimmerndem Mittelblau (die 6) und Dunkelrosarot (die 4).

Ein vor kurzem an der Universität Waterloo im kanadischen Ontario durchgeführtes Experiment deutet darauf hin, dass Farbige-Zahlen-Synästhetiker noch nicht einmal an Zahlen denken können, ohne ihre Farben wahrzunehmen. Bei diesem Experiment stellten die Professoren Michael Dixon und Philip Merikle, denen der graduierte Student Daniel Smilek assistierte, fest, dass es ausreichte, der Versuchsperson C., einer Farbige-Zahlen-Synästhetikerin, für die die 7 von gelber Farbe ist, die Gleichung »5 + 2 =« vorzulegen, um bei ihr die Empfindung von etwas Gelbem auszulösen. Sie brauchte die Ziffer 7 nicht geschrieben zu sehen oder laut ausgesprochen zu hören, sondern nur mit etwas – wie zum Beispiel einer arithmetischen Gleichung – konfrontiert zu werden, das den Gedanken an diese Zahl auslöste, um die entsprechende synästhetische Reaktion zu erfahren.

Dieses Experiment zeigte auch, dass der Auslöser – in diesem Fall die Ziffer – nicht notwendigerweise konkret in der Außenwelt Gestalt anzunehmen braucht (wie einige Forscher geglaubt haben), um die Farbwahrnehmung hervorzurufen. Für Synästhetiker sind Farben und ihre Zahlen Bestandteile ein und derselben Sache, sie gehören in ihrer Vorstellung unlösbar zusammen.

Auch in meinem Fall würde die Gleichung »5 + 2 =« ausreichen, um mich eine grüne 7 wahrnehmen zu lassen. Und sogar wenn ich an der Stelle der einzelnen Ziffern in der Gleichung nur die entsprechenden Farben sähe – ein purpurfarbener Fleck anstelle der 5 plus einem olivgrünen anstelle der 2 – würde das genügen, um als Ergebnis eine hellgrüne 7 entstehen zu lassen.

Eine ähnliches Phänomen kennt auch C., die Versuchsperson der kanadischen Wissenschaftler. Wenn Dixon und Merikle ganz informell Fragen stellten wie: »Was ist Blau plus Grün?«, antwortete sie umgehend und ohne sich anstrengen zu müssen: »Orange«. Für C. ist die Ziffer 4 blau, die 5 grün und die 9 orange; Blau plus Grün ergibt daher Orange.

Bei einem anderen Versuch forderten Dixon und Merikle C. auf, Zahlen zu benennen, die vor einem in einer anderen Farbe gehaltenen Hintergrund erschienen. Sie ließen zum Beispiel eine schwarze 7 ganz kurz auf einem Computerschirm mit einem gelben Bildhintergrund aufleuchten. Obwohl die 7 schwarz war, brauchte C., die diese Ziffer gelb sieht, viel länger, um sie richtig zu erkennen, als in Fällen, in denen sie vor einem Hintergrund von einer anderen Farbe aufblitzte. Das zeigt erneut, dass C. und andere Synästhetiker Ziffern nicht losgelöst von ihrer Farbe sehen können.

Die Ergebnisse dieser Experimente decken sich mit den persönlichen Erfahrungen von Professor Chester, der angibt, dass er sich Zahlen ohne ihre Farben überhaupt nicht vorstellen kann. Wie er meinte auch die Versuchsperson C., dass die Ziffernfarben es für sie leichter machten, arithmetische Berechnungen im Kopf anzustellen und sich längere Ziffernfolgen – Telefonnummern zum Beispiel – zu merken.

Als ich Professor Chesters Farbige-Ziffern-Wahrnehmungen mit meinen eigenen verglich, war ich beeindruckt davon, wie präzise sein System funktionierte und wie effizient es war. Für ihn haben nur die Ziffern von 1 bis 9 eigene Farben, die Farben aller anderen Ziffern setzen sich aus diesen Grundfarben zusammen. Bei mir verhält es sich hingegen so, dass sich die Farben zweistelliger Zahlen zwar zumeist aus den Farben der Ziffern 1 bis 9 zusammensetzen, dass es aber gewisse Irregularitäten gibt. Meine 1 ist weiß, meine 11 aber grünlich-schwarz. Meine 12 ist hauptsächlich weiß und grün, vereint also die Farben von 1 und 2 in sich, ist aber auch noch von einer zarten rosigen Aura umgeben. Die Ziffer 2 jeder meiner 20er-Zahlen ist grün, aber eher von einem Minzgrün als von einem Olivgrün wie die einzeln stehende 2. Das Orange meiner 9 ist leuchtend hell, doch die 90er-Zahlen sind weniger strahlend, sie werden schon von einer gewissen dunklen Verschwommenheit überschattet, die für mich alle Zahlen über 100 umgibt.

Auch die Anordnung von Professor Chesters Zahlen im

Raum ist effizienter. Er sieht nur die Ziffern 1 bis 9 auf seinem Ziffernpfad, der – wie er sagt – vertikal ansteigt, von der 1, die sich unten befindet, bis zu der 9 am oberen Ende. Ich musste das unwillkürlich mit meinem eigenen viel »voll gestopfteren« und weniger effizienten Pfad vergleichen, der sich endlos in die Ferne zu erstrecken scheint. Die Zahlen auf meinem sich nach oben krümmenden Pfad werden kleiner und kleiner, das heißt, ich bleibe an seinem Beginn zwischen einer großen weißen 1 und einer grünen 2 stehen und schaue von dort zu den sehr kleinen Zahlen 99 und 100 auf, die sich ganz in der Ferne am anderen Ende des Pfads befinden. Die Zahlen im Anschluss an 100 sind zu klein, als dass ich sie noch erkennen könnte, wenn ich nicht den Pfad hinaufgleite. Ich kann die Zahlen, die höher als 101 sind, aber nur sehen, wenn ich mich neben sie stelle, und dann auch immer nur eine Zahl auf einmal. In seinem allerobersten Teil ist der Pfad zu nebelverhangen, als dass man die Zahlen klar sehen könnte.

Wenn auch meine Zahlensequenz weniger effizient strukturiert ist als die von Professor Chester, scheint sie mir typischer für die numerischen Pfade zu sein, die viele Synästhetiker ihren Angaben nach vor sich sehen. Stanislas Dehaene, Forschungsleiter am Institut für Gesundheit and Forschung in Paris, berichtet in seinem Buch *The Number Sense*:

> »Während eine Mehrheit der Menschen unbewusst über eine mentale Zahlenreihe verfügt, die von links nach rechts ausgerichtet ist, besitzen einige ein lebendigeres Bild von Zahlen (…). [Ein kleiner Teil] der Menschheit ist vollkommen überzeugt davon, dass Zahlen Farben besitzen und ganz präzise Positionen im Raum einneh-

men. (…) Einer solchen Person, einer Frau, gab man fünfzig Buntstifte, damit sie ihre Bilder von Zahlen zu Papier brächte. Bei zwei unterschiedlichen Gelegenheiten wählte sie dafür fast genau dieselben Farbtöne aus. Bei einigen Zahlen sah sie es sogar als notwendig an, die Farben mehrerer Stifte zu mischen, um ihr mentales Bild genauer wiedergeben zu können. (…) Trotz ihrer Seltenheit und Absonderlichkeit haben numerische Figuren viele gemeinsame Eigenschaften. (…) Die Reihe der ganzen Zahlen wird beinahe immer von einer ununterbrochenen Kurve repräsentiert, wobei die 1 an die 2 anstößt, die 2 an die 3 und so weiter. (…) Bei den meisten numerischen Gebilden ziehen sich die Zahlen, je höher sie werden, immer weiter nach oben rechts hinauf. Und schließlich noch: Die meisten Leute geben an, dass ihre numerischen Gebilde im Bereich der höheren Zahlen zunehmend verschwommener werden.«

Dehaene stellt die These auf, dass es zu der Wahrnehmung einer solchen bildlich-anschaulichen Zahlenfolge kommt, weil Zonen der Großhirnrinde, die für Zahlen, räumliche Empfindungen und Farbwahrnehmungen zuständig sind, sich an der Nahtstelle zwischen dem Scheitellappen, dem Hinterhauptlappen und dem Schläfenlappen überschneiden, die seiner Vermutung nach den unteren parietalen Cortex darstellt.

Dehaenes Vermutung scheint durch die PET-Untersuchung bestätigt zu werden, die das Team von Simon Baron-Cohen in London durchgeführt hat. Die Forscher stellten ungewöhnliche Aktivität an der parietal-okzipitalen Schnittstelle der Großhirnrinde fest, als Synästhetikern, die farbig hören, eine Liste von Wörtern vorgelesen wurde.

Farbige-Buchstaben- und Farbige-Zahlen-Synästhesie treten oft zusammen auf. Menschen, die Wahrnehmungen der einen Art kennen, kennen häufig – in einem mehr oder weniger intensiven Grad – auch die der anderen Art. Während Professor Chesters Zahlenreihe effektiver ist als meine, verhält es sich bei unseren farbigen Alphabeten genau umgekehrt. Er gibt an, »gut in Mathematik, aber »schlecht in Rechtschreibung« zu sein. Die Farben seiner Buchstaben sind immer weniger leuchtend und bunt gewesen als die seiner Ziffern. Interessanterweise gewinnen jedoch seine Buchstaben an Farbintensität, wenn sie im Kontext einer mathematischen Gleichung zusammen mit Zahlen vorkommen, sie sind dann viel farbenfroher und bunter, als wenn sie sich nur zu Wörtern zusammensetzen. Als er Griechisch lernte, halfen ihm jedoch die Farben, die jeder griechischer Buchstabe für ihn hatte, dabei, Vokabeln zu memorieren. Manchmal entsprachen die Farben denen, die ähnliche Buchstaben des lateinischen Alphabets für den Professor besitzen; Chesters griechisches Alpha ist wie sein lateinisches A von rosaroter Farbe, allerdings von einer etwas dunkleren Schattierung. Auch Buchstaben, die von ihrer Gestalt her keinem lateinischen gleichen, wiesen jedoch eine ganz bestimmte eigene Farbe auf: das griechische Lambda ist graubraun, das Delta dunkelgrün.

Was mich betrifft, so habe ich manchmal festgestellt, dass das Weiterverarbeiten von Informationen mit Hilfe von Farbe eine zweischneidige Sache sein kann. Ich entsinne mich, wie ich einmal in Prag die falsche U-Bahn nahm, weil die Linie A dort grün markiert ist und die Linie B orange, auf meinem Alphabetpfad A jedoch orange und B grün ist. Ich folgte also dem Zeichen A, um zu der orangen Linie zu gelangen, gelangte aber immer wieder zur grünen Linie. Als man mir sagte, dass ich die orange Linie nehmen müsse, um zu meinem Ziel zu gelangen, beharrte ich darauf, dass ich doch schon dorthin unterwegs sei! Erst als jemand sagte: »Nein, hier kommen Sie zur *grünen* Linie A!«, begriff ich, welchen Fehler ich machte. Und ich fragte mich, wie oft in meinem Leben ich mich vielleicht schon vertan hatte, ohne zu wissen warum.

Da Farbe eine so grundlegende Rolle beim Verarbeiten von Informationen spielt, könnten wir uns fragen, bis zu welchem Grad sie in formalisierte Lernsysteme einbezogen ist. Ein Beispiel liefert *Silent Way* des Pädagogen Caleb Gattegnos, ein System zum Erlernen von Fremdsprachen, bei dem Farbe zum Einsatz kommt. Wenn Cattegno, der Erfinder des Systems, auch kein Synästhetiker war, erkannte er doch, welche Bedeutung der Farbe als Hilfsmittel für den Unterricht zukommt. Bei seiner *Silent Way*-Methode verwendet man farbige Stäbchen, um den Schülern die grammatischen Komponenten fremder Sprachen sowie andere linguistische Strukturen beizubringen. Grüne Stäbchen können zum Beispiel Substantive repräsentieren, rote für Hilfsverben stehen, gelbe für unabhängige Verben, blaue für Satzergänzungen. Die Studenten können mit Hilfe der Farbschemata feststellen, ob ihre Sätze in struktureller Hinsicht richtig sind. Bei *Silent Way* kommt auch ein Farbkodierungssystem zum Einsatz, mit dessen Hilfe man den Lernenden die richtige Aussprache der fremden Sprache beibringt.

Natürlich können Lehrmethoden, bei denen Farbe eingesetzt wird, für einige Synästhetiker Schwierigkeiten mit sich bringen, da die verwendeten Farbkodierungssysteme möglicherweise mit ihren eigenen in Konflikt geraten. Als ich als Studentin Seminare in angewandter Linguistik besuchte, nahm ich auch an einem Wochenendseminar über *Silent Way* teil. Bei dem Seminar ging es vor allem um die Verwendung der von Cattegno entwickelten Methode, ausländischen Schülern die korrekte Aussprache des Englischen beizubringen. Dabei werden den einzelnen Lauten oder phonetischen Elementen auf einer Karte farbige Quadrate zugeordnet. Bei dem Wochenendseminar zeigte der Dozent auf jedes der unterschiedlich kolorierten Quadrate, artikulierte den dazugehörigen Laut und forderte dann die Teilnehmer auf, diesen Laut nachzusprechen und sich dabei das dazugehörige Farbquadrat einzuprägen. Er zeigte zum Beispiel auf die orange Fläche und sagte dabei »M-m-m!«, dann auf die braune und sagte »P-p-p!«. Ich war bald völlig konfus, denn was mich betraf, stimmte die Farbe, auf die der Dozent zeigte, wenn er einen Laut von sich gab, in keinem Fall mit der Farbe überein, die ich sah, wenn ich einen bestimmten Laut vernahm. Meinem Empfinden nach war der M-Laut nicht orange, er war hellbraun! Und der P-Laut war nicht braun, sondern blassgelb. Es war sehr beunruhigend.

Gleich zu Beginn der Mittagspause machte ich damals dem Leiter des Seminars klar, dass ich mir das *Silent Way*-System nicht aneignen könne, weil meine Synästhesie mich mit bestimmten Farben ganz andere Laute assoziieren ließ als die, die ihnen auf der Karte zugeordnet waren. Zu meinem Glück war dem Dozenten das Phänomen Synästhesie vertraut, und er forderte mich auf, dem Seminar einfach weiter zu folgen, ohne aktiv teilzunehmen. Als ich mich umdrehte und mich von ihm entfernte, eilte eine andere Teilnehmerin hinter mir her. »Hi«, sagte sie, »ich bin Ann. Ich

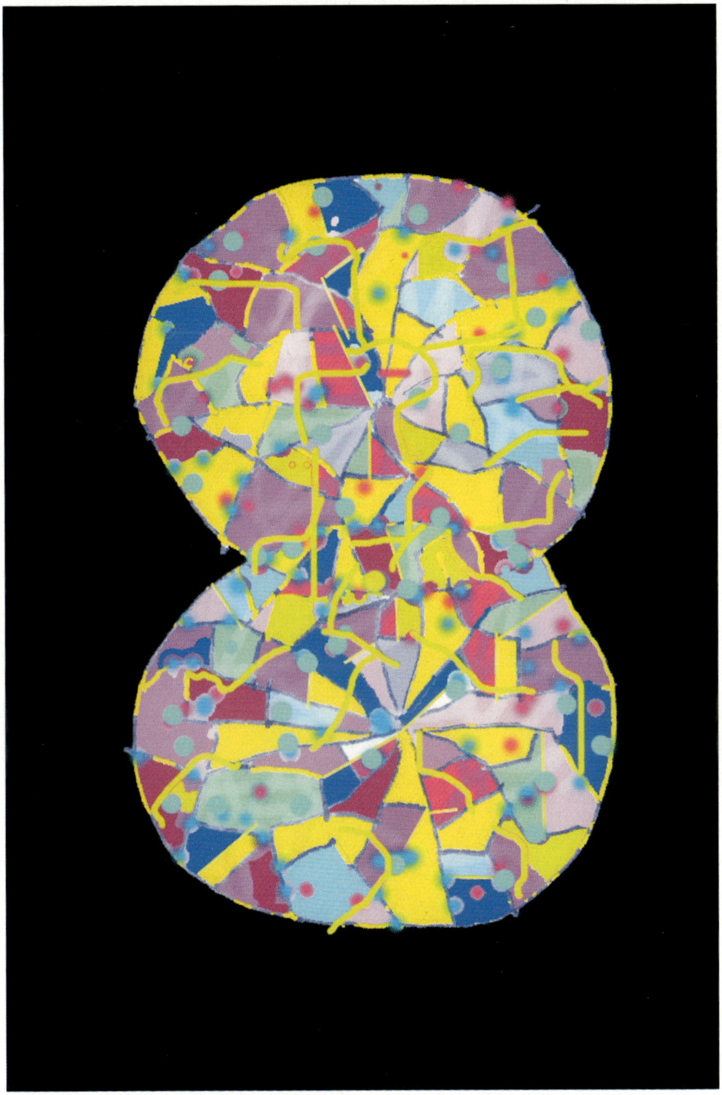

Ein Beispiel für die Wort-Muster, die die Autorin malte, bevor sie lesen lernte.

Zwei farbige Alphabete von Synästhetikerinnen; links das der Autorin, rechts das der Künstlerin Carol J. Steen.

abcdefg

hijklmn

opqrstu

vwxyz

»Cyto« von Carol J. Steen. Die Skulptur ist dem Synästhesie-Forscher Dr. Richard Cytowic gewidmet und in den Farben patiniert, die die Buchstaben seines Nachnamens für die Künstlerin haben.

»Vision« von Carol J. Steen. Dieses Bild wurde durch die Farbempfindungen inspiriert, die Akupunkturnadeln bei der Künstlerin auslösten.

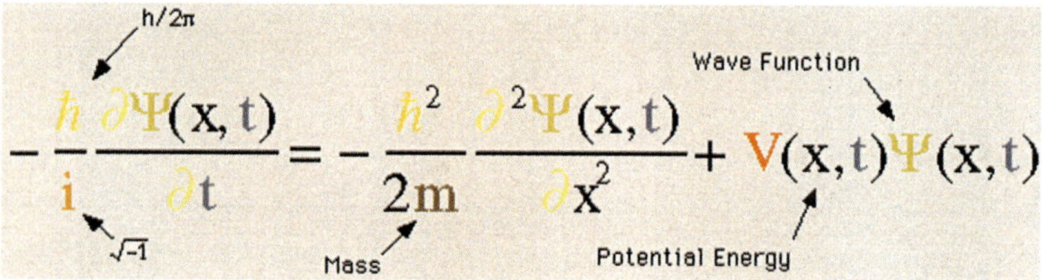

»Schrödingers Gleichung« – so wie der Physikprofessor und Synästhetiker Geoffrey Chester sie sieht.

Ecstatic Orange

SCORE IN C
...squeeze the orange
and throw away the skin...

MICHAEL TORKE
1985

Orange with damsons

Carroty

Absinthe and apricot

Auszüge aus der Partitur für »Ecstatic Orange«, einer Komposition für das New York City Ballet von Michael Torke. Die Musik evoziert für den Komponisten verschiedene Schattierungen von Orange, die er in der Partitur angegeben hat.

»Slime for Clouds« von Marcia Smilack. Wenn sie Spiegelungen auf der Wasseroberfläche anschaut, vernimmt die Fotografin farbenprächtige Crescendos, die ihr anzeigen, wann sie auf den Auslöser drücken muss.

Ohne Titel. Von Mark Safan. Wenn er dieses Bild ansieht, hört der Künstler Celloklänge.

»Ravel´s Garden with Night Glow« von David Hockney. Hockney verwendete hier die Farben, die er sah, während er der Musik von Ravel zuhörte.

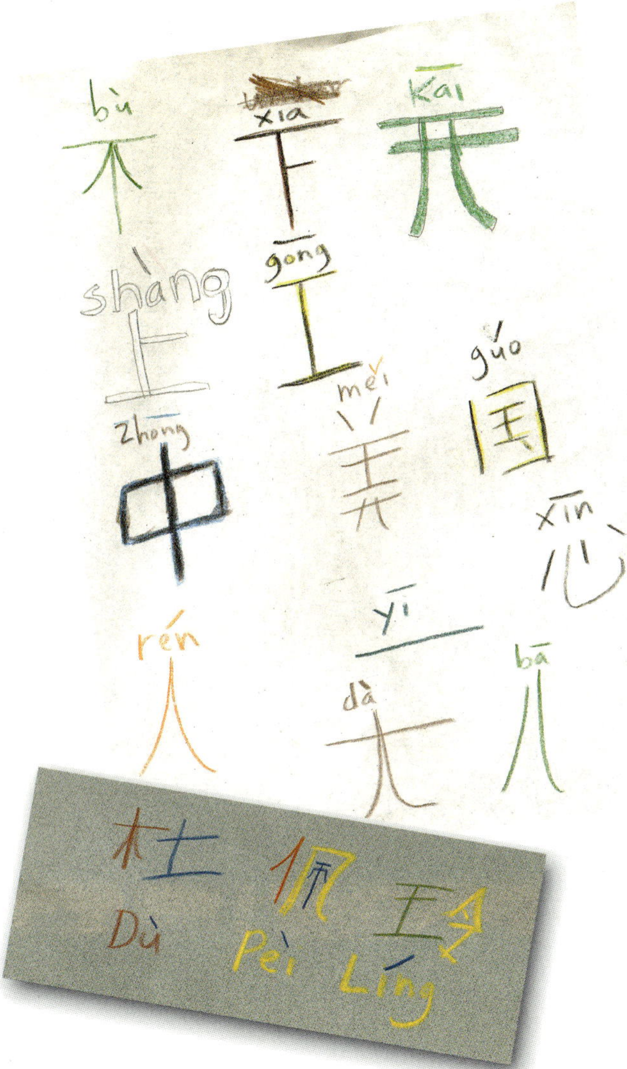

Oben: Bunte chinesische Schriftzeichen aus dem Übungsheft der Autorin
Unten: Der Name der Autorin in chinesischen Buchstaben, die so gefärbt sind, wie sie sie wahrnimmt.

»Mist« von Laura Glenn. Laura Glenn ist keine Synästhetikerin, siewird sich aber einer Art »Nebels« bewusst, der sich in ihrem Kopf lichtet, wenn sie sich an ein Wort, das ihr entfallen ist, erinnert.

Alfred Kubins Kunst ist ein weiteres Beispiel dafür, dass auch Nicht-Synästhetiker synästhetische Ideen verwenden.

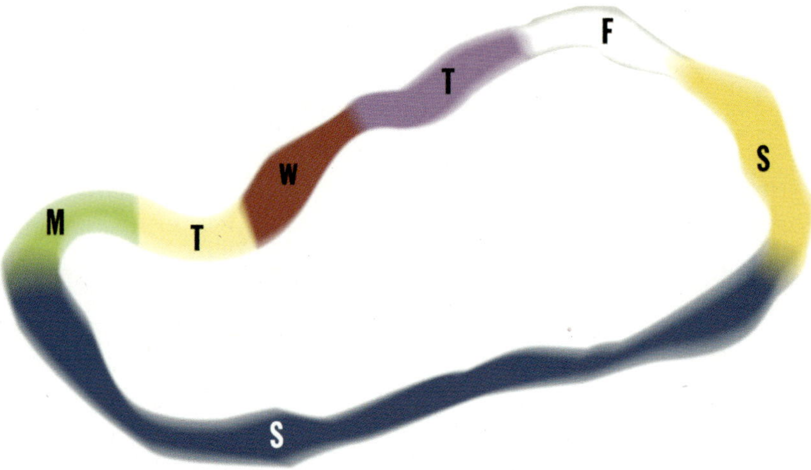

Das farbige Bild, das die Tage der Woche für den Komponisten Michael Torke ergeben, und (rechts) das bunte Jahr der Autorin.

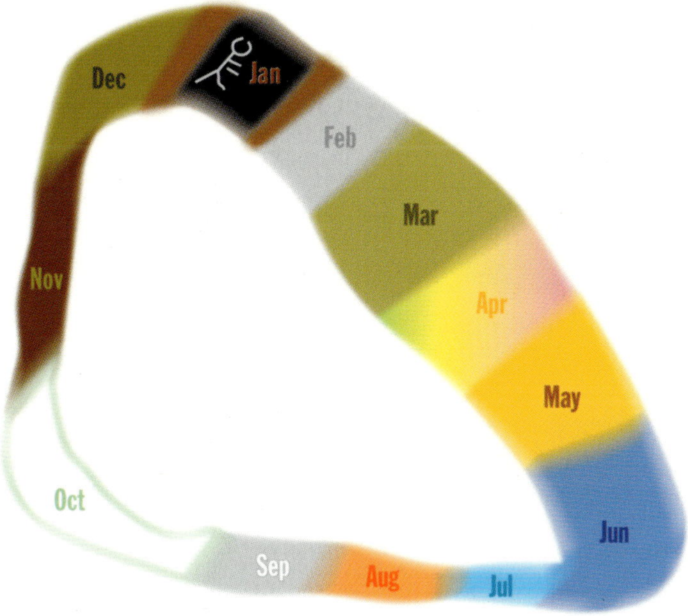
Jan
Feb
Mar
Apr
May
Jun
Jul
Aug
Sep
Oct
Nov
Dec

»A Blue Cat for Pat« von Nicholas Glenn-Otis. Obwohl sie nicht von einem Synästhetiker stammt, ist diese Kinderzeichnung einer blauen Katze von dem gleichen jugendlichen Überschwang gekennzeichnet, der aus dem Bild »50 Blue Cats for Daddy«, das die Autorin im Alter von sieben Jahren malte, sprach.

habe gerade gehört, was du dem Dozenten gesagt hast – und ich habe dasselbe Problem.« Ich war verblüfft: Es war das erste Mal, dass ich einem anderen Synästhetiker begegnete! Während des Mittagessens erfuhr ich, dass Ann, abgesehen davon, dass sie wie ich ihr Grundstudium absolvierte, gerne malte und mit Begeisterung fremde Sprachen lernte. Sie sprach bereits fließend Italienisch und war dabei, Griechisch zu lernen. Ann und ich verglichen unsere Alphabete und stellten – was uns nicht sonderlich überraschte – fest, dass es nur wenige Übereinstimmungen gab. Anns A, B und C waren ziegelrot, mitternachtsblau und schwarz, meine hingegen dunkelorange, froschgrün und dunkelblau. Was den in größerer Ferne liegenden Teil unsres Alphabetpfades betraf, so war unser beider O weiß, und ihr U war braun, genau wie meines, allerdings etwas anders getönt. Obwohl Synästhetiker hinsichtlich der Wahrnehmung farbiger Ziffern und Lettern grundsätzlich sehr verschieden sind, stimmen erstaunliche 89 Prozent von ihnen überein, was die Farben der Vokale I, O und U anbelangt – das hat ein von Simon Baron-Cohen durchgeführtes Experiment erbracht, über das er 1999 in der Zeitschrift *Perception* berichtete. In dem Artikel heißt es: »Acht von neun Versuchspersonen gaben an, dass das U im Farbspektrum von gelb bis hellbraun angesiedelt sei, I in dem von weiß bis blassgrau, während O weiß sei.« Meine Farben für diese Buchstaben gehören ebenfalls den genannten Spektren an: Mein U ist hellbraun, mein I glänzendweiß und mein O mattweiß.

Doch wenn Anns und meine Farbwahrnehmungen sich auch noch so sehr voneinander unterschieden, hatten wir doch beide an jenem Tag das Gefühl, einer verwandten Seele begegnet zu sein. Über unsere gemeinsame Synästhesie hinaus schien eine undefinierbare Übereinstimmung die Art und Weise zu charakterisieren, in der wir die Dinge sahen; es war etwas Merkwürdiges und Vages, auf das man nur schwer den Finger legen konnte, aber es reichte aus, um sich zu fragen, ob Synästhesie sich darauf auswirken könnte, wie man die Welt ganz im Allgemeinen betrachtet. In jedem Fall sind Ann und ich in den vergangenen zwanzig Jahren enge Freundinnen geblieben, obwohl wir den größten Teil dieser Zeit in verschiedenen Bundesstaaten gelebt haben.

Die Erfahrung, sich gemeinsam mit einer zweiten Person »anders« zu fühlen, kann sehr tröstlich sein und einen sogar in Hochstimmung versetzen, da das Gefühl, allein zu sein, in das Gefühl umgewandelt wird, einen vertrauten Freund zu besitzen. An jenem schicksalhaften Tag des *Silent Way*-Seminars nahmen Ann und ich in lebhafter Stimmung unser Mittagessen ein, wir lachten viel und scherzten darüber, dass *unsere* Farben die »falschen« auf der Farb-Laut-Karte des Dozenten ersetzen sollten. Wenn ich heute über die Erfahrung von damals nachdenke, glaube ich, dass meine abwehrende Reaktion auf jene »falschen« Farben mir Einblick in die abwehrende Haltung gegeben hat, die einige Leute gegenüber Synästhesie einnehmen. In Wirklichkeit verhielt es sich so, dass mich während des Seminars die von den meinen abweichenden Farben auf der Karte nicht nur desorientierten und verwirrten, sondern dass sie mich auch ungehalten, ja sogar ein wenig verärgert stimmten. Ihr Dasein bedrohte das, was ich hinsichtlich der von mir wahrgenommenen Realität für »wahr« und »richtig« erachtete. Man kann die Parallele zwischen meiner Reaktion auf die Art und Weise, *wie* die Laute gefärbt waren, und Zinas Reaktion darauf, *dass* für mich Laute oder Klänge gefärbt waren, kaum übersehen. Irgendetwas in uns Menschen will, dass *unsere* Art und Weise *die* Art und Weise schlechthin ist.

Professor Michael Dixon ist der Ansicht, dass die wissenschaftliche Erforschung der Synästhesie uns etwas Entscheidendes darüber offenbart, wie menschliche Wahrnehmung funktioniert. Wir nehmen die Dinge durch die Linse der Bedeutung wahr, die wir diesen Dingen zuschreiben. Unser so genanntes »höheres« Denken oder unsere Werte – die Art und Weise, in der wir über Dinge denken – beeinflussen die Art und Weise, in der wir die »harten«, die physischen Fakten der Welt wahrnehmen. Dixon führt aus:

> »Was Synästhetiker tun, ist in gewisser Hinsicht etwas, das wir alle tun. Was wir wahrnehmen, ist durch die persönliche Bedeutung ›gefärbt‹, die wir ihm zuweisen. Für einen bestimmten Synästhetiker mag diese persönliche Bedeutung dazu führen, dass 7 gelb ist, dies ist aber nur ein sehr konkretes Beispiel dafür, wie jeder Mensch seine Realität zu färben vermag. Dies wirft eine bedeutende Frage auf, bei der es um weit mehr als um farbige Zahlen geht, sondern die die ganze *condition humaine* betrifft.«

Könnte es sein, dass das so eklatant subjektive Phänomen der Synästhesie Licht auf die Natur subjektiver Erfahrung im Allgemeinen werfen könnte? Es führt uns in jedem Fall vor Augen, wie sehr ein bestimmter Teil von uns danach verlangt, dass unsere Sicht der Dinge bekannt wird und anerkannt wird, ja dass sie zu *der allein richtigen* Sehweise wird.

Wie jedes andere lebende Wesen auf dieser Welt wird auch eine persönliche Sicht der Realität um ihr Leben kämpfen.

Und wie jedes andere lebende Wesen auf dieser Erde kann sie ihr Überleben nur sichern, indem sie lernt, mit anderen Sichtweisen, die sich vollkommen von ihr unterscheiden, zu koexistieren.

6

Der Komponist Michael Torke und die Farben der Tonarten

> Wenn der Mensch ein Wesen ist, das auf einem Ozean von Schwingungen treibt, dann sind alle Schwingungen möglich. Warum also keine Synthese? Warum keine Transposition der Neuronen?
>
> Maurice de Fleury

»Als ich mit der Arbeit an *Green Symphony* begann«, erzählt Michael Torke, der Musik für das New York City Ballet komponiert, »war ich von Grün umgeben, weil viele der Töne in E-Dur sind.«

Er erläutert das: »Ein E-Dur-Akkord ist von einem leuchtenden kräftigen Grün, weil alles zum E hinstrebt« (das, wie er sagt, ebenfalls grün ist, aber nicht so strahlend grün wie ein E-Dur-Akkord). »In *Green Symphony* wollte ich die Tonart E-Dur feiern, was bedeutete, die Farbe Grün zu feiern.«

Er erzählt mir, dass ein anderes seiner »Color Pieces«, das den Titel *Ecstatic Orange* hat, so benannt wurde, weil das orange Gis in der zugrunde liegenden Tonleiter dominiert. Als er mir das an einem späten Sonntagnachmittag anvertraut, geht draußen vor dem Fenster meines Apartments in Chelsea eine feurig-orange Sonne über dem Hudson unter und schafft den perfekten Hintergrund zu dem, was er erzählt. Als er diese Ballettmusik niederschrieb, sagt Torke, hat er in verschiedenen Teilen der Partitur tatsächlich unterschiedliche Schattierungen von Orange angegeben, »um die Stimmungen der Musik genau einzufangen«. »Ein Teil der Partitur heißt ›verbranntes Orange‹, ein anderer ›Orange, von der Sonne geküsst‹ und so weiter.« Die um einen Halbton erniedrigten G sind gelb-orange. Die Musik, die für ein dreiaktiges Ballett bestimmt ist, enthält aber auch noch andere Farben. Der erste Akt heißt *Purple* und steht in der purpurnen Tonart C-Dur, der zweite, *Blue,* steht in der blauen Tonart D-Dur und der dritte heißt wie das ganze Werk *Ecstatic Orange.* »Der erste Satz von *Ecstatic Orange* endete mit einem riesigen orangen Feuerball, der, im Hintergrund der Bühne, in alle Richtungen zerbarst. Es war sehr dramatisch und steigerte die Wirkung des Balletts – aber es war nicht das Orange, das ich sah, als ich die Musik komponierte.«

Jeder, der meint, dass solche Werke oder solche Worte nur dem Kopf eines schrulligen Exzentrikers entspringen können, ist auf dem Holzweg. Torke ist ernsthaft, nüchtern, selbstsicher, aber auch auf der Suche nach etwas. Man spürt, dass seine Musik sich in einem mysteriösen Teil seines Selbst manifestiert, den er unablässig zu erfassen versucht. Torkes Kompositionen wurden schon in einem frühen Stadium seiner Karriere mit Begeisterung aufgenommen (er wurde 1961 geboren; die »Color Ballets« wurden 1987 erstmals aufgeführt). Seine Farbmusik regte die Phantasie des Direktors des New York City Ballet, Peter Martins, an, der die choreografische Umsetzung von Torkes Musik übernahm.

Torkes Stimme ist fest, und er klingt selbstbewusst und

sachlich, als er sagt, dass er immer, so weit er sich zurückerinnern könne, musikalische Tonarten in Farbe wahrgenommen habe. »Ich habe angefangen, Klavierstunden zu nehmen, als ich fünf Jahre alt war, und ich weiß noch, wie ich zu mir selbst sagte: ›Heute muss ich das blaue Stück üben.‹« Dieses »blaue Stück« stand in der Tonart D-Dur – und stellte vielleicht einen frühen Einfluss für eine von Torkes späteren Farbmusik-Kompositionen dar, die den Titel *Bright Blue Music* trägt. Zusammen mit *Green Symphony* und *Ecstatic Orange* ist *Bright Blue Music* auf der 1992 erschienenen CD *Michael Torkes Color Music* zu hören.

Wie hat das Publikum darauf reagiert, dass Torke Musik komponiert, die beim Anhören auch Farbempfindungen auslösen soll? Die äußerst positive Aufnahme seiner Stücke hat den Komponisten ganz überwältigt.

»Plötzlich konnten alle – Choreografen, Dirigenten, Kritiker – nicht genug von dieser Musik kriegen«, erzählt er.

Diese begeisterte Aufnahme seiner Werke war aber nicht nur überraschend, sondern auch beunruhigend für ihn. »Ich fragte mich, ob die Leute wirklich meine *Musik* schätzten. Oder waren sie nur von der *Idee* von Farbmusik so entzückt? Und lenkte die Vorstellung von Farbe die Zuhörer nicht von der formalen Komplexität der Musik ab?« Torke sorgte sich, dass seine Auffassung von »Farbmusik« nach einiger Zeit als zu oberflächlich gelten und die Musik selbst als, wie er es nennt, »effekthascherisch« angesehen werden könnte.

Mir kam sofort der Gedanke, dass Torkes Befürchtungen in einer Gesellschaft, die bunte Farben oft mit Frivolität gleichsetzt, nur zu verständlich waren. Kann Farbmusik für längere Zeit als »ernsthafte« Musik gelten? Die Farbmusikexperimente von Skrjabin und Messiaen sind vom großen Publikum als exzentrisch abgetan worden. Und sogar ein wissenschaftliches Werk wie das *Grove Dictionary of Music* nimmt eine unklare Position gegenüber Farbmusik ein; es heißt, dass einige der Experimente in dieser Richtung »zu sehr auf Spezialeffekten beruhten«. Ich fragte mich aber, ob Torke nicht dennoch ursprünglich dazu motiviert worden war, seine Kompositionen zu schreiben, weil er das Bedürfnis verspürte, die Zuhörer an der Farbdimension seiner Musik teilhaben zu lassen, und erkundigte mich, ob das so gewesen sei.

Den Anstoß dazu, antwortete er, habe eher das Verlangen gegeben, mit einer bestimmten musikalischen Form zu experimentieren, bei der die einzelnen Farben – wenn er sie auch tatsächlich *sah* – gleichzeitig als Metaphern für verschiedene Tonarten, für ihre Erforschung, dienten. »Wenn man komponiert«, sagt er,

> »fängt man an, indem man einen ›Raum‹ schafft. Dann bewegt man sich aus diesem Raum in verschiedene musikalische Bereiche hinein. Als ich jedoch Farbmusik komponierte, fragte ich mich, was wohl geschehen würde, wenn ich in demselben Raum blieb und ihn nicht verließ. Ich dachte: Was geschieht im Leben, wenn man einen Raum nicht verlassen will? Wenn man zum Beispiel auf einer richtig tollen Party ist, hat man keine Lust zu gehen – man will bleiben und jenen Raum feiern. Also beschloss ich, eine Komposition im ›Raum‹ von E-Dur zu schreiben – das von einem kräftigen Grün ist – und den leuchtend grünen ›Raum‹ mit aller Macht zu feiern.«

Doch später bekam er Zweifel, ob er nicht, indem er das »Grün feierte«, die Musik, ohne es zu wollen, in einen Kontext platziert hatte, der sie für die Zuhörer einschränkte. »Farbe hat eine solche Macht über die Menschen, sie ist so fest umrissen, so *da*«, meint Torke. »Es besteht daher das Risiko, dass die Farbe in Konkurrenz zur Musik tritt, von deren Komplexität ablenkt.« Er meint, dass man die Farben nicht als das betrachten sollte, was die »tiefere Bedeutung« der Musik ausmacht. »In meiner Musik geht es um emotionelle Wahrhaftigkeit«, sagt der Komponist. »Die Zuhörer brauchen die Farben, die sie für mich hat, nicht zu kennen, um sie zu schätzen.« Die »Farben« der Musik spielen zwar in dem kreativen Prozess, in dessen Verlauf sie entsteht, unvermeidbar weiterhin eine Rolle, Torke ist sich aber nicht mehr sicher, ob es sich wirklich lohnt, die Zuhörer an seinen Farbempfindungen teilhaben zu lassen.

Cytowic berichtet Ähnliches über Olivier Messiaen, der die Farben, die ihn inspirierten, in Stücken wie *Les Couleurs de la Cité Céleste* (*Die Farben der himmlischen Stadt*) und *Chronochromie* (*Die Farben der Zeit*) wiederzugeben versuchte. Messiaen erzählte, dass die Töne im oberen Bereich von Cis für ihn »die Farbe von Bergkristall und Zitronen«, die im unteren »von Kupfer mit goldenen Glanzlichtern darauf« hätten: »Des ist orange mit blassgelben, roten und goldenen Streifen, während Des bei seiner Umkehrung die Farben blassgrün, amethystgrün und schwarz durchläuft.« Cytowic weist in seinem Buch *The Union of the Senses* darauf hin, dass »diese Vorstellung keine Bedeutung für den Zuhörer hat. (…) Nichtsdestoweniger erlaubt sie, dass eine musikalische Interaktion und Transformation stattfindet – eben als Folge jener synästhetischen Wahrnehmung.«

Während Messiaen anscheinend wollte, dass auch seine Zuhörer die Farbdimension der Musik »sahen«, machen viele andere Künstler, die Synästhetiker sind, den Entstehungsprozess nicht zum Bestandteil des Endproduktes. Der Romancier Vladimir Nabokov glaubte nicht, dass seine Leser wissen müssten, welche Farben seine Buchstaben hatten, um seine Werke wertschätzen zu können (und würde der Reiz, einen Roman zu lesen, der ausschließlich im Farbalphabet eines Synästhetikers geschrieben ist, nicht nach spätestens einer Seite verfliegen?). Nabokovs Romane besitzen wie die Kompositionen Torkes ihre eigenen Bedeutungsebenen, die es zu erforschen gilt. Während synästhetische Farbwahrnehmungen nicht den Schlüssel zur tieferen Bedeutung der Werke beider Künstler darstellen mögen, sind sie doch unleugbar Hauptmerkmale der inneren Landschaften des Schriftstellers wie des Komponisten und der kreativen Prozesse, die dort abliefen. In seiner Autobiografie *Erinnerung, sprich* beschreibt Nabokov seine innere Landschaft als ein »wahrhaftiges Eden visueller und taktiler Empfindungen«. Seine detaillierte und sinnliche Schilderung seines Alphabets (»A evoziert poliertes Ebenholz«, Y und U sind »kupferfarben mit einem olivgrünen Glanz«, »M ist eine Falte rosafarbenen Flannels«, die Farbe von V entspricht perfekt der von »Rosenquarz«), deutet auf eine intensive körperhaft-sinnliche Beziehung zu Wörtern, seinem Ausdrucksmittel, hin. Ähnlich zeigt Torkes ekstatisch orange, symphonisch grüne und strahlend blaue Musik eine erweiterte sinnliche Beziehung zu seinem Medium an. Schaffen die visuell-ästhetischen Eigenschaften, die diese Künstler an ihrem jeweiligen Medium wahrnehmen, zusätzliche sinnliche Bindungen an dieses Medium? Und schaffen zugleich diese zusätzlichen sensorischen Eigenschaften der Medien auch zusätzliche Möglichkeiten, sie zu erkunden?

Im Gespräch mit Torke merkt man: Er nimmt die visuelle und taktile Dimension, die Musik für ihn hat, so lebhaft wahr, dass er sich manchmal selber dabei »ertappt«, dass er davon ausgeht, sein Publikum nehme sie ebenfalls wahr. »Wenn ich ein Stück orchestriere«, erzählt er mir, »nutze ich, abgesehen von den Farben, auch jene Dimensionen der Musik, die jedermann sieht, wie ihre Formen.« Er beschreibt mit dem Finger einen Kreis in der Luft, bevor er fortfährt. »Das ist zum Beispiel der runde Klang eines Waldhorns und« – er sticht mit dem Zeigefinger in die Luft – »der spitze Klang einer Trompete und« – er reibt die Finger aneinander – »der flaumige Klang einer Flöte und« – er lässt seinen Finger über eine imaginäre glatte Oberfläche gleiten – »der seidige Klang einer Klarinette, ein Klang wie das Fell eines Panthers.« Ich erinnere ihn daran, dass zwar viele Menschen seine Charakterisierungen akzeptieren würden, wenn sie metaphorisch gemeint seien, die meisten jedoch den Klang eines Horns nicht als rund empfinden, den einer Trompete nicht als spitz, und dass sich für sie die Töne, die aus einer Flöte kommen, nicht flaumig »anhören« und die aus einer Klarinette nicht wie das Fell eines Panthers. »Oh«, meint Torke, »ich gehe wohl immer davon aus, dass sie es so empfinden – weil ich es tue.« Und dann fährt er mit einem Lachen fort: »Vielleicht ist das der Grund dafür, dass ich nicht länger das Bedürfnis habe, die Farben meiner Musik dem Publikum so bewusst vor Augen zu führen. Ein Teil von mir glaubt wohl weiterhin, dass die anderen diese Farben auch sehen.«

Bei einer Person mit visuell-musikalischer Synästhesie stellen sich solche Manifestationen von Klängen als visuelle Bilder oder als taktile Eindrücke ganz automatisch ein. Vielleicht dienen aber diese automatischen Manifestationen einem Zweck, dem nämlich, sinnliche Kontakte zwischen dem Künstler und seinem Medium herzustellen, während sie gleichzeitig vielfältige Möglichkeiten schaffen, dieses Medium zu erkunden. Während diese vielfältigen Möglichkeiten sich Personen mit konstitutioneller Synästhesie ungewollt eröffnen, versuchen viele kreative Menschen, sie *bewusst* herbeiführen, indem sie ein Medium in den Kontext eines anderen platzieren. In ihrem Buch *Sparks of Genius* bezeichnen Robert und Michele Root-Bernstein diese »Konvertierung«, dieses Überführen eines Mediums in ein anderes, als Technik der *Transformation*; eine solche Transformation bewirkt manchmal, dass sich verborgene Dimensionen und Möglichkeiten des Mediums, das man erkunden will, eröffnen.

Der Maler und Radierer Paul Klee war kein Synästhetiker, er schuf jedoch ein visuelles System, um polyphone Musik zu ergründen. Er stellte musikalische Klänge, die von unterschiedlicher Länge waren und sich in unterschiedlichen Relationen zueinander befanden, bildlich dar, indem er einander überschneidende Linien unterschiedlicher Länge zeichnete. In diesen bildlichen Darstellungen vermochte er »verborgene« Beziehungen zu entdecken, die sich in der Musik selbst nicht aufspüren ließen. Dann »übersetzte« er diese visuellen Beziehungen wieder zurück in faszinierende musikalische Gebilde.

Die Malerin Georgia O'Keefe setzte ebenfalls Transformationstechniken ein, um die vielfältigen Möglichkeiten ihrer Kunst auszuloten, und sie wurde dazu angeregt, Musik in »something for the eye« (»etwas fürs Auge«) umzusetzen.

Es gibt zwar keine Indizien dafür, dass sie Synästhekerin war, ihre Farb-Musik-Bilder geben aber den Wunsch zu erkennen, Musik im Kontext ihres eigenen visuellen Mediums, mit Hilfe von Farbe, Gestalt und Textur, zu erkunden. Sie tat dies in einer Reihe von »Musikbildern« wie zum Beispiel *Music, Pink and Blue* von 1919. In einem Brief an einen Freund erwähnt die Künstlerin, was sie dazu inspirierte, Musik zu malen: »Ich werde versuchen, dir von der Musik (...) des Himmels heute Nacht zu erzählen (...) mit Zeichenkohle (...).«

Transformationstechniken sind nicht nur von Künstlern eingesetzt worden, sondern auch von Wissenschaftlern, die »über den Tellerrand hinaussehen« wollten, das heißt, sich von neuen Blickwinkeln aus mit ihrer komplexen Materie befassen wollten, um so vielleicht auch zu neuen Erkenntnissen zu gelangen. Der Physiker Richard Feynman war Synästhetiker; mathematische Gleichungen waren für ihn per se farbig, er verwendete aber auch ganz bewusst die Technik der Transformation und übertrug, sehr überlegt und phantasievoll, mathematische Gleichungen in Klänge. In *Sparks of Genius* schreiben die beiden Root-Bernsteins über ihn:

> »Für ihn wurden arithmetische Reihen (1,2,3,4,5 ...) zu einer gleichmäßig ansteigenden und ununterbrochenen musikalischen Tonfolge. Geometrische Reihen (1,2,4,8, 16 ...) wurden zu akzelerierenden Schreien. [Feynman] summte, klopfte den Rhythmus, bewegte sich dabei umher und setzte so Ideen über die physikalische Welt mit physischen Empfindungen in Beziehung, die er konkret verspüren und steuern konnte.«

In seiner Rezension von Feynmans *Character of Physical Law* hob der Physiker Alan Lightman hervor, dass Feynman »großen Wert« darauf legte, »verschiedene Formulierungen ein und desselben physikalischen Gesetzes auszuarbeiten, selbst wenn diese in mathematischer Hinsicht vollkommen äquivalent sind, weil unterschiedliche Fassungen unterschiedliche mentale Bilder in einem entstehen lassen und so dazu beitragen, Entdeckungen zu machen«.

Die beiden Autoren von *Sparks of Genius* erzählen auch, wie die Konvertierung von Daten von einer visuellen in eine auditive Form es Forschern auf dem Gebiet der Genetik ermöglichte, die Sequenz bestimmter Gene sowie deren Proteinstruktur besser zu durchschauen. Phillip Ortiz vom Skidmore College wandelte die visuelle Darstellung der DNA in eine Folge akustischer Signale um, womit er »DNA-Musik« kreierte. Indem er das visuelle DNA-Modell in etwas umsetzte, dem man, anstatt es anzusehen, zuhören konnte, konnten sowohl die Abfolge der Gene als auch ihre Proteinstruktur gleichzeitig wahrgenommen werden, anstatt nacheinander. Dass solch ein simultanes Erfassen bei einem akustischen Modell möglich ist, nicht aber bei einem visuellen, ist darauf zurückzuführen, dass das Ohr in der Lage ist, zwei Klangmuster zur selben Zeit aufzunehmen, während das Auge immer nur ein visuelles Muster auf einmal verarbeiten kann. Es scheint daher so zu sein, dass das Ohr manchmal ein umfassenderes »Bild« wahrnimmt als das Auge.

Während Synästhetiker also eine spontane Transformation eines Mediums in ein anderes erleben, versuchen schöpferische Menschen, diese Umwandlung häufig bewusst herbeizuführen. In beiden Fällen können die andersartigen sensorischen Eigenschaften des zweiten Mediums kreative Möglichkeiten aufdecken, die dem ersten innewohnen.

Einige der größten Wissenschaftler und Künstler haben Transformationstechniken auf eine äußerst verblüffende und originelle Weise eingesetzt. Wir alle übertragen in unserem alltäglichen Leben regelmäßig Informationen aus dem einen Medium in ein anderes, um sie besser zu erfassen. Jedes Mal wenn wir jemandem mündlich Anweisungen geben, wie er von einem Ort zu einem anderen gelangt, und dann zur Ergänzung eine einfache Karte zeichnen, oder wenn wir einem Telefongespräch einen Brief oder eine E-Mail folgen lassen, um das mündlich Vereinbarte zu bestätigen, verwenden wir eine solche Transformationstechnik. Wenn wir Eifersucht metaphorisch als »grünäugiges Monster« bezeichnen oder Liebe mit einem großen roten Herz symbolisieren, setzen wir sie ebenfalls ein. Wir können auch feststellen, wie Werbefachleute Transformationstechniken auf sehr ausgefeilte Art und Weise verwenden, und zwar nicht nur, um uns etwas über das jeweilige Produkt »beizubringen«, sondern um in uns auch eine emotionelle Beziehung zu diesem Produkt entstehen zu lassen. In der Alchemistenküche der Werbebüros verwandelt sich gewöhnlicher Brötchenteig in ein »Teigmännlein«, das lacht und kichert, wenn man mit dem Finger in sein aufgeblähtes Bäuchlein piekt. Grüne Bohnen in der Dose mutieren zu einem »fröhlichen grünen Riesen« mit einer dröhnenden Stimme, die durch ein Zauberland schallt. Hamburger mit Pommes frites nehmen die Gestalt eines ewig fröhlichen Clowns an, der uns auf unseren Wunsch hin auch mit Eiscreme und Egg McMuffins versorgt oder uns ein »Playland« voller Schaukeln und Rutschen bietet. Seit unserer Geschichtsschreibung haben wir die ganze

Skala unserer Erfahrungen, von dem Erkunden unserer Welt über emotionelles Ergriffensein bis hin zum Essen, in imaginäre Welten und mythische Charaktere transformiert, um das Zustandekommen sinnlicher und/oder emotioneller Verbindungen mit diesen Erfahrungen zu fördern. Indem wir den verschiedenen Facetten unserer Erfahrung »körperliche« Substanz verleihen, Miniaturwelten aus ihnen machen, schaffen wir zusätzliche Möglichkeiten, um uns ihnen zu nähern und sie besser zu verstehen. Ich habe mich oft gefragt, was wohl geschehen würde, wenn Werbeagenturen im Interesse der Öffentlichkeit ihre besten Texter für ein Jahr ausliehen, damit sie sich mit Lehrern zusammentäten, um mit diesen gemeinsam Lehrmaterialien zu entwerfen. Die Schöpfer von Werbespots haben ein besonderes Geschick dafür, Informationen in den Kontext imaginärer Welten zu packen, die einem im Gedächtnis bleiben – zuweilen, ob man es will oder nicht.

Die Bausteine für imaginäre Dimensionen sind Farben und Formen, und beides spielt in den Erfahrungen von Synästhetikern eine herausragende Rolle. Sind Synästhetiker einfach enger »in Berührung« mit jenen Teilen des Gehirns, wo Farben und Formen untergebracht sind, die Elemente, aus denen unsere mentale Bildwelt sich zusammensetzt? Ist die synästhetische Erfahrung ein *bewusstes* Erfahren der Mechanismen und Materialien, die mentale Bilder entstehen lassen? In *Farben hören, Töne schmecken* äußert der Neurologe Richard Cytowic die Ansicht, dass konstitutionelle Synästhetiker sich der kreativen Prozesse bewusster sind, deren Existenz den meisten von uns gar nicht deutlich wird: »Ich glaube, dass Synästhesie in Wirklichkeit eine ganz normale Hirnfunktion bei jedem von uns ist, dass ihr Wirken aber nur bei einer Hand voll Menschen ins Bewusstsein dringt. (...) Bei Synästhesie wird ein Vorgang im Gehirn, der normalerweise unbewusst ist, dem Bewusstsein offenbart.« Und was ist die Ursache dafür, dass dieser kreative Prozess bei einer Minorität von uns »dem Bewusstsein offenbart« wird? Cytowic meint: »Um es so einfach wie möglich auszudrücken, die Verbindung zwischen Teilen des Gehirns wird unterbrochen (...), wodurch normale Prozesse des limbischen Systems ausgelöst, dem Bewusstsein offenbart und als Synästhesie erfahren werden.«

Was ist die Ursache dafür, dass bei Synästhetikern die Verbindung zwischen Teilen des Gehirns unterbrochen wird? Cytowic führt aus, dass bei einem Synästhetiker der regionale Stoffwechsel des Gehirns sehr stark auf jenen Stimulus anspricht, auf den der Betreffende oder die Betreffende eine synästhetische Reaktion zeigt. Seiner Ansicht nach bewirkt dies, dass die Durchblutung des Gehirns für einen Augenblick zum Erliegen kommt, »was eine effektive Unterbrechung und eine Auslösung von Synästhesie (im »Ammonshorn« genannten Teil des limbischen Systems) sowie ihr Aufsteigen ins Bewusstsein verursacht«. Warum das nur bei einem von zweitausend Menschen geschieht, bleibt ein Geheimnis, sagt Cytowic, genauso, wie es ein Geheimnis bleibt, warum nur einige Menschen Migräne bekommen.

Im Unterschied zu anderen Neurologen, deren Forschungsarbeiten darauf hinzudeuten scheinen, dass die Hirnrinde, die sich, relativ gesehen, erst in jüngster Zeit entwickelt hat, der »Sitz« von Synästhesie ist, meint Cytowic, dass Aktivität in dem viel älteren limbischen System für dieses Phänomen verantwortlich sein könnte. Genauer: Aktivität in dem »Ammonshorn« genannten Teil des limbischen

Systems, der sich im Schläfenlappen befindet, scheint die synästhetische Reaktion auszulösen. Cytowic schreibt, die Funktion des Ammonshorns sei von entscheidender Bedeutung für jede subjektive Erfahrung. Wenn Personen, die normalerweise keine synästhetischen Wahrnehmungen haben, bestimmte Arten von Anfällen erleiden, die vom Ammonshorn ausgehen, dann werden diese Anfälle manchmal, solange sie dauern, von synästhetischen Wahrnehmungen begleitet. In seinem Roman *Lying Awake* beschreibt Mark Salzman die synästhetischen Wahrnehmungen, die eine Nonne hat, als sie während der Messe einen vom Schläfenlappen ausgehenden epileptischen Anfall erleidet:

> »Als [der Priester] begann, im Sprechgesang die Messliturgie vorzutragen, (…) war seine Stimme von einem satten Sienabraun, der Farbe der Beruhigung und Versicherung. Schwester John hörte die Stimme von jeder ihrer Mitschwestern, als ob jede für sich allein antwortete: Schwester Christine hörte sich an, als ob ihre Kehle mit Perlmutt ausgeschlagen sei, während die Stimme von Schwester Ann eine rauere Textur besaß und wie ein mit dem Bogen gestrichenes Instrument klang (…). Die Stimme von Mutter Mary Joseph war vor allem Atem und bildete eine Art weißen Klang, der dazu beitrug, die Stimmen der anderen zu verschmelzen.«

Cytowic weist auch darauf hin, dass Nicht-Synästhetiker manchmal von synästhetischen Erfahrungen berichten, die sich unter dem Einfluss von psychoaktiven Drogen einstellen, deren Wirkung, wie man weiß, auf einer Stimulation von Schläfenlappen und Ammonshorn beruht. In der wissenschaftlichen Literatur über halluzinogene Drogen finden wir viele Berichte darüber, dass ein Klang, ein Geruch, ja auch ein bestimmter Geschmack plötzlich, wie bei Synästhetikern, Farbe und Gestalt annehmen können. In *Les Paradis artificiels* spricht Charles Baudelaire davon, dass er in bestimmten Arten von Musik »Landschaften aus Spitze« erkennt.

Cytowic kam zu vielen seiner Schlussfolgerungen bezüglich der Ursache synästhetischer Reaktionen durch seine Arbeit mit Michael Watson, einem Synästhetiker, für den jeder Geschmack eine bestimmte Form besitzt. Er maß Watsons Hirnströme, während dieser seine synästhetischen Wahrnehmungen hatte, und schloss auf eine gesteigerte Aktivität im Ammonshorn. Aus seinen Untersuchungen Watsons und aus Interviews, die er mit einer großen Zahl anderer Synästhetiker führte, zog Cytowic den Schluss, dass Synästhetiker durch erhöhte Aktivität im limbischen System in engeren Kontakt mit den »Bausteinen« der Wahrnehmung geraten. Er meint, dass die meisten Menschen an irgendeinem Punkt im Laufe der Evolution ihre Fähigkeit zum synästhetischen Wahrnehmen verloren hätten. Nur einer von zweitausend habe sie behalten, und aus diesem Grund nennt Cytowic Synästhetiker auch »kognitive Fossilien«.

Ich hätte nie gedacht, dass ich etwas mit einem Mann, der Musik für das New York City Ballet komponiert, gemeinsam haben könnte, aber es scheint tatsächlich so zu sein: Michael Torke und ich, beide sind wir »kognitive Fossilien«. Ich denke über die Fülle an Farben und Formen nach, die in unser beider Gehirn freigesetzt werden, wenn wir Musik hören oder Worte vernehmen, und ich frage mich, auf welche andere Weise Farben und Formen sich bei uns Synästhetikern noch manifestieren könnten. Ich stelle Torke daher die Frage: »Wenn ich zu Ihnen sage, treffen wir uns doch nächsten Dienstag, was sehen Sie dann vor Ihrem inneren Auge?« Torke antwortet, dass er sich selbst auf einer Art buntem Pfad erblickt, auf dem ein bestimmter farbiger Fleck Dienstag ist. »Es ist ein recht langer Pfad«, sage ich, »stimmt's?«

»Ja«, antwortet er, »aber weil ich *auf* dem Pfad bin, und der Dienstag ein wenig vor uns liegt, ein wenig von uns entfernt ist, ist er kleiner.«

»Und der vergangene Freitag liegt in Ihrem Rücken, hinter Ihnen, nicht wahr?«

»Ja«, antwortet Torke. »Er liegt da hinten, und die Tage vor ihm werden kleiner, je weiter ich zurückblicke.«

Als wir uns gegenseitig unsere jeweiligen »Zeit-Landschaften« beschreiben, zeigen Torke und ich in alle Richtungen, hinter und vor uns, um anzudeuten, wo die Tage in unserem inneren Raum liegen, der für uns eine sehr lebendig-anschauliche »Umgebung« ist. Wenn wir uns über unsere »Ziffern-Landschaften« unterhalten, ist es genauso.

Mir kommen die Worte von Roger Watt von der Universität Stirling in Schottland in den Sinn, der sagte, dass es einen Ort im Gehirn gibt, der normalerweise für unsere Orientierung im Raum zuständig ist, der bei Synästhetikern aber durch ihre komplexe mentale Bilderwelt gefüllt wird. Watt hatte beobachtet, dass Synästhetiker oft einen schlechten Orientierungssinn haben, und die Theorie aufgestellt, dies liege daran, dass ihre mentalen Bilder ihre navigatorischen Fähigkeiten vernebelten. Ich erzähle Torke, dass es mir schwer fällt, mich zu orientieren, und er gesteht, dass das bei ihm genauso sei. Ich frage ihn, ob er seine Woche für mich aufzeichnen könnte, und er sagt: »Ja, aber es wird nicht wirklich das sein, was ich sehe – das Bild wird nicht perspektivisch sein.«

»Ja«, sage ich. »Ich weiß, was Sie meinen – was Sie zeichnen, kann nur eine Art Luftbild sein.«

»Genau, das ist es!«, sagt er lachend. »Das macht wirklich Spaß. Ich habe nie die Gelegenheit gehabt, mit jemandem über diese Dinge zu reden.« Ich nicke lächelnd, denn ich weiß genau, was er meint. Eine Weile lang hocken wir wie zwei Kinder nebeneinander auf dem Sofa und malen Bilder füreinander. Wir malen uns gegenseitig unsere Zahlenreihen auf, unsere Monats- und Wochentagsfolgen. Ich spreche mit einem Komponisten von Musik für das New York City Ballet, und obwohl ich kaum etwas von Musik verstehe, weiß ich genau, was er meint, wenn er seinen inneren Kalender als einen Pfad beschreibt, als einen mäandernden Weg, einen *Ort*, zu dem man sich begibt! »Wie ist es mit den Zahlen?«, frage ich ihn. »Wie sehen sie aus?« Torke zeichnet eine interessante geometrische Figur, die gerade nach oben verläuft, »aber dann«, sagte er, »macht sie bei der Zahl 20 einen scharfen Knick nach rechts. Und es ist wirklich ein scharfer Knick nach rechts, wie hier,« und er zeigt auf die Stelle seiner Zeichnung, wo der Pfad in einem Winkel von fünfundvierzig Grad abbiegt, bevor er sich weiter nach oben, bis in die Tausender hinein, fortsetzt. Es fällt mir auf, dass in den inneren Landschaften von Synästhetikern, so wie in einem Kunstwerk, alles seinen Platz hat, obwohl man eine synästhetische Landschaft oder Reaktion, anders als ein Kunstwerk, nicht seinem Willen entsprechend verändern kann. Beides bleibt, wie es ist, für immer in seinem geheimnisvollen multisensorischen Kode erstarrt. Ich bitte Torke, mir mehr über seine Zahlenlandschaft zu erzählen. Haben die Zahlen

Farben? Er antwortet, dass jede Zehnergruppe ihre eigene Farbe besitzt. Die Zwanziger sind grau, die Dreißger gelb, die Vierziger olivgrün, die Fünfziger blau, die Sechziger weiß, die Siebziger golden, die Achtziger leuchtend grün und die Neunziger orange. »Oh«, unterbreche ich ihn, »meine Neunen und meine Neunzigerzahlen sind auch orange.«

»Also«, meint Torke, »ich glaube nicht, dass ich schon einmal mit jemandem über diese Dinge geredet habe, und ganz bestimmt habe ich sie noch nie zu Papier gebracht. Ich habe sie ganz verinnerlicht, genauso wie ich jetzt manchmal die Farben meiner Musik gerne in mir einschließen möchte, sie für mich behalten möchte. Ich frage mich mittlerweile, was wohl geschehen würde, wenn ich sie wirklich für andere sichtbar machen könnte, so wie ich selbst sie innerlich wahrnehme? Was wäre wohl«, fährt er mit einem sarkastischen Lächeln fort, »wenn man Musik für ein Publikum von Synästhetikern machte?«

Torke erzählt, dass er auch Vokale farbig wahrnehme, vielleicht, so mutmaßt er, weil sie »musikalischer«, klingender sind als Konsonanten. Ich berichte ihm, dass Lawrence Marks von der Universität Yale eine Untersuchung durchführte, die erbrachte, dass es eine Wechselbeziehung zwischen Vokallauten, Tonhöhe und Helligkeit gibt. Obwohl Syästhetiker für Vokallaute oder musikalische Klänge alle denkbaren Farben angeben, was auf den ersten Blick darauf hindeutet, dass es keine objektive Beziehung zwischen Klang und Farbe gibt, fand Marks heraus, dass mit der Tonhöhe eines Vokals oder musikalischen Klangs auch die »Helligkeitsstufe« einer Farbe ansteigt – auch wenn diese Farbe für den einen Synästhetiker rot, für den anderen grün sein kann, und so weiter. Als ich Torke davon erzähle, kommt mir plötzlich in den Sinn, dass die meisten Leute es wohl höchst merkwürdig finden würden, wie wir die Farben unserer Zahlen, Kalender und Vokallaute vergleichen, dass sie es aber weniger merkwürdig und vielleicht sogar ein wenig reizvoll finden würden, uns über die »Farben« der Musik reden zu hören. Warum ist das so? Was ist der Musik zu eigen, dass sie nicht nur einen so angenehmen Begleiter von visuellen Medien abgibt, sondern sich sogar selber in ein visuelles Medium umwandeln lässt? Es kommt uns ganz natürlich vor, wenn Bilder mit Musik untermalt werden, wenn ihnen in einem Film, einem Schauspiel oder einem Videoclip ein Soundtrack unterlegt wird, oder auch wenn die Musik nur im Hintergrund ertönt, wie zum Beispiel in Fernsehsendungen über Kunst, in denen die großartigsten Gemälde oder Skulpturen der Welt gezeigt und dazu Kompositionen von Mozart oder Bach gespielt werden. 1999 brachte die Microsoft Company einen Windows Media Player namens *Visualizations* auf den Markt, der es dem Benutzer gestattet, Musikstücke mit von ihm entworfenen farbigen Mustern visuell darzustellen. Existiert in allen von uns etwas, das uns den Wunsch verspüren lässt, Klänge und Bilder gleichzeitig und in perfekt aufeinander abgestimmter Weise wahrzunehmen?

Musik eignet sich so gut dazu, von Bildern begleitet zu werden, dass ich mich frage, ob die meisten Zuhörer sich beim Fehlen einer solchen Begleitung nicht selbst eine auf die eine oder andere Weise erschaffen. Stellen die meisten Menschen sich etwas visuell vor, wenn sie sich ein Musikstück anhören? Ist Musik in gewisser Hinsicht für jedermann etwas Visuelles? Vielleicht evoziert die Vorstellung von Farbe in musikalischen Klängen jene absolute, perfekte Einheit, die alles vereint und nach der wir uns sehnen. Möglicherweise erinnert sie uns sogar an jene Phase der Kindheit, bevor wir sprechen konnten und in der Klang, Farbe, Form, Geruch und Geschmack von uns noch nicht klar differenziert wahrgenommen wurden. Was ist das für eine Sehnsucht nach totaler Integration, die durch diese Versuche angesprochen wird? Wenn es solch eine Sehnsucht wirklich gibt, dann verbarg sie sich auch hinter dem Bemühen des neunzehnten Jahrhunderts, das »Gesamtkunstwerk« zu kreieren. Ich erkundige mich bei Michael Torke, was er über einige der Versuche, ein solches Kunstwerk zu schaffen, denkt, über Skrjabins Komposition *Mysterium* beispielsweise, ein Stück, das nicht nur die Farben der Musik einfangen sollte, sondern auch ihre Düfte. Skrjabin wollte klar machen, dass Musik zusätzlich auch eine geruchliche Dimension besaß, nicht nur eine optische, und dem Publikum durch seine Musik die sinnliche Harmonie des Lebens vermitteln. Torke sagt, dass er das Bemühen um vollkommene Integration gut verstehe, aber glaube, dass sie sich nur schwer erreichen lasse. Vielleicht sei es jedoch das Streben nach dem Gesamtkunstwerk, das ihn in letzter Zeit dazu bewogen habe, für die Oper zu komponieren (er hat die Musik für die Inszenierung von *Central Park* an der New York City Opera geschrieben und wird als Nächstes an der neuen Oper *House of Mirth* mitarbeiten). Die Sehnsucht, eine künstlerische Form zu kreieren, die eine perfekte Integration ermögliche, sei ihm wohl in jedem Fall geblieben.

In einem Artikel Torkes, der in der Zeitschrift *Leonardo* des Massachusetts Institute of Technology erschien, verleiht er ebenfalls dieser Sehnsucht Ausdruck, wenn er sagt, dass seine Motivation, tonale Musik zu komponieren, mit seinen synästhetischen Wahrnehmungen zusammenhänge und so etwas wie »ein Sich-Sehnen nach Gott« sei – obwohl er, wie er mir anvertraut hat, überhaupt nicht religiös ist. Er setzt dieses Sich-Sehnen jedoch mit der Sehnsucht gleich, eine objektive Wahrheit zu finden, etwas, an dem wir uns selbst und das, was wir tun, messen können. Da seine Synästhesie integraler Bestandteil des kreativen Prozesses ist, ist sie mit der Sehnsucht nach dieser Wahrheit, nach Integration verbunden. In einem sehr klugen Artikel über Musik und Synästhesie meint Greta Berman, Professorin an der Juilliard School of Music, dass die meisten aus der kleinen Schar von Synästhetikern, die Musik komponierten, dazu tendierten, ihre Farbmusik mit der Sehnsucht nach einer letzten und höchsten Wahrheit in Beziehung zu bringen:

> »Zumeist können diese Komponisten als Visionäre angesehen werden (...). Ihnen ist der Glaube an die Einheit der Künste gemeinsam und oft auch, in einer Art Erweiterung davon, an die Einheit aller Religionen, der Natur und der Gesamtheit der Menschheit.«

Torke gesteht, das größte Kompliment, das ihm überhaupt jemals für seine Kompositionen gezollt wurde, sei ihm von einer jungen Dame gemacht worden, die gesagt habe: »Was ich an Ihrer Musik mag, ist, dass sie einem eine Welt zeigt, in der alles seinen richtigen Platz gefunden hat.« Und ich glaube, indem Torke dies erzählt, umreißt er auch, was jahrhundertelang die Anziehungskraft von Synästhesie ausgemacht hat. Es ist jenes Versprechen, das sie beinhaltet, uns eine Dimension zu eröffnen, in der alles seinen Platz hat, wo jeder unserer Sinne sich in solchem Einklang mit einem anderen befindet, dass er *der andere* zu werden scheint. In der

Zwischenzeit, bevor dieses Versprechen jemals eingelöst oder überhaupt richtig verstanden werden kann, können wir nur weiter Teile des sensorisches Puzzles aneinanderfügen. Wenn sich auch das Geheimnis des Gesamtbildes vielleicht nicht so bald lüften lassen wird, kann es doch – wie Michael Torkes »farbige Räume« – gefeiert werden.

7

Marcia Smilacks synästhetische Kamera-Gemälde

> Aus Mangel an Aufmerksamkeit entgeht uns jeden Tag Schönheit in tausenderlei Gestalten.
>
> Evelyn Underhill

Wenn Marcia Smilack, Synästhetikerin und Fotografin, bestimmte schimmernde Spiegelungen auf der Oberfläche des Ozeans anschaut, dann »sieht« sie gleichzeitig mit ihrem inneren Auge und »hört« mit ihrem inneren Ohr ein farbenprächtiges Crescendo von Klavierakkorden. Andere Reflexionen auf dem Wasser lösen eher taktile Empfindungen aus, das Gefühl etwa, dass ein Vorhang aus Satin oder Seide um ihren Körper drapiert ist. Smilack nennt so einen Moment ihr perzeptorisches »Moksha«; dieser Terminus aus der Religion der Hindus bedeutet ein plötzliches Gelüftetwerden des Schleiers der Illusion, wodurch ein kurzer Blick auf das Wunderbare frei wird. Marcia Smilack fängt die Abbilder des Wunderbaren, die sie in den Spiegelungen auf der Oberfläche des Ozeans sieht, mit dem magischen Auge ihrer Kamera und mit Hilfe ihres inneren Ohrs ein: Die farbenfrohe Musik, die sie in ihrem Inneren hört, signalisiert ihr, wann der richtige Augenblick gekommen ist, um auf den Auslöser zu drücken.

Die Fotografien Smilacks – oder »Kameragemälde«, wie sie sie nennt – zeigen zwar Reflexionen, diese sind aber nicht immer als solche erkennbar. Ihre Kunst verwandelt die Reflexionen in ganz anders aussehende Szenerien, die an Miniaturwelten, an abstrakte Gemälde erinnern. Die Spiegelung eines Rostflecks an der farbig angemalten Bordwand eines Fischerboots, »um 12 Uhr mittags aufgenommen, als die Sonne niederstieß«, wird zu einem abstrakten, wie gemalt wirkenden Abbild des Letzten Abendmahls von Christus, der in der Mitte seiner Jünger an der Passah-Tafel sitzt. Flimmerndes Sonnenlicht auf dem Spiegelbild einer Frau und ihrer beiden Hunde, die an einem Pier stehen, wird zur *Homage to Monet*, denn das Foto mutet wie eine abstrakte Version eines Bildes von Monet an, auf dem er die kleine japanische Brücke dargestellt hat, die sich in seinem Garten über den Seerosenteich spannte. »Die Wahrheit ist«, sagt Smilack, »dass ich überhaupt nicht an Monet dachte; ich habe vielmehr ein Crescendo vernommen, als ich die Spiegelung wahrnahm, die wie ein Regenbogen aus Spitzengewebe aussah.«

Viele ihrer »Kameragemälde« entstehen in dem Fischerdorf Menemsha auf der Insel Martha's Vineyard südöstlich von Massachusetts. Dort lebt und arbeitet die Fotografin, der ich zum ersten Mal begegnete, als wir beide am Pierce Laboratory der Universität Yale über unsere synästhetischen Erfahrungen berichteten. Die Kameragemälde, die sie mir bei dieser Gelegenheit zeigte, faszinierten mich, und ich wollte Marcia in der Umgebung sehen, in der sich ihr die Quelle dieser Werke zum ersten Mal erschloss.

Ich fuhr also nach Martha's Vineyard, und jetzt sitzen wir im Wohnzimmer ihres Cottage in Menemsha und plaudern miteinander; das Haus ist von Bäumen umstanden, zwischen denen die wilden Truthähne eines Nachbarn herumlaufen. Man kann den Garten durch das große Panoramafenster sehen, das nahezu eine ganze Wand des Wohnzimmers ausmacht. Die anderen Wände sind mit ihren »Spiegelungs-Fotos« bedeckt, die auch einen großen Teil dieses und der anderen Räume füllen. Sie haben die verschiedensten Formen und sind von verschiedenster Größe und hängen nicht nur an den Wänden, sondern liegen auch in Stapeln auf den Tischen oder sind gegen die Rücken der Sofas gelehnt. Auf einem großformatigen Abzug ist etwas zu sehen, in dem ich eine karmesinrote und weiße Villa erkenne, die sich wie in einem Traum aus zarten grünen Wölkchen in einen saphirblauen Himmel erhebt. »In Wirklichkeit ist das eine Spiegelung der Station der Küstenwache«, lässt Marcia Smilack mich lächelnd wissen. »Als ich das Spiegelbild davon im Ozean schimmern sah, fühlte ich mich wie in Satin gehüllt – *buchstäblich*. Daher wusste ich, dass es eine gute Aufnahme werden würde.« Smilack sagt, dass sie sich selbst als »Foto-Verzerrungs-Künstlerin« zu bezeichnen pflegte, »denn was mich an meinen Spiegelungsbildern wirklich interessiert, ist, an welchem Punkt das verzerrte Abbild aufhört, das wirkliche Ding zu sein«.

Es überrascht nicht, dass die Beschäftigung mit Spiegelungen und den Varianten der Realität, die diese bieten, eine Künstlerin reizt, deren lebhafte synästhetische Empfindungen Varianten ihrer perzeptorischen Realität entstehen lassen können. Marcia Smilack empfindet ihre komplexen synästhetischen Reaktionen nicht nur als recht angenehm, sie sind für sie auch nützliche kreative Mittel. Dank der Zuverlässigkeit ihrer synästhetischen Signale bedarf es nur eines

Niederdrückens des Auslösers und keiner besonderen technischen Kniffe, damit verblüffende fotografische Effekte entstehen. »Ich lasse meinen Film immer im Drugstore hier am Ort entwickeln,« sagt sie, als ich frage, wo ihre Dunkelkammer ist. Sie ist oft genauso überrascht über die faszinierenden Kunstwerke, die ihre Kamera einfängt, wie die Betrachter der Fotos. »Ich weiß nicht immer, *wieso* es klappt«, erzählt sie, wobei sie die plötzliche synästhetische Wahrnehmung meint, die sie dazu bewegt, auf den Auslöser zu drücken. »Ich weiß nur, *dass* es funktioniert. Ich habe irgendwann begriffen, dass jeden Tag wundervolle Kunstwerke auf dem Wasser vorübertreiben und niemand sie bemerkt«, fährt sie fort. »Ich konnte sie nicht einfach so an mir vorbeidriften lassen.«

Entschlossen, diese ephemeren Kunstwerke, die wie ein Schwarm glitzernder Goldfische vorüberglitten, »ins Netz zu bekommen«, fing sie an, sich hauptberuflich damit zu beschäftigen, Spiegelungen auf den Gewässern rund um Menemsha zu fotografieren. Nach und nach widmete sie ihrem Hauptberuf – Artikel für Zeitschriften zu verfassen und Kurse über Journalismus zu geben – immer weniger Zeit und ging dafür immer öfter ihrer Freizeitbeschäftigung nach: Sie fing die Bewegung des Lichts auf dem Ozean bei Menemsha ein. Auf einem ihrer Fotos, das sie *Mountains of Menemsha* genannt hat, sind übereinander geschichtete Berge zu sehen, die auf wunderbare Weise aus einem blauen Himmel aufsteigen. Sie erzählt mir, dass das Sujet in Wirklichkeit gar keine Berge waren, sondern Spiegelungen des aus Felsbrocken aufgeschütteten Damms an der Anlegestelle von Menemsha. »Als ich die Reflexion dieser Steinbrocken auf dem Wasser sah, hörte ich bunte Dudelsack-Musik. Musik von

Dudelsäcken mit ihrem vielschichtigen, vielfarbigen Klang. Und ich hab auf den Auslöser gedrückt.«

Wir gehen zum Pier des Dorfes, wo sie sofort nach Spiegelungen zu »fischen« beginnt. Sie eilt aufgeregt über den Plankensteg, weist mich auf Reflexionen hin und erklärt mir, was für ein Potenzial sie besitzen, das heißt, ob sie sich zum Fotografieren eignen. »Viele Fotografen sind verblüfft über die fotografischen Effekte, die ich erziele«, sagt sie. »Sie sehen mich hier zur ›falschen‹ Tageszeit mit meiner Kamera herumlaufen und sagen: ›Oh, Sie kommen zu spät, Sie haben das beste Licht verpasst. Sie vergeuden nur Ihren Film, kommen Sie doch morgen wieder.‹ Ich lächle dann nur und knipse weiter.« Sie fügt noch hinzu: »Was für andere Leute der Beachtung nicht wert ist, dem schenke ich meine Aufmerksamkeit.«

Die Worte der Fotografin erinnern mich an das, was Peter Grossenbacher vom National Health Institute über die Beziehung zwischen Synästhesie und Aufmerksamkeit geschrieben hat. In seinem Artikel mit dem Titel »Perception and Sensory Information in Synaesthetic Experience« stellt Grossenbacher die Frage, ob die Intensität der synästhetischen Reaktion von dem Aufmerksamkeitsgrad beeinflusst wird, den die jeweilige Person ihr entgegenbringt. Kann eine synästhetische »Miterscheinung« – wie die bunte Musik, die Marcia Smilack in Spiegelungen auf dem Wasser hört/sieht, oder die Farben, die Michael Torke in den verschiedenen Tonarten sieht/hört, oder die leuchtend bunten Buchstaben, die Nabokov in Wörtern erblickte – verstärkt werden, indem man dem Stimulus, der sie hervorruft, entweder *größere* Aufmerksamkeit oder aber eine *bestimmte Art* von Aufmerksamkeit entgegenbringt? Grossenbacher fragt: »Hängt die synästhetische Empfindung davon ab, in welchem Grad oder in welcher Weise dem Auslöser Aufmerksamkeit geschenkt wird? (...) Eine Versuchsreihe könnte Aufschluss darüber geben, ob Beachtung des Auslösers tatsächlich die synästhetische Empfindung verstärkt (oder abschwächt).«

In den zahlreichen Interviews, die Grossenbacher mit Synästhetikern geführt hat, haben viele von diesen angegeben, dass sich der synästhetische Effekt tatsächlich verstärkt, wenn sie dem, was ihn verursacht, größere Aufmerksamkeit entgegenbringen. Grossenbacher zitiert einen der Befragten, der gesagt hat: »Konzentration intensiviert für gewöhnlich die Empfindungen, während Unaufmerksamkeit sie eindämmt.« Grossenbacher meint, dass weitere Forschungen notwendig sind, um herauszufinden, welche Rolle Aufmerksamkeit bei synästhetischen Empfindungen spielt. Da er den Verdacht hegt, dass nicht etwa eine andersgeartete Zellstruktur des Gehirns von Synästhetikern für die miteinander verschmolzenen Sinneswahrnehmungen verantwortlich ist, sondern vielmehr ein anomales Muster neuraler Aktivität, versucht Grossenbacher herauszufinden, ob Synästhetiker von vergleichbaren neuralen Strukturen auf eine andere Weise Gebrauch machen. Er stellt die These auf, dass bestimmte Areale normalen neuralen Zellgewebes, die in allen menschlichen Gehirnen vorhanden sind, in denen von Synästhetikern hyperempfindlich sind. Während ein bestimmter Klang – wie Musik zum Beispiel – zuerst die Hörfelder des Cortex stimuliert, setzt er des Weiteren einen Nervenstrom in Gang, der auf seinem Weg auch untergeordnete Sehfelder berührt. Während bei den meisten Menschen der Stimulus wohl zu schwach ist, um dort eine voll entwickelte Empfindung auszulösen, könnte sie bei Synästhetikern, deren untergeordnete Sehfelder möglicherweise hyperempfindlich für solche Stimuli sind, eine derartige Empfindung hervorrufen.

Aufmerksamkeit ist möglicherweise *eine* Komponente jener Bewusstheit, mit der Synästhethiker das komplexe synästhetische Ergebnis solcher Aktivität wahrnehmen. Wenn wir Grossenbachers Vermutung, dass Nervenströme Reaktionen in bestimmten Gehirnbereichen auslösen könnten, die bei Synästhetikern hyperempfindlich sind, auf andere Formen von Synästhesie übertragen, dann könnte dies sogar so starke synästhetische Reaktionen erklären wie die, die Marcia Smilack schildert. Nervenströme, die durch die visuelle Aufnahme von Licht einer bestimmten Art in Gang gesetzt werden, könnten hyperempfindliche Felder des visuellen und auditiven Cortex erreichen und so die zauberhafte Mischung von Sinneseindrücken bewirken, von denen die Künstlerin erzählt. Außerdem könnte die Tatsache, dass Smilack schlagartig ihre ganze Aufmerksamkeit auf den Auslöser der synästhetischen Empfindungen – in ihrem Fall Spiegelungen auf der Oberfläche des Meeres – konzentriert, die Lebhaftigkeit der schon auf Hyperempfindlichkeit beruhenden und daher entsprechend starken Reaktion weiter steigern und jene Effekte hervorrufen, die sie schildert.

Marcia Smilacks Arbeiten sind so orginell und professionell, dass man kaum zu glauben vermag, dass sie erst so spät in ihrem Leben zur Fotografie kam. »Die meiste Zeit meines Lebens habe ich als Journalistin gearbeitet«, sagt die altgediente Zeitungsschreiberin, die für mehrere Bostoner Blätter Artikel verfasst und an der Brown University, wo sie auch als Gastprofessorin für Journalismus tätig war, einen Doktortitel in Literaturwissenschaft erworben hat: »Dann habe ich angefangen, an einem Buch über die Erfahrungen von medizinischem Personal im Vietnamkrieg zu arbeiten. In vielen der Interviews, die ich mit Krankenschwestern und Ärzten geführt habe, erzählten meine Gesprächspartner von so grauenhaften Erlebnissen, dass ich von einem gewissen Punkt an mit dem Projekt nicht mehr weitermachen konnte. Ich hatte meine Grenze erreicht und wollte sogar überhaupt nicht mehr schreiben, über gar nichts mehr. Ich kam daher zu dem Schluss, dass ich ein anderes, nichtsprachliches Ausdrucksmittel für mich finden müsste. Ich begann, mit meiner Kamera ans Ufer des Ozeans zu gehen, und versuchte dort, die auf den Wellen schwimmende Welt aus Licht einzufangen.« Ihre Synästhesie wurde Teil dieses kreativen Prozesses und, wie sie sagt: »Sie schien sogar noch ausgeprägter zu werden, je mehr ich mich auf sie konzentrierte, wenn ich meine Fotos von Spiegelungen machte.«

Ein anderes bemerkenswertes Beispiel für die Beziehung zwischen synästhetischer Reaktion und Aufmerksamkeitsgrad liefert das Werk von Ruth Armer, einer Künstlerin aus Kalifornien. Viele Jahre lang hat sie äußerst realistische Bilder von Tieren und Vögeln in ihren natürlichen Lebensräumen gemalt. Dann wurde sie krank, war ans Bett gefesselt und frustriert darüber, dass sie das Haus nicht mehr verlassen konnte, um nach der Natur zu malen. Während sie im Bett lag, verbrachte sie viele Stunden damit, klassische Musik zu hören, und merkte, dass diese sich ihr vor ihrem inneren Auge in Form farbenprächtiger Bilder darbot. Das Ergebnis war eine Serie von »Musikbildern«, Gemälden der Werke Wagners, Mozarts und Schönbergs. Ruth Armer erzählte die interessante Geschichte von einem Musiker – kein Synästhetiker –, der ihre Bilder betrachtete und in der Lage war, den Komponisten der Werke zu benennen, der auf jedem von ihnen dargestellt war! Armer hatte das Gefühl, dass die farbigen Bilder, die die Musik in ihr entstehen ließ, immer dagewesen waren, sie ihnen aber keine Beachtung geschenkt hatte. Vor ihrer Krankheit hatte sie ihre Augen auf die äußere Welt gerichtet, die sie aufmerksam beobachtet und sorgfältig »abgemalt« hatte. Jetzt aber, da sie eine ganz gleich geartete Aufmerksamkeit auf jene inneren, von Musik evozierten Bilder richtete, sah sie diese zum ersten Mal ganz klar und lebendig vor sich und fing an, sie auf die Leinwand zu übertragen.

Mark Safan, ein Künstler und Musiker, für den Musik Farben heraufbeschwört und die Farben von Gemälden Musik erklingen lassen, erzählt eine ganz ähnliche Geschichte davon, wie er sich ganz plötzlich der Kompliziertheit seiner inneren Bilder viel stärker bewusst wurde. Er verfolgt das in die Zeit zurück, als er in der Highschool im Klassenzimmer saß, aufmerksam die Uhr an der Wand beobachtete und ungeduldig darauf wartete, dass die Zeiger 15:20 Uhr anzeigten, den Zeitpunkt, an dem man in die Freiheit entlassen wurde. Er wurde sich bewusst, dass die »leuchtend gelborangen und flammend blauen Farbtöne« von 15:20 Uhr dieselben waren, die die Blume aufweist, die man »Paradiesvogel« nennt, und auch von daher mit den Befreiungsgefühlen, die er zu genau dieser Uhrzeit empfand, korrespondierten. Während dieser Periode seines Lebens begann er damit, Bilder zu malen und Musik zu komponieren, und wurde sich der Musik der ersteren und der Farbigkeit letzterer bewusst: Wenn er bestimmte Töne von tiefem Rot mit gelben Glanzlichtern darin auf den Gemälden von Marc Rothko erblickte, vernahm er den Klang von Cellos, die Musik auf der

Beatles-LP *Sergeant Pepper* war »mit Farbbtexturen angereichert«, während Strawinskys *Le sacre du printemps* voll »bunter abstrakter Formen« war. Safan sagt, dass er häufig »innere Melodien hört«, während er malt.

Die Erfahrung des zeitgenössischen amerikanischen Komponisten Jay Alan Yim verweist ebenfalls darauf, dass Aufmerksamkeit eine Rolle bei Synästhesie spielt. Yim, der viele Auszeichnungen entgegengenommen hat und Komponist des gefeierten Stücks *Rough Magic* ist, das vom Chicago Symphony Orchestra aufgeführt wurde, wurde während einer seiner häufigen Fahrten durch die Sandia Mountains in New Mexico auf eine synästhetische Reaktion aufmerksam. Wie es in dem Programmheft zu der Aufführung von *Rough Magic* heißt, fiel ihm, als er durch die Berge fuhr und beobachtete, welche Auswirkung das sich verändernde Licht auf deren Farben hatte, auf, dass er in seinem Inneren

> »eine dichte Aneinanderreihung von wuchtigen Akkorden hörte, die wie Klang-Monolithen waren, wobei einer immer langsam auf den anderen folgte. Es war eine sehr intensive Erfahrung und sie wiederholte sich bei einer Reihe von Gelegenheiten. Nach einer gewissen Zeit fühlte ich mich gedrängt, ihr musikalisch Ausdruck zu verleihen, und ich kam zu dem Schluss, dass ein Symphonieorchester wahrscheinlich das geeignetste Medium dafür war.«

Bei dem weltbekannten Maler David Hockney kommt es zu synästhetischen Empfindungen, wenn er Musik hört, während er malt. In seinem *The Union of the Senses* zitiert der

Neurologe Richard Cytowic, der Hockney interviewte, einen Ausspruch des Malers über seine synästhetischen Erfahrungen: »Wissen Sie«, sagte Hockney, »ich habe nie gedacht, dass etwas Ungewöhnliches daran sei.« Indem er eigens für diesen Zweck bespielte Tonbänder, farbige Chips und geometrische Figuren einsetzte, ließ Cytowic Hockney Farben und Formen mit den musikalischen Klängen, die er hörte, verknüpfen. Der Maler tat dies mit größter Genauigkeit; er gab sich große Mühe, die genauen Schattierungen der Farben, die er in Reaktion auf bestimmte musikalische Klänge sah, zu finden. Cytowic meint, dass die Beharrlichkeit, mit der Synästhetiker sich bemühen, den genauen Farbton zu treffen, wenn sie einen bestimmten Klang mit einer Farbe in Zusammenhang bringen sollen, kennzeichnend für sie ist.

Hockney wurde sich der Komplexität seiner synästhetischen Reaktionen stärker bewusst, als er damit begann, Bühnenbilder für die New Yorker Metropolitan Opera zu malen. Als er an den Bühnenbildern arbeitete und sich dabei die Musik der betreffenden Oper anhörte, wurde er der komplexen Vielfalt der Farbschattierungen gewahr, die sich alle zu dieser Musik »zusammensetzten«. Über die Oper *Rossignol* sagt Hockney, zuerst falle einem an ihr auf, dass »alles blau ist«. Doch als er der Musik immer wieder lauschte, während er malte, merkte er, dass sie, wie er sagte, »unendlich viele Schattierungen von Blau« aufweise und auch »transparent« sei. Die verschiedenen Blaufärbungen nahmen eine räumliche Qualität an. Da er die Blautöne dreidimensional sichtbar machen wollte, verwendete Hockney blaue chinesische Porzellanteller aus dem siebzehnten Jahrhundert als Motiv für seine Bühnenausstattung. In seinem Interview mit Cytowic sagte der Maler: »Ich habe festgestellt, dass sich die visuellen Äquivalente zur Musik ohne mein Dazutun offenbaren. Bei Ravel scheinen mir bestimmte Passagen ganz in Blau und Grün zu sein, und bestimmte Formen steigen mehr oder weniger von selbst vor mir auf.«

Über die Musik von Strawinskys *Oedipus Rex* sagt Hockney: »Da waren Linien und spitze Dinge, die einem Kreuzschraffuren suggerierten. (...) Die Musik ist so beschaffen – sie ist horizontal und vertikal, sehr geometrisch. (...) In all den Opern, die ich ausgestattet habe, gibt mir die Musik die Ausstattung vor – die Farben und die Formen.« Cytowic berichtet, das die intensiveren synästhetischen Erfahrungen Hockneys den Künstler dazu gebracht hätten, »die Natur des Raumes« weiter zu erkunden; seine dreidimensionale Dekoration für *Tristan und Isolde* und seine Fotokollagen seien Beispiele dafür.

Ein großer Teil unseres schöpferischen Prozesses läuft unterhalb der Schwelle unseres Bewusstseins ab. Manchmal jedoch, wenn wir uns besonders intensiv auf eine Sache konzentrieren, können verblüffende neue Eindrücke von ihr in das Bewusstsein aufsteigen, auch wenn es sich um etwas handelt, das wir schon viele Male zuvor gesehen haben.

Marcia Smilacks gesteigerte Fähigkeit, flüchtige, im Meer gespiegelte Bilder zu erfassen, könnte beinahe eine Metapher für die in uns allen schlummernde Fähigkeit sein, sich aufmerksamer – und auf andere Weise – jenen vagen »Verspürungen« zu widmen, die am Rand unseres Bewusstseins schweben.

Vielleicht ist es der Reichtum an vermischten Sinnesempfindungen, der es Synästhetikern so leicht macht, sich intensiv ihren inneren Welten zu widmen, lange Stunden in Tagträume versunken dazusitzen oder über etwas nachzusinnen.

Ich habe oft das Gefühl gehabt, dass es Smilack und anderen Synästhetikern, die ich kennen gelernt habe, möglich war, wochen- oder gar monatelang ganz zufrieden in ihren eigenen Räumen zu bleiben – in ihren Ateliers, Werkstätten oder Studierzimmern – und sich voller Enthusiasmus ihren schöpferischen Tätigkeiten zu widmen. Ich denke an Marcias kleines Haus in den Wäldern von Menemsha, das mit ihren Fotos und den Resultaten anderer kreativer Experimente voll gestopft ist, an Carol Steens Atelier mit ihren vielen Bildern und Skulpturen, denen synästhetische Empfindungen – von dem Gefühl, das Akupunkturnadeln verursachen, bis zum Klang von Wolfsgeheul – zugrunde liegen, an Professor Geoffrey Chester von der Cornell University, der seine farbigen Gleichungen aufstellt, an Michael Torke, der so viele Stunden damit verbrachte, die Partitur von *Ecstatic Orange* in den vielen Schattierungen dieser Farbe auszuarbeiten. Alle diese schöpferischen Menschen haben ihren inneren Welten und den besonderen synästhetischen Formen, die ihre Wahrnehmungen annehmen, große Aufmerksamkeit geschenkt und treten in immer engere Verbindung zu ihnen.

Könnte das alles aber nicht auch eine Schattenseite haben? Könnte die innere Welt nicht vielleicht so faszinierend werden, dass sie mit der äußeren um ihren Anteil an Aufmerksamkeit wetteifert? Smilack gibt zu, dass das so ist. Sie würde zwar nie ihre Synästhesie einbüßen wollen, doch sie gesteht: »Manchmal fällt es mir schwer, das Haus zu verlassen. Ich habe immer so viele Ideen zu schöpferischen Projekten, die meine Aufmerksamkeit in Anspruch nehmen. Doch manchmal fürchte ich, dass ich wie *der da* werde – ganz in meinem eigenen Geist eingeschlossen«, und sie zeigt dabei auf eine Ausgabe von *The Mind of a Mnemonist*, des Buches über Shereshevsky, den russischen Synästhetiker, dessen Kopf so mit Bildern vollgestopft war, dass es ihm schwer fiel, sein Bewusstsein von ihnen zu befreien. »So wie es jetzt ist, können Wochen vergehen, ohne dass ich die Zeitung lese. Stellen Sie sich das mal vor – dabei war ich doch Journalistin.«

Natürlich bezeugt gerade die Tatsache, dass sie so viele Jahre lang als Journalistin gearbeitet hat, ihre beachtliche Fähigkeit, sich auch auf das äußere Leben zu konzentrieren. Dasselbe könnte man von so gut wie allen Synästhetikern sagen, von denen in diesem Buch die Rede ist. Das aktive Leben, das sie führen, und ihre oft fruchtbaren beruflichen Karrieren zeigen ihre Fähigkeit an, vom Reichtum ihrer inneren Welt zu profitieren, um etwas zu der »äußeren« Welt beizutragen, die sie mit anderen teilen. Ich frage mich jedoch: Besitzen Synästhetiker generell die Fähigkeit, sich in einen – nennen wir es in Ermangelung eines besseren Ausdrucks – »schöpferischen Tagtraum« zu versenken? Haben sie eine Vorliebe für Tätigkeiten, die lange in Einsamkeit verbrachte Zeitspannen erfordern, in denen sie sich ganz auf ihre Gedanken und inneren Visionen konzentrieren können? Liefern die verschmolzenen Sinnesempfindungen in ihrem Inneren einen genügend starken Stimulus, um sie – in für sie selbst völlig zufrieden stellender Weise – geistig zu beschäftigen? Den Synästhetikern, denen ich persönlich begegnete, und auch meiner eigenen Erfahrung nach zu urteilen, würde ich meinen, dass Langeweile kein Gefühl ist, das Synästhetiker häufig verspüren, jedenfalls so lange nicht, wie wir uns in unsere eigenen inneren Räume hinabsinken lassen können. Natürlich besitzen auch viele andere schöpferische Menschen, die *keine* Synästhetiker sind, dieses Vermögen. Mein Vater berichtete nie von irgendwelchen synästhetischen Empfindungen, er vermochte jedoch lange Stunden in seiner Werkstatt zu verbringen und über eine Idee nachzudenken, über seiner jüngsten Erfindung zu brüten oder sich eine neue auszudenken. Der menschliche Geist existiert in einer Vielzahl von unterschiedlichen Typen, und der synästhetische ist nur einer davon. Wir könnten jedoch einmal Überlegungen darüber anstellen, welchen Effekt Synästhesie auf den allgemeinen Bewusstseinszustand hat oder ob ihre Präsenz auf eine besondere Art von Bewusstheit hinweisen könnte. Könnte die Fähigkeit, leichter in Tagträumereien oder in andere veränderte Bewusstseinszustände hinüberzugleiten, ein Merkmal von Synästhesie sein? Bezüglich dieser Frage schreibt Cytowic, dass Synästhetiker, insgesamt gesehen, »anfälliger für ungewöhnliche Erfahrungen zu sein scheinen«; man stößt bei ihnen oft genug auf »Déjà-vu-Erlebnisse, hellseherische Vorahnungen, vorwegnehmende Träume und eine Empfänglichkeit für übernatürliche Phänomene.«

Dmitri Nabokov berichtet von einigen wirklich außergewöhnlichen mentalen Erscheinungen, zu denen es im Rahmen seiner synästhetischen Empfindungen kommt. Eine davon bezeichnet er als »Farben auf meinem Halo«. Er nimmt bestimmte Farben wahr, die heiligenscheinähnlich über seinem Haupt schweben, wenn er das Gefühl hat, dass seine Gedanken »dem Göttlichen« gefallen. In meinem Interview mit ihm sagte er: »Ich hänge keinem religiösen Bekenntnis an, doch wenn hin und wieder etwas von dem, was in meinem Bewusstsein oder Unterbewusstsein ist, einer höheren Autorität zusagt, dann pflegt dieses Gefühl [Zustimmung zu finden] ein oder zwei kräftige Farbtöne anzunehmen.«

Obwohl Cytowic konstitutionelle Synästhesie nicht als etwas Krankhaftes ansieht, glaubt er, dass Synästhetiker bestimmte Charakteristika mit Menschen gemein haben, die an temporal-lobärer Epilepsie leiden. Der große russische Romancier Dostojewski, der an dieser Form der Epilepsie litt, gab an, während seiner Anfälle farbige Klänge wahrzunehmen und Gefühle von Transzendenz zu empfinden. Wenn die Schläfenlappen sich in einem Zustand erhöhter Aktivität befinden, kann es zu ungewöhnlichen mentalen Erscheinungen kommen. Untersuchungen haben gezeigt, dass alle Menschen Erfahrungen haben können, die sich als halluzinatorisch oder synästhetisch definieren lassen, wenn diese Teile ihres Gehirns stimuliert werden. In den Fünfzigerjahren hat der kanadische Wissenschaftler Wilder Penfield nachgewiesen, dass eine Reizung der Schläfenlappen bei Versuchspersonen gespeicherte Erinnerungen in einem solch starken Grad wieder wachzurufen vermochte, dass die betreffenden Personen tatsächlich das Gefühl hatten, die betreffenden Augenblicke noch einmal zu durchleben. Die Versuchspersonen gaben wiederholt an, Menschen und Dinge, die in den wieder erlebten Szenen vorkamen, und solche, die tatsächlich in der Gegenwart präsent waren, gleichzeitig vor sich zu sehen. Das erinnert an Synästhetiker, die Sprache farbig wahrnehmen und die angeben, auf einer Buchseite die Farben, die die Wörter auf Grund ihrer Synästhesie für sie haben, *und* die Farbe, in der sie gedruckt sind, gleichzeitig zu sehen. Wie Cytowic in *Farben hören, Töne schmecken* schreibt: »Wie Synästhetiker konnten Patienten, bei denen ein Schläfenlappen stimuliert wurde, ›beide Welten‹ zugleich erkennen.« Eine synästhetische Wahrnehmung könnte also auf eine stärkere Aktivierung des Temporallobus hinweisen.

Gibt es außer einer potenziell größeren Neigung, in kreative Träumereien zu verfallen, noch andere mentale Eigentümlichkeiten, die Kennzeichen von Synästhesie sein könnten? Simon Baron-Cohen und John Harrison entdeckten eine weitere konstant auftretende Eigentümlichkeit des Bewusstseins von Synästhetikern: ihr Träumen in Farbe. Die beiden Forscher befragten Versuchspersonen, Synästhetiker wie Nicht-Synästhetiker, danach, ob sie farbige Träume hätten; die meisten der Nicht-Synästhetiker gaben an, nur hin und wieder oder niemals in Farbe zu träumen, oder auch, dass sie sich nach dem Erwachen gar nicht darin erinnern könnten, ob sie geträumt hätten. Dagegen gaben *alle* der befragten Synästhetiker an, *immer nur* in Farbe zu träumen.

Interessanterweise schreibt Oliver Sacks in seinem Buch *Eine Anthropologin auf dem Mars* über Jonathan I., einen Maler, der infolge eines Unfalls nicht nur seine Fähigkeit, in Farbe zu träumen, einbüßte, sondern auch die, Musik farbig zu hören (synästhetische Wahrnehmungen dieser Art hatte er vorher gekannt); überdies vermochte er auch die Farben der äußeren Welt nicht mehr wahrzunehmen (er sah nur noch Grauschattierungen). Diese Erfahrung von Jonathan I. liefert vielleicht weitere Hinweise auf eine neurale Verbindung zwischen »Farbträumen« und verschiedenen Formen von Farbsynästhesie.

Synästhetikern fällt es schwer, sich vorzustellen, dass man *nicht* in Farbe träumen kann. Eine Synästhetikerin berichtete mir von dem Tag, als ihre Grundschullehrerin der Klasse erzählte, dass die meisten Leute in Schwarzweiß träumen. Ganz erregt und verwirrt rannte sie nach der Schule nach Hause, wo sie unbedingt von ihrer Mutter hören wollte, dass das bei keinem in der Familie so sei. Es war ein ziemlich böses Erwachen für sie, als sie erfuhr, dass ihre Mutter zu den Schwarzweiß-Träumern gehörte! Ich selbst kann mich nicht daran erinnern, jemals in Schwarzweiß geträumt zu haben, und es fällt mir auch nicht leicht, mir ein solches Träumen vorzustellen. Die Vorstellung, dass Dinge in Träumen ihre Farbe *verlieren*, kommt mir sehr absonderlich vor, da sie in meinen Träumen generell die Farbe haben, die sie auch haben, wenn ich sie im Wachzustand sehe. In einigen meiner Träume können gewisse Farben jedoch eine Art von Steigerung erfahren – wie in jenem Traum von meinem Vater und dem leuchtend goldenen Weizenfeld, über den ich in Kapitel drei berichtet habe. Ich entsinne mich eines anderen Traums von besonderer Farbintensität: In ihm verschmolz das türkisfarbene Meer um die Bermudas mit dem ebenso türkisfarbenen Himmel, bis die beiden Sphären sich zu einer riesigen »Himmelmeer«-Fläche ohne erkennbare Grenze zwischen ihnen vereinigten. Das Türkis des Himmelmeers war weitaus intensiver als jede Schattierung dieser Farbe, die ich jemals in der Realität gesehen hatte. Bei seltenen Gelegenheiten habe ich in meinen Träumen auch synästhetische Empfindungen gehabt, die mir im Wachzustand unbekannt sind. Einmal habe ich einen windgepeitschten Wald gesehen, dessen Bäume Musik »wehten«. In jenem Traum gab es keine Trennung zwischen der Bewegung der Bäume und dem Klang der Musik. Es war ein »sensorisch nicht unterteiltes« Erlebnis. Ähnlich wie Marcia Smilack Satin fühlt, wenn sie bestimmte Spiegelungen im Meer anschaut, vernahm ich die Musik der Bewegung mit, als ich im Traum die windgeschüttelten Bäume anschaute.

Smilack, die ausschließlich in Farbe träumt, erinnert sich an einen Traum, in dem die Farben der Musik sich von denen unterschieden, die bestimmte musikalische Klänge auf Grund ihrer Synästhesie für sie haben, wenn sie wach ist:

> »Ich hatte einen wundervollen Traum, in dem ich auf einem Cembalo spielte (im wirklichen Leben habe ich das nie getan). Über dieses spezielle Cembalo zog sich eine Reihe sich überschneidener farbiger Quadrate hinweg. (...) Dass sie auf den Saiten lagen, behinderte mein Spiel nicht im Geringsten; im Gegenteil, ich vermochte die ›Farben‹ so gut zu spielen, dass ich am Schluss feststellte, dass ich ein lang anhaltendes Vibrato perfekt aus dem Instrument herauszuholen vermochte. Es war recht aufregend. Das Einzige, über das ich nach dem Aufwachen überrascht war, waren die Farben selbst: Es waren mehr oder weniger Primärfarben gewesen und recht dunkel im Ton, während die von Saiteninstrumenten hervorgebrachten Klänge mich sonst immer Pastelltöne sehen lassen. In dem Traum waren die Farben unter anderem Rot, Burgunder, Rostbraun und Marineblau gewesen. Ich weiß nicht, was das bedeutet, aber ich nehme an, dass die Farben dunkler werden, wenn der Klang barock wird.«

Marcia Smilack erzählt auch, dass einige der bunten Bilder, die sie in ihren Träumen sieht, später in ihren Fotos wiederkehren. Dies war der Fall bei ihrem Foto von einer »grünen Wolke«, das den Titel *Slime for Clouds* (Schleim als Wolken) trägt. In einem ihrer Träume beobachtete sie den Himmel über Menemsha bei Sonnenuntergang und sah zwei »grasgrüne« Wolken vorüberziehen, die denen, die später auf ihrem Kameragemälde zu sehen waren, sehr ähnelten.

Synästhetiker berichten häufig, dass sie sich an ihre Träume erinnern und sich diese im realen Leben zunutze machen. Könnte es sein, dass die generell gesteigerte Aktivität in ihren Schläfenlappen – die auch für das Träumen eine maßgebliche Rolle spielen –, bewirkt, dass sie ihren Träumen größere Aufmerksamkeit schenken und sich daher besser erinnern und ihre Inhalte nützlich finden?

Wenn wir träumen, erfahren wir ein merkwürdiges Nebeneinander von Elementen, die trotzdem auf irgendeine vernünftige Art und Weise miteinander verbunden zu sein scheinen und einen Sinn für uns ergeben. Erst wenn wir aufgewacht sind, scheint uns die Verknüpfung der Traumereignisse überhaupt nicht plausibel zu sein (obwohl sie es für einen Teil unseres Unterbewusstseins ganz eindeutig waren). Könnte es sein, dass die synästhetische Verbindung von Farben und Formen mit Musik oder Sprache für denjenigen, der sie in sich erfährt, auf dieselbe Art und Weise einen Sinn ergibt wie die Verknüpfung von Traumelementen für den Träumenden? Und könnte eine bestimmte Art oder »Qualität« von Aufmerksamkeit bewirken, dass Synästhetiker stärker auf die Welt der Träume und anderer Visionen konzentriert sind?

Interessanterweise äußerte sich der französische Philosoph Merleau-Ponty in seinem Buch *Phänomenologie der Wahrnehmung* bewundernd über die sensorische Integration, auf die Synästhesie hindeutet. Er war überzeugt, dass unser zerstückeltes Erfassen unserer sozialen Realität zu einer verminderten Kapazität unserer Sinne führte. Merleau-Ponty erklärte: »Synästhesie ist die Regel. (…) Wir verlernen es zu sehen, zu hören und, allgemein gesprochen, zu fühlen.« Ob nun synästhetisches Wahrnehmen wirklich »die Regel«

ist oder nicht, wir würden wahrscheinlich bejahen, dass wir mit größerer Aufmerksamkeit auch größere perzeptorische Integration und Vielfalt erleben würden, als wir es gemeinhin tun.

Eine Neu-Orientierung unserer Aufmerksamkeit hätte eine Wieder-Orientierung auf die Welt zur Folge. In seinem Bestseller *Flow.* Das Geheimnis des Glücks, in dem der Bewusstseinszustand glückseligen Integriertseins erforscht wird, der durch völliges Vertieftsein in eine sinnvolle Aufgabe entsteht, schreibt der Psychologe Mihaly Csikszentmihalyi: »Die Form und der Inhalt des Lebens hängen davon ab, auf welche Weise Aufmerksamkeit aufgebracht worden ist. Ganz andersgeartete Realitäten werden zum Vorschein kommen, je nachdem wie sie eingesetzt wird.« Vielleicht ist das der Grund dafür, dass der amerikanische Schriftsteller William Carlos Williams immer einen Block mit sich herumtrug, auf dessen Deckblatt er geschrieben hatte: »Dinge, welche mir bis heute entgangen waren und die ich heute bemerkt habe«. Sich solche Notizen zu machen war für Williams eine Methode, seine Aufmerksamkeit zu kultivieren, zu vergrößern und neu auszurichten, und zwar auf die Außenwelt wie auf die Innenwelt, was sicherlich eine Vorbedingung für das Schreiben von Gedichten ist.

Unterschiedliche Kulturen haben erkannt, wie wichtig es ist, die Kunst des Aufmerksamseins zu entwickeln, um den Grundstock unserer Erfahrungen zu erweitern. Deswegen haben sie eine Vielfalt von Ritualen und Übungen ausgebildet, vom Medititieren, Betreiben bestimmter Kampfsportarten und zeremonieller Teezubereitung bei den Japanern bis hin zum Betrachten eines Gartens bei den Chinesen und das Durchwandern eines Labyrinths bei den Europäern. Das sind alles Systeme, die dazu entwickelt wurden, um unsere Aufmerksamkeit auf etwas zu fokussieren und neu auszurichten, sodass wir Aspekte der Realität wahrzunehmen vermögen, die uns vorher möglicherweise entgangen sind. Jeder von uns – Synästhetiker wie Nicht-Synästhetiker – fertigt sich seinen eigenen Plan von der Realität an, hat eine eigene Methode, Wissen zu kodieren, die sich von der jedes anderen Menschen auf der Welt unterscheidet. Doch einiges von dem, was wir kodieren, bleibt unserem Blick verborgen, es schwebt irgendwo schattenhaft am Rand unseres Bewusstseins. Wenn wir die normalerweise »lauteren« Partien unseres Geistes dämpfen und unsere Aufmerksamkeit auf seine dunkleren, ruhigeren Regionen lenken, vernehmen wir vielleicht den für gewöhnlich nicht gehörten »Gesang« unseres persönlichen und uns ganz und gar eigenen Kodes, einen Gesang, der die Berührung durch unsere Aufmerksamkeit braucht, damit seine Lautstärke zunimmt. Vielleicht hatte Rumi, der islamische Sufi-Dichter des dreizehnten Jahrhunderts, eine solche Art des Beachtens im Sinn, als er schrieb:

> Im Namen dieses Ortes,
> Den wir atmend trinken, bleibt still wie eine Blume,
> Dass die Nachtvögel ihren Gesang beginnen.

8

Persönliches Kodieren

> Um das Unvertraute zu lehren, stelle es dem Vertrauten an die Seite.
>
> Chinesische Spruchweisheit

Als ich im Dezember 1986 zum ersten Mal das Bahnhofsgebäude von Shanghai betrat, hatte ich das Gefühl, auf einem anderen Planeten gelandet zu sein, so viele fremde Eindrücke drangen auf mich ein. Scharen von Männern in Mao-Anzügen, Bäuerinnen, die Säcke und Körbe voll mit Gemüse- und Obstsorten und anderen Dingen tragen, die ich nicht kannte, und riesige Schilder rings um mich herum, auf denen etwas in nicht zu entziffernden Schriftzeichen stand. Mich überkam das erdrückende Gefühl, niemals herausbekommen zu können, wo ich eigentlich war, und schon gar nicht den Zug zu finden, den ich besteigen musste. Wäre ich nicht in Begleitung von Josh, meinem Mann, gewesen, der fließend Chinesisch spricht, hätte ich möglicherweise Tage auf dem Bahnhof festgehangen und wäre hilflos und ohne Hoffnung durch ein verwirrendes Wunderland von unlesbaren Schildern und nicht zu deutenden Symbolen gewandert.

Ungefähr zehn Monate nach jener ersten Reise und jenem ersten Blick in etwas, das eine geistig für mich nicht zu durchdringende Welt zu sein schien, bot sich Josh und mir die Gelegenheit, nach China zurückzukehren und dort ein Jahr, von 1987 bis 1988, zu bleiben, denn die Fernuniversität von China beauftragte mich, eine Serie von Fernsehsendungen über die amerikanische Sprache und Kultur zu produzieren. Während dieses Jahres wurde die chinesische Sprache zu einer dominanten, alltäglichen Realität und zu der Brücke, die mich mit dem Leben in der faszinierenden Stadt Nanjing zu verbinden vermochte, deren Straßenmärkte und Schwärme von Radfahrern und Fußgängern mit ihren Tausenden von unterschiedlichen Lebensgeschichten mich in ihren Bann zogen. Ich wollte selbst mit dem Fahrrad zum Markt fahren und mit den Verkäufern dort plaudern, die im Allgemeinen neugierig waren, was die Ausländer in ihrer Mitte betraf, aber kaum die Möglichkeit hatten, sich mit ihnen zu unterhalten. Für viele von ihnen, so schien es mir, gehörten Menschen aus dem Westen einer weit entfernten Region an, selbst wenn sie mitten unter ihnen zwischen den Marktständen umherschlenderten.

Nach ein paar Monaten in China hatte ich genügend von der Sprache gelernt, um mich nach dem Weg erkundigen zu können, und fuhr regelmäßig mit dem Fahrrad zum Markt, um einzukaufen und mit den Verkäufern zu schwatzen, die immer dieselben Fragen stellten: »Aus welchem Land kommen Sie? Was machen Sie in China? Können Sie mit Stäbchen essen?« Bei den Stunden in chinesischer Konversation, zu denen ich zweimal in der Woche ging, schrieb ich die neuen Vokabeln, die ich lernte, in ein Heft, wobei ich keine chinesischen Schriftzeichen verwendete, sondern mich des Pinyin-Systems bediente, bei dem man chinesische Wörter unter Verwendung lateinischer Buchstaben niederschreibt.

Ich war auf dieses System angewiesen, um die Sprache zu erlernen, es stellte aber nicht meine einzige Hilfe dar. Auf Grund meiner Synästhesie vermochte ich die auf Pinyin – also mit lateinischen Buchstaben – niedergeschriebenen chinesischen Wörter in ihren unterschiedlichen Farben zu sehen, so wie es für mich ganz allgemein beim Weiterverarbeiten von Wörtern normal war. Indem ich Pinyin verwendete, operierte ich innerhalb eines mir sehr vertrauten Systems. Was jedoch anders an dem Prozess war, war die Art und Weise, in der mein Verstand die verschiedenen *Töne* im Chinesischen kodierte. Anders als Englisch zum Beispiel ist Chinesisch eine Tonsprache, das heißt, dass jede Silbe auf verschiedene Weise ausgesprochen werden kann und ihre Bedeutung sich je nach dem Ton oder der Betonung ändert. Im Mandarin gibt es vier Töne: gleichmäßig hoch, steigend, fallend-steigend, fallend. Vor meinem geistigen Auge schwangen die bunten chinesischen Wörter sich nach oben, wölbten sich nach unten, sackten in der Mitte ab oder blieben einfach gerade, je nachdem, wie ihr Ton war. Da eine einzige Silbe auf vierfache Weise betont und so vier verschiedene Wörter bilden konnte, bringt ein Ausländer, der die Sprache lernt, diese Wörter leicht durcheinander. Das Wort *mai* zum Beispiel bedeutet bei fallender Intonation »verkaufen«, wenn aber der Ton erst ansteigt und dann fällt, bedeutet es »kaufen«. Oder das Wort *tang*: Wenn der Ton ansteigt, bedeutet es »Zucker«, wenn der Ton gleich bleibt, hingegen »Suppe«. Ich werde nie den Tag vergessen, an dem ein verwirrter chinesischer Ladeninhaber glaubte, ich wolle ihm *Suppe verkaufen*, während ich in Wirklichkeit *Zucker kaufen* wollte.

Obwohl mir solche Fehler unterliefen, trugen meine farbigen und sich unterschiedlich wölbenden synästhetischen Bilder manchmal dazu bei, dass ich ein gesprochenes Wort von einem anderen unterscheiden konnte. Leider halfen mir diese Bilder aber nicht dabei, die chinesischen Schriftzeichen lesen zu lernen. Als mein erstes Arbeitsjahr 1988 zu Ende ging und ich China wieder verließ, kannte ich viel mehr von der gesprochenen Sprache als zum Zeitpunkt meiner Ankunft, doch ich konnte so gut wie nichts lesen.

Ein Jahrzehnt später ergab sich eine neue Gelegenheit, China zu besuchen. 1998 fuhr ich wieder hin, um fünf Monate lang bei meinem Mann zu bleiben, der dort ein Übersetzungsprojekt leitete. Während dieser Monate lernte ich, noch ein bisschen mehr Chinesisch zu sprechen, und ich empfand es als immer frustrierender und auch ein wenig peinlich, mich überhaupt nicht mit der Schriftsprache auszukennen. Um Missverständnissen vorzubeugen, wenn sie sich mit Ausländern unterhalten, schreiben Chinesen ihnen oft einige besondere Schriftzeichen auf, doch ich wusste nicht, was die Zeichen, die sie für mich aufs Papier malten, bedeuteten. Manchmal ließ die Tatsache, dass ich mich mündlich verständlich machen konnte, sie vermuten, dass ich auch ein bisschen Chinesisch zu schreiben und zu lesen vermochte. Sie waren dann überrascht zu erfahren, dass ich in Wirklichkeit beides so gut wie gar nicht konnte. Ich begann zu befürchten, dass ich wieder aus China abreisen würde, ohne etwas von der Schriftsprache gelernt zu haben.

Ich war jedoch entschlossen, es nicht dazu kommen zu lassen, und ungefähr einen Monat vor dem Ende meines Aufenthalts kam mir eine Idee. Ich entschloss mich zu einem Experiment: Ich würde meine Synästhesie ganz bewusst als Hilfsmittel einsetzen, um wenigstens ein paar Wörter schreiben und lesen zu lernen. Ich legte mir ein Notizbuch an, in das ich bestimmte grundlegende Wörter in Pinyin, also in – für mich farbigen – lateinischen Buchstaben, eintrug. Daneben schrieb ich immer das entsprechende Schriftzeichen in denselben Farben, das heißt, da alle meine farbigen Wörter gewöhnlich die Farbe des ersten Buchstabens annehmen, malte ich das chinesische Schriftzeichen in dieser Grundfarbe des Wortes hin und fügte dann noch einige der Farben hinzu, die die nachfolgenden Buchstaben des Wortes hatten. Das erste Schriftzeichen, das ich malte, war das von *kai*, dem chinesischen Wort für »öffnen«. *Kai* war chartreusegrün – wie der Buchstabe K – mit einem Anflug von Dunkelorange und von Weiß für das A und das I. Im Rückblick scheint es mir angemessen gewesen zu sein, gerade mit einem Wort zu beginnen, das »öffnen« bedeutet, da sich mir auf diese Weise ein Weg in die geschriebene chinesische Sprache hinein »eröffnete«. Ich trug ungefähr dreißig farbige Schriftzeichen in mein Notizbuch ein und hielt auch in Pinyin kleine Geschichten über lustige Missverständnisse fest, zu denen es bei meinen Versuchen, die Schriftsprache zu erlernen, kam. Unter jedes der Pinyin-Wörter in so einer Geschichte schrieb mein Sprachlehrer das entsprechende chinesische Schriftzeichen, das ich dann bunt nachzog, wobei ich Farben benutzte, die mit denen des Pinyin-Wortes übereinstimmten. Chinesische Schriftzeichen bestehen aus mehreren verschiedenen »Grundelementen«, die wir auch Morpheme oder bedeutungstragende Einheiten nennen könnten. Zum Beispiel ist das Schriftzeichen für das Wort »gut« eine Kombination aus den Zeichen für »Sohn« und »Tochter«, denn wenn man einen Sohn und eine Tochter hat, dann ist das »gut«. Als ich meine Kenntnis des Chinesischen ein wenig ausbaute, malte ich auch versuchsweise solche grundlegenden Elemente in ihren jeweiligen Farben hin und kombinierte sie, um neue Schriftzeichen entstehen zu lassen. Es bereitete mir viel Spaß, dieses Notizbuch anzulegen, das mir Mut machte, mich auf die Schriftzeichen zu konzentrieren, anstatt mich gegen ihr Erlernen zu sperren. Obwohl ich solche Aufzeichnungen nur während des letzten Monats meines Aufenthalts in China machte, erkenne ich sogar heute noch unweigerlich die Schriftzeichen, die ich mir mit Hilfe meiner synästhetischen Farben einprägte.

Indem ich die mir so fern liegenden Schriftzeichen in den vertrauten Kontext meiner synästhetischen Bilderwelt einfügte, wurden sie weniger entlegen, sondern Teil meiner persönlichen inneren Landschaft. Indem ich den Schriftzeichen Farben gab, mit denen ich Vertrautes assoziierte, holte ich sie in einen Kontext herein, der bekannt und nicht bedrohlich war. Als ich sie in Farben geschrieben sah, die für mich eine emotionale Bedeutung hatten, wurde meine Aufmerksamkeit auf eine Art und Weise auf sie gelenkt, wie es vorher nicht der Fall gewesen war, und ich fühlte mich stärker motiviert, sie zu erkunden. Jedes Mal, wenn wir etwas Neues lernen, wird das neue Wissensterritorium *da draußen* an den bereits existierenden Korpus des Wissens, den wir in uns haben, angeschlossen, weil irgendein Aspekt des Wissens oder die Art und Weise, in der es repräsentiert wird, als Brücke zu fungieren vermag. Ich vermochte die Brücke ausfindig zu machen, die mir zumindest die Hoffnung einflößte, eines Tages das besuchen zu können, was auf der »anderen Seite« lag – doch erst nachdem ich meinen persönlichen Prozess des Kodierens eingehend studiert hatte.

Meine Methode, mir chinesische Wörter einzuprägen,

mag schon sehr eigentümlich erscheinen, doch einige kürzlich angestellte linguistische Untersuchungen haben ergeben, dass der neurale Prozess, mit dem wir Sprache speichern, in höchstem Maße idiosynkratisch ist. Der weltberühmte Wissenschaftler Francis Crick, der Mitentdecker der Doppelhelixstruktur von DNA, hat auch Untersuchungen durchgeführt, die darauf hinweisen, dass die Art und Weise, in der jeder von uns Sprache kodiert, so einzigartig und unverwechselbar ist wie seine oder ihre Fingerabdrücke. Jeder Einzelne von uns besitzt ein eigenes neurales Schema, das seiner oder ihrer Sprachfähigkeit zugrunde liegt. Mit Hilfe ihrer Untersuchungen von Hirnaktivität während der Verwendung von Sprache haben Dr. Crick und sein Team am Salk Institute in La Jolla, Kalifornien, herausgefunden, dass verschiedene Aspekte von Sprache in verschiedenen Regionen des Gehirns weiterverarbeitet werden. Im Unterschied zu dem, was man bislang annahm, gibt es kein Sprachzentrum in der linken Gehirnhälfte, das aktiviert wird, wenn man Wörter hört, spricht oder an sie denkt, sondern vielmehr werden eine Reihe verschiedener Zentren, die über den visuellen und den auditiven Cortex verteilt sind, zugleich aktiviert, und die Informationen aus jedem dieser Zentren verbinden sich, um die Gesamtbedeutung des Wortes mit allen relevanten Implikationen zu bilden. Ein Sprachzentrum liefert vielleicht Informationen zur Schreibweise des Wortes, ein anderes zu seiner Aussprache, ein weiteres zum Aussehen der Sache, die das Wort repräsentiert. Wie Steven Pinker in seinem bekannten Buch *The Language Instinct* schreibt:

»Warum ist es so schwierig, eine Karte des Gehirns zu zeichnen, auf der Regionen für die verschiedenen Elemente der Sprache eingetragen sind? Einer Lehrmeinung zufolge deswegen, weil es das so nicht gibt. (...) Mit Ausnahme derer, die ablaufen, wenn wir etwas fühlen oder uns bewegen, sind mentale Prozesse organisierte Gefüge neuraler Aktivitäten, die sich, hologrammähnlich, weit über das ganze Gehirn verteilen.«

Was für ein Prinzip es ist, das alle diese unterschiedlichen Informationen organisiert und bewirkt, dass sie sich auf sinnvolle Weise verbinden, um eine bestimmte Vorstellung zu bilden – auch nur eine ganz einfache wie die von »Tasse« zum Beispiel –, ist immer noch ein Geheimnis. Dr. Crick stellt die Theorie auf, dass dieses bislang noch nicht entdeckte verbindende Prinzip sinnvolle Sprache und vielleicht alle Formen des Erkennens zustande bringt.

Der Neurochirurg Dr. George Ojemann kam zu ganz ähnlichen Erkenntnissen; er stellte fest, dass bei verschiedenen Menschen die Sprachzentren in verschiedenen Teilen des Gehirns verteilt waren. Bei Personen mit einem höheren oder niedrigeren Sprach-IQ zeichneten sich zwar bestimmte generelle Tendenzen ab (bei ersteren liegen die »Benennungszentren« in der mittleren Schläfenwindung des Gehirns, bei letzteren im Scheitellappen), doch es zeigte sich, dass die Sprachzentren bei verschiedenen Menschen ganz individuell verteilt waren, an ganz unterschiedlichen Orten lagen. In *The Language Instinct* berichtet Steven Pinker über eines der Experimente Ojemanns:

»Ojemann (...) stellte fest, dass eine Stimulation einer Stelle von nur wenigen Millimetern im Durchmesser eine bestimmte [linguistische] Funktion unterbrechen konnte, wie zum Beispiel das Wiederholen oder Vervollständigen eines Satzes, das Benennen eines Objekts oder das Lesen eines Wortes. Doch diese Stellen waren über das Gehirn verstreut (...) und wurden bei verschiedenen Personen an unterschiedlichen Orten entdeckt.«

Ojemanns Entdeckung, dass Menschen mit einem hohen Sprach-IQ dazu neigen, linguistische Informationen in der mittleren Schläfenwindung zu speichern, ist auch deswegen interessant, weil Untersuchungen eines britischen Forschungsteams unter Leitung von Simon Baron-Cohen gezeigt haben, dass bei Menschen mit Farbenhören-Synästhesie die obere Schläfenwindung ungewöhnlich aktiv ist. Vielleicht tendieren Menschen, die Sprache farbig wahrnehmen, ganz allgemein zu einem besonderen System der Sprachverarbeitung, wenn auch mit den individuellen Variationen, wie sie bei allen nervlichen Prozessen vorkommen.

Im Gehirn scheint es viel dynamischere Abläufe zu geben, und alles scheint dort weniger festzuliegen, als man einmal geglaubt hat; es ist ein Ort der Bewegung und der Interaktion. Bei einigen Menschen sind Sprachzentren nicht nur in der linken, sondern auch in der rechten Gehirnhälfte ausgemacht worden. Manchmal kann eine zweite Sprache sich von der linken in die rechte Hälfte verlagern, wenn die betreffende Person die Verwendung dieser Sprache weiterentwickelt; das ist jedenfalls bei zweisprachig aufgewachsenen Menschen der Fall gewesen, nachdem sie zu Simultandolmetschern ausgebildet worden waren.

Unser Verstehen auch nur eines einzigen Wortes einer Sprache ist ein dynamischer und komplexer Prozess, der eine ganze Heerschar von Neuronen aktiviert, deren gleichzeitiges Zünden ein Pattern entstehen lässt, das sich von jedem anderen im menschlichen Gehirn unterscheidet. »Ein Wort«, sagt Ojemann, »ist ein Bündel unterschiedlicher Arten von Information.« In einem Artikel in der *New York Times* mit dem Titel »Brain Yields New Clues on Its Organization for Language« hieß es: »Wenn eine Person [zum Beispiel] an eine Tasse denkt, dann werden Neuronengruppen, die Kenntnis von den Attributen einer Tasse, wie ihrer Farbe, Gestalt und materiellen Beschaffenheit, speichern, aktiviert und projizieren ihre Information in eine gemeinsame Konvergenzzone.« Wenn man dieses Modell zugrunde legt, kann man sich leicht vorstellen, dass bei Synästhetikern einige der Sehfelder des Gehirns, vor allem die, welche verwendet werden, um Informationen über die einzelnen visuellen Merkmale von Objekten zu speichern, ebenfalls aktiviert werden und Informationen über Farbe, äußere Beschaffenheit oder anderes der »Mixtur« hinzufügen, die das endgültige »Bild« ergibt.

Während bei Synästhetikern auch Neuronen aus Sehzentren des Gehirns am Speichern von linguistischen Informationen beteiligt sein mögen, mit denen man nicht gerechnet hat, muss man doch unbedingt der Tatsache eingedenk bleiben, dass das neurale Pattern linguistischen Speicherns eines *jeden* Einzelnen von uns – ob er nun Synästhetiker ist oder nicht – einzigartig und einmalig ist und in keinem anderen menschlichen Gehirn noch einmal vorkommt. Crick und Ojemann entdeckten diese Einzigartigkeit, indem sie Berichte von Neurochirurgen studierten und Untersuchungen anstellten, bei denen sie das so genannte MRI-Verfahren, die Kernspinresonanztomographie, einsetzten, durch das Areale, in denen es bei der Durchführung bestimmter Aufgaben zu neuraler Aktivität kommt, sichtbar gemacht werden können.

Die Pattern unserer neuralen Aktivitäten lassen nicht nur erkennen, wie wir Informationen verarbeiten, sondern sind möglicherweise auch für unsere Chancen, uns von einer Verletzung oder Schädigung des Gehirns, wie zum Beispiel durch einen Schlaganfall, zu erholen, von Bedeutung. In seinem Vorwort zu dem vorliegenden Buch geht Dr. Peter Grossenbacher auf die Vermutungen einiger Wissenschaftler ein, dass Farben-hören-Synästhetiker sich schneller von Schlaganfällen, die sich auf ihr Sprechvermögen auswirken, erholen, als Nicht-Synästhetiker es tun; bei Synästhetikern ist Sprache auch in Arealen des Gehirns gespeichert, die visuelle Informationen kontrollieren, das heißt, in Gebieten, die durch den Schlaganfall nicht in Mitleidenschaft gezogen worden sind. Diese linguistisch-visuellen Speicherzonen könnten es also Synästhetikern, die Opfer eines Schlaganfalls sind, ermöglichen, ein gewisses Sprachgefühl zu bewahren und das, was ihnen geblieben ist, zu benutzen, um die sprachlichen Fähigkeiten, die sie auf Grund des Schlaganfalls eingebüßt haben, wiederzuerlangen. Bei Menschen, die Chinesisch nicht nur sprechen, sondern auch zu schreiben und zu lesen vermögen, hat man festgestellt, dass sie tatsächlich ihre verbale Ausdrucksfähigkeit nach einem Schlaganfall schneller wieder erlangen. Weil die chinesische Schriftsprache einen so bildhaften Charakter besitzt, wird sie ebenso in der rechten wie in der linken Gehirnhälfte gespeichert. Die Regionen in der rechten Gehirnhälfte, die von dem Schlaganfall nicht in Mitleidenschaft gezogen worden sind, können dem Patienten beim Wiedererlangen seiner verloren gegangenen verbalen Ausdrucksfähigkeit von großer Hilfe sein.

Während, wie Dr. Ojemann mitteilt, bestimmte Gebiete des Gehirns möglicherweise besonders für linguistische Funktionen prädisponiert sind, können viele andere einspringen, wenn es nötig ist. Andere Teile des Gehirns können es lernen, Ersatz zu schaffen und einige der Funktionen zu übernehmen, die vorher von den geschädigten Arealen ausgeführt wurden. Die Flexibilität des Gehirns ist vor kurzem bei einem Tierversuch besonders deutlich gezeigt worden: Die Nervenbahnen eines Frettchens wurden neu »verlegt«, sodass der auf der Retina auftreffende visuelle Input in den auditiven Cortex statt in den visuellen geleitet wurde. Der visuelle Input veränderte im Lauf der Zeit den auditiven Cortex, sodass er physisch dem visuellen ähnelte und sich auch wie dieser verhielt! Obwohl also bestimmte Teile des Gehirns prädisponiert zur Ausführung bestimmter Funktionen sein mögen, können sie, indem sie sich auf Veränderungen der äußeren Gegebenheiten einstellen, auch ganz andere Funktionen übernehmen.

Steven Pinker betont, dass solche Übernahmen, die dazu dienen, Ersatz zu schaffen, im menschlichen Gehirn im Laufe seiner Entwicklung ganz routinemäßig auftreten. Wenn zum Beispiel einige der Areale, die für die Weiterleitung sprachlicher Informationen bestimmt sind, Schädigungen erleiden, können sich entsprechende Leitungen in anderen Teilen des Gehirns ausbilden. Pinker führt dies in *The Language Instinct* aus:

> »Viele Neurologen glauben, dass dies der Grund dafür ist, dass die Sprachzentren bei einer signifikanten Minderheit von Menschen sich an unerwarteten Stellen finden. Unsere Geburt traumatisiert uns. (...) Der

Geburtskanal presst den Kopf des Babys wie eine Zitrone zusammen, und Neugeborene erleiden oft leichte Schlaganfälle oder andere Verletzungen des Gehirns. Erwachsene mit anomalen Spracharealen können Menschen sein, die von solchen frühen Verletzungen genesen sind, die keine schlimmen Auswirkungen haben müssen.«

Solche leichteren Verletzungen können sich auf die Entwicklung des Gehirns eines Menschen auswirken und zur Ausbildung des ihm eigenen und einzigartigen neuronalen Pattern zur Kodierung von Sprache beitragen.

Doch gleichgültig welches die möglichen Ursachen für das Entstehen der von uns – und nur von uns – persönlich verwendeten Mechanismen zur Kodierung von Sprache – oder jeder anderen Information – sind, diese Mechanismen selbst können ganz gezielt als Werkzeuge eingesetzt werden, um etwas zu lernen. Dazu ist es natürlich erst einmal notwendig, zu erkennen und zu begreifen, welches diese Mechanismen oder die Arten und Weisen der Kodierung sind.

Menschen mit Synästhesie werden sich ihrer internen Mechanismen zur Kodierung von Information vor allem dann bewusst, wenn ihnen klar wird, dass die meisten anderen Menschen diese ungewöhnlich finden. Die meisten Synästhetiker erzählen, dass sie, bevor sie diese Entdeckung machten, nie viel darüber nachgedacht haben, wie sie Informationen verarbeiteten – sie nahmen die entsprechenden Prozesse einfach für selbstverständlich, wie die meisten Menschen es tun, und gingen davon aus, dass ihre Erfahrungen mehr oder weniger wie die eines jeden andern waren. Erst wenn ihre Umwelt mit Verblüffung auf ihre Wahrnehmungen reagierte, begannen sie damit, sich eingehender mit diesen zu beschäftigen – und es scheint, als ob sie aus solch einer genauen Überprüfung Nutzen ziehen könnten. Doch nicht nur Synästhetiker, sondern alle Menschen würden wohl davon profitieren, wenn sie sich mit ihren persönlichen Methoden der Kodierung vertrauter machten. Schauen Sie genauer hin, und Sie werden vielleicht überrascht sein, wie sehr Sie an die Wahrnehmungen und Kodierungsmechanismen, die Ihre innere Landschaft ausmachen, gebunden sind.

Der Psychologe Raymond Wheeler, der sich in den Zwanzigerjahren des 20. Jahrhunderts mit der Hilfe einer Versuchsperson, des Synästhetikers Thomas Cutsforth, mit der Erforschung des Phänomens befasste, kam in einem Aufsatz mit dem Titel »The Synesthesia of a Blind Subject« zu dem Schluss, dass »synästhetisches Wahrnehmen auf dieselbe Art und Weise abläuft wie bestimmte unbeachtete mentale Prozesse bei Nicht-Synästhetikern. Es ist wohl einfach so, dass Farben anstelle von Prozessen anderer Art Aspekte des größeren Ganzen sind.« Was würde wohl geschehen, wenn man diesen »unbeachteten« Prozessen Beachtung schenkte?

Was könnten unsere persönlichen Kodes uns offenbaren, wenn wir uns die Zeit nähmen, sie anzuschauen und jene dynamischen Kodierungsprozesse besser zu begreifen, die jeden Moment in uns ablaufen? Vielleicht kommt es zu einer äußerlichen Offenbarung von Teilen unserer verborgenen Kodes an Orten, wo wir kreative Arbeit verrichten: in Ateliers, Büros, Werkstätten.

Mir fällt die Kellerwerkstatt meines Vaters ein, wo in der Art von Graffiti Perlen der Weisheit aus aller Welt an die Wände gemalt waren:

Wir vertun unser Leben mit Einzelheiten (...).
Vereinfacht, Vereinfacht.
Thoreau

Der ist groß, der das, was er ist, von Natur ist
und uns nie an andere gemahnt.
Emerson

Das Bewusstsein ist ein vollkommenes Wunder.
George Bernard Shaw

Erkenne dich selbst!
Orakel von Delphi

Jene Werkstatt war Ausdruck des fruchtbaren inneren Raums, den der kreative Geist meines Vaters darstellte. Sie war der Ort, an dem er eine Menge verschiedene Dinge erschuf, von Perpetua mobilia über Nistkästen bis hin zu einer einfachen Version eines Anrufbeantworters und zu einer Puppenstube, die einem das Wunder des Elektromagnetismus vor Augen führte. »Das ist doch verrückt, Dad«, sagten wir alle, damals, im Jahr 1961. »Niemand wird sein Telefon von einer Maschine beantworten lassen.« In seiner Werkstatt fühlte mein Vater sich frei, seine Experimente vor dem Hintergrund dessen, welche Bedeutung die Dinge für ihn persönlich hatten, durchzuführen. Was mir jetzt wieder lebhaft vor Augen steht, ist jener an die Wand gekritzelte Spruch des Orakels von Delphi: »Erkenne dich selbst!«

9

Die unterschiedlichen Arten von Intelligenz und die persönlichen Stile des Kodierens

Immer mehr fühlte ich das gemeinsame Band in allem. Farben, Düfte, Töne und Geschmacksempfindungen waren für mich austauschbar. Und da wusste ich es: – Die Welt ist Einbildungskraft, Einbildung – Kraft.

Alfred Kubin, *Die andere Seite*

Alfred Kubin, der österreichische Zeichner und Schriftsteller, durchlebte in dem kleinen Dorf Zell am See im Pinzgau eine elende Jugend. Er wurde von seinem Vater und von jedermann sonst als jemand angesehen, der keinerlei Aussichten für die Zukunft besaß. In seiner Autobiografie erzählt Kubin davon und berichtet auch über seine schändliche Verweisung von der Lateinschule:

»(...) im zweiten [Jahr] schon versagte ich vollständig. Besonders Mathematik und Latein waren mir verhasst – Indianerspiele und Robinsonaden versuchte ich, an Stelle dieser Gegenstände einzuschieben – in Religion, Geschichte und den naturwissenschaftlichen Fächern leistete ich aber immer ganz Tüchtiges.
(...) Als bereits nach Verlauf eines Jahres meine Stief-

mutter im Wochenbett starb und ich bald darauf als entlassener Gymnasiast, noch volksschulpflichtig, wieder in das Elend nach Hause kam, da durchlebte ich zum ersten Mal eine tatsächliche Höllenperiode. Mein Vater, selbst tief unglücklich und zerrissen, hatte alles Vertrauen in mich verloren. (…) Ich stand jeden Tag sehr früh auf und machte in der Morgendämmerung einen langen Spaziergang in den Bergen, um meine Schande als durchgefallener Lateinschüler nicht vor den hohnvollen Blicken der Kinder und Erwachsenen zu zeigen.«

Kubins Jugendjahre waren von Einsamkeit und dem Gefühl, überall abgewiesen zu werden, beherrscht. Jene langen, allein unternommenen Spaziergänge, auf denen er seinen Gefühlen der Scham zu entkommen versuchte, brachten ihn aber auch enger mit der Welt der Bilder in seinem Inneren in Berührung, und das trug dazu bei, dass er sich zu dem berühmten Künstler entwickelte, der er als Erwachsener war. Als er zu einem jungen Mann heranwuchs, erkannte sein Vater zum Glück endlich die künstlerischen Neigungen seines Sohnes und willigte ein, dass dieser das Provinznest verließ und in München die Kunstakademie besuchte. In München hatte Kubin Zugang zu den Kunstsammlungen in den vielen bedeutenden Museen und Galerien, die es in der Stadt gab. Er lernte die großen Werke der Malerei aber auch durch Bücher und in Gesprächen mit anderen Künstlern kennen. Er entdeckte die fantastischen Gemälde Max Klingers, Odilon Redons und Hieronymus Boschs. Die auf Boschs berühmtem Tryptichon *Der Garten der Lüste* eingefangenen Dimensionen des Bewusstseins regten Kubins Verlangen, seine eigene Traumwelt zu kodieren, weiter an. Dadurch, dass er die Gelegenheit hatte, sich große Kunstwerke anzusehen oder sich anderweitig mit ihnen vertraut zu machen, eröffneten sich für den jungen Maler ganz neue Möglichkeiten; er fühlte sich jetzt stark genug, um eine eigene Kunst zu kreieren und zu entwickeln, deren hauptsächliches Sujet sein inneres Leben war.

Kubin schrieb einen Roman mit dem Titel *Die andere Seite*, der von einem Künstler handelt, welcher einen guten Teil seines Lebens im Traumreich verbringt. Dieser von ihm selbst mit Bleistift- und Tuschzeichnungen illustrierte Roman erregte nach seinem Erscheinen im Jahr 1909 in Berliner Künstlerkreisen Aufsehen und fand bei Kritikern wie beim allgemeinen Publikum großen Anklang. Eine führende Berliner Galerie richtete eine Ausstellung der Werke des gerade erst 25-Jährigen aus.

Kubin nannte eine Fähigkeit sein Eigen, die Howard Gardner, ein innovativer Erziehungswissenschaftler von der Universität Harvard, wohl als »intrapersonale Intelligenz« klassifizieren würde. Dabei handelt es sich um einen Typus von Intelligenz, der während des größten Teils von Kubins Lebens kaum beachtet und von diesem selbst auch nicht kultiviert wurde. Gardner definiert intrapersonale Intelligenz als »Kenntnis von den inneren Aspekten und Zugang zu dem eigenen Gefühlsleben zu besitzen sowie über die Fähigkeit zu verfügen, zwischen der ganzen Bandbreite von Emotionen zu unterscheiden und diese Kenntnisse mit Hilfe schriftlicher oder künstlerischer Mittel zum Ausdruck zu bringen«. Es ist einer von sieben Typen der Intelligenz, die Gardner in seinem einflussreichen Buch *Multiple Intelligences* unterschieden und charakterisiert hat. Er behauptet, dass Fähigkeiten verschiedenster Art bei Kindern nicht beachtet werden, weil die moderne Gesellschaft vor allem die Fähigkeit zum mathematisch-logischen Denken favorisiert und dazu neigt, die Intelligenz einer Person im Allgemeinen danach zu beurteilen, wie stark diese ausgeprägt ist. Er schlägt Methoden vor, mit denen sich alle Grundformen von Intelligenz überprüfen und ermitteln lassen, damit sie nicht unerkannt und daher bei Kindern unentwickelt bleiben. Neben der intrapersonalen Intelligenz listet Gardner noch folgende sechs Grundtypen auf:

1. Körperlich-kinästhetische Intelligenz: die Fähigkeit, besondere, einem speziellen Zweck dienende Körperbewegungen zu entwickeln, was für die Anpassung des Menschen von ganz offensichtlichem Vorteil ist.
2. Logisch-mathematische Intelligenz: die Fähigkeit, Probleme zu lösen, die in abstrakte, sequenzielle Formen gekleidet sind, wie zum Beispiel mathematische Gleichungen.
3. Linguistische Intelligenz: die Fähigkeit, Gedankenprozesse in sinnvolle syntaktische Strukturen zu übertragen, um sie anderen so genau wie möglich zu übermitteln. Gardner führt hierzu aus: »Die Gabe der Sprache ist universell und ihre Entwicklung ist über die Grenzen zwischen den verschiedenen Kulturen hinweg auffallend konstant. Sogar bei Völkern, bei denen Stummen keine Gebärdensprache gelehrt wird, ›erfinden‹ Kinder, die zu dieser Gruppe gehören, oft ihre eigene Zeichensprache und verwenden sie heimlich! *Wir sehen daran, dass eine Intelligenz unabhängig von einer spezifischen Input-Modalität oder einem Output-Kanal operieren kann.*« (Hervorhe-

bungen von mir, P. D.; Letzteres kann man auch für Farb-Sprache-Synästhesie geltend machen.)

4. Räumliche Intelligenz: die Fähigkeit, sich innerhalb eines Gebietes zu orientieren und Notationssysteme wie Landkarten zu verwenden, sowie die Fähigkeit, sich dreidimensionale Objekte aus verschiedenen Blickwinkeln vorzustellen.
5. Musikalische Intelligenz: die Fähigkeit, Klangmuster wahrzunehmen und selbst zu erschaffen – eine Fähigkeit, der eine wichtige Rolle dafür zukommt, die Angehörigen einer Gesellschaft oder sogar einer Spezies zu vereinen – und die Fähigkeit, das Klangmuster mithilfe von Symbolen zu notieren.
6. Interpersonale Intelligenz: die Fähigkeit, grundlegende Unterschiede in den charakterlichen Veranlagungen, Stimmungen und Motivationen anderer auszumachen, unausgesprochene Absichten zu erkennen und Strategien der Interaktion zu entwickeln.

Gardner glaubt, dass es sehr wichtig für eine Gesellschaft ist, die verschiedenen Typen von Intelligenz bei ihren Mitgliedern zu erkennen und zu kultivieren, um ihre Chancen zu vergrößern, Lösungen für soziale Probleme zu finden:

> »Unsere Welt wird von Problemen bedrängt; um eine Chance zu haben, sie zu lösen, müssen wir die Intelligenzen, die wir besitzen, bestmöglich ausnutzen. Die Pluralität der Intelligenzen zu erkennen und die vielfältigen Arten und Weisen, in denen sie sich bei menschlichen Individuen äußern können, ist vielleicht ein wichtiger erster Schritt.«

Gardner meint, dass unsere Gesellschaft seit langem eine gewisse akademische Bevorzugung der mathematisch-logischen Intelligenz gezeigt hat, das heißt, die Neigung an den Tag gelegt hat, vor allem diese Art von Intelligenz anzuerkennen und zu bewerten, und sich dafür gegen die Anerkennung und Kultivierung anderer Formen gewandt hat. Ich glaube, dass diese Bevorzugung mathematisch-logischer Intelligenz mit der Bevorzugung einer bestimmten Methode, Informationen zu präsentieren und zu kodieren, einhergeht. Wie wir in Kapitel eins gesehen haben, kommt einem Individuum seine persönliche Kodierungsweise abhanden, wenn sie von der gesellschaftlich sanktionierten »Standardmethode« ersetzt wird.

Das trifft mit Sicherheit auf viele Kinder zu, die einen großen Teil ihrer Fähigkeit, sich etwas zu veranschaulichen, einbüßen, wenn sie älter werden. Untersuchungen haben gezeigt, dass das Vermögen, mentale Bilder heraufzurufen, erst zu wachsen beginnt, dann aber abnimmt, wenn Kinder sich innerhalb eines Erziehungssystems weiterentwickeln, das eine abstraktere und weniger bildhafte Art des Denkens in den Vordergrund stellt.

Studien zufolge hat ein Drittel der Kinder, die synästhetische visuelle Empfindungen haben, oft kaum noch welche oder überhaupt keine mehr, wenn sie sich dem vorherrschenden abstrakten, uni-sensorischen Kode anpassen. Ob also die persönliche Kodierungsmethode eines Kindes synästhetisch ist oder nicht, sie kann auf jeden Fall viel weniger bildhaft-anschaulich werden, wenn sie der Standardmethode widerspricht.

Offensichtlich ist es für Kinder wichtig, einen Kode zur Darstellung von Information zu lernen, die sie mit den anderen teilen, ohne einen solchen Kode könnte eine Gesellschaft überhaupt nicht existieren. Doch genauso wie wir nicht unsere erste erlernte Sprache einbüßen möchten, wenn wir eine zweite lernen (da es ganz offensichtlich von Vorteil ist, beide zu kennen), könnten wir feststellen, dass es nützlich ist, unseren persönlichen Kode am Leben zu erhalten, selbst wenn wir den gelernt haben, den wir mit allen anderen gemeinsam benutzen. Genauso wie jede Sprache der Welt mehr als ein arbiträres Lautsystem ist und vielmehr eine ureigene kulturelle »Weltanschauung« darstellt, so ist ein persönlicher Kode eine ureigene *individuelle* Weltanschauung. Die persönliche Art und Weise eines Menschen, Informationen zu kodieren, ist eine einzigartige, einmalige Art und Weise, über die Welt zu denken und sie wahrzunehmen.

An diesem Punkt könnten wir uns fragen, wie zum Beispiel David Hockney die so eindringlichen Bühnenbilder für die Metropolitan Opera gemalt haben kann, wenn er aus der Fähigkeit, Musik in Farben kodiert zu »sehen«, herausgewachsen war, sie auf Grund seiner Entwicklung abgelegt hatte. Die Antwort lautet: Weil einige der Erneuerer (wie Hockney) weiterhin ihres persönlichen Kodes gewahr blieben, waren sie in der Lage, Dingen Ausdruck zu verleihen, die sonst vielleicht niemals einen Ausdruck gefunden hätten. Sich seines eigenes Kodes gewahr zu bleiben könnte nicht nur für den Einzelnen, sondern auch für die Gemeinschaft, in der er lebt, einen definitiven Vorteil bringen.

Synästhetiker werden sich ihrer Kodierungsmethode erst dann richtig bewusst, wenn ihnen klar wird, dass die der meisten anderen Menschen sich von der ihren unterscheidet. Diese Erkenntnis stellt sich für gewöhnlich ganz zufällig ein.

Die Malerin Carol Steen erwähnte einmal beiläufig gegenüber jemand anders ihr hübsches rosa A; der Komponist Michael Torke erzählte seiner Mutter, er wolle heute sein »blaues Musikstück« einüben, der 4-jährige Vladimir Nabokov beklagte sich bei seiner Mutter, dass die Farben auf seinen Bauklötzen mit den Buchstaben darauf »alle falsch« seien. Erst die überraschte Reaktion der anderen veranlasst Synästhetiker dazu, über ihre eigene Art und Weise des Kodierens nachzudenken. Sie fangen an, auf sie zu achten, wenn sie begreifen, dass sie anders als die der anderen ist. Wie wir gesehen haben, kann eine gesteigerte Aufmerksamkeit auf den persönlichen Kode oft in kreativer Hinsicht sehr produktiv sein: Erinnern wir uns an Carol Steen, die aus ihren synästhetischen Empfindungen Bilder schöpft, die sie in Gemälde und Skulpturen umsetzt, an Richard Feynman, der seine Synästhesie einsetzte, um abstrakte mathematische Gedankengebäude zu »sehen« (wobei er sich fragte, wie seine Studenten sie »sahen«); an Ruth Armer, die die visuellen Formen, die Musik in ihrem Kopf annimmt, auf die Leinwand bannt; an Marcia Smilack, die auf das farbenprächtige musikalische Crescendo in ihrem Kopf lauscht, um zu ermitteln, wann sie auf den Auslöser drücken muss, um ihre Kamera-Gemälde zu schaffen; und schließlich auch an Natasha Lvovich, die ihre farbigen Wörter als Werkzeuge verwendet, um eine Vielzahl fremder Sprachen zu lernen.

Während Synästhetiker einen »dual-sensoriellen« Modus des Kodierens besitzen, kodieren Nicht-Synästhetiker Informationen auf eine einzige Art und Weise, die von den anderen abgegrenzt ist. Ich betreue als Tutorin einige Studenten, die Englisch als zweite Sprache lernen und die alle keine Synästhetiker sind, und habe sie aufgefordert, auf ihre eigene

Methode des Kodierens zu achten. Ist sie visueller, auditiver oder kinästhetischer Art? Eine Studentin gab an, dass sie, wenn sie versuchte, die korrekte Betonung von Wörtern in einem englischen Satz zu lernen, einen Druck in der einen oder der anderen Schulter verspürte. Wenn sie sich das jeweilige Druckgefühl in Erinnerung rief, fiel es ihr leichter, Sätze, die ihr entfallen waren, mitsamt der korrekten Betonung wieder aus ihrem Gedächtnis aufzurufen. Eine andere Studentin erzählte, dass sie sich neu gelernte Vokabeln und Ausdrücke wieder ins Gedächtnis rief, indem sie das Gefühl, das deren Rhythmus in ihrem Körper hervorgerufen hatte, wieder aufleben ließ – danach fielen ihr dann die Wörter selbst wieder ein. Das Sich-Erinnern an den Rhythmus half ihr also, auch den verbalen Aspekt wieder in ihr Bewusstsein zu heben.

Der Maler Sebastian Knight, der kein Synästhetiker ist, berichtet ganz ähnlich, eine »gewisse Muskelanspannung« zu verspüren, wenn er versucht, sich einen Namen, der ihm entfallen ist, wieder in Erinnerung zu rufen. Diese Anspannung nimmt die Gestalt eines mentalen Bildes an: das Bild eines Autos, das sich mühsam über eine Straße einen Berg hinaufquält. Wenn die Steigung abnimmt, blitzt der »verborgene« Name in Knights Bewusstsein auf. Eine Kollegin Knights, die Malerin Maria de Echevarria, erinnert sich an einen Augenblick, in dem sie äußerst bewegt war; ihre Gefühle nahmen die Gestalt eines, wie sie sagt, »Kontinuums immaterieller Bläschen in meinem Inneren und um mich herum« an. Dieses Bild war der Ursprung für ein in allen Einzelheiten realisiertes »Gedächtnisgemälde« mit dem Titel *Madeleines*. Die Dichterin und Malerin Laura Glenn berichtet, dass sie Nebel vor ihrem geistigen Auge sieht, wenn sie nach einem Wort sucht, das ihr entfallen ist. Sie hat das Gefühl, durch den Nebel zu wandern, um zu diesem Wort zu gelangen. Wenn sie es dann findet, lichtet der Nebel sich.

Was die genannten Personen berichten, stimmt mit den Erfahrungen von Synästhetikern überein, die sich für gewöhnlich an die Farbe eines gesuchten Worts oder Namens erinnern, bevor ihnen das Wort oder der Name selbst einfällt. Wir alle kodieren Informationen in einem sensorischen Modus oder auch in mehreren. Erinnern wir uns daran, dass schon kurz nach 1920 der Psychologe Raymond Wheeler, der seine Studien mit Hilfe des blinden Thomas Cutsforth betrieb – der nicht nur Versuchsperson, sondern auch Forscherkollege war –, zu dem Schluss kam, dass es so etwas wie bildlose, gefühllose Bedeutung nicht gebe und dass alle Menschen Informationen auf eine besondere sensorische Art kodieren. Der Historiker Kevin Dann meint dazu in *Bright Colors Falsely Seen*: »Wheeler und Cutsforth haben gezeigt, dass Synästhesie nicht nur ein Phänomen der Perzeption, sondern auch eines der Konzeption ist; Synästhesie ist ein essenzieller Mechanismus bei der Konstruktion von Bedeutung, der auf dieselbe Weise abläuft wie bestimmte unbeachtete mentale Prozesse bei Nicht-Synästhetikern.«

Wheeler und Cutsforth kamen zu dem Schluss, dass die Art und Weise, in der wir Informationen verarbeiten, ein wesentlicher Bestandteil dieser Informationen selbst wird: Die Form macht einen Teil des Inhalts aus. Da alles Form und Inhalt besitzt, ist keines von beidem etwas Arbiträres. Es ist so, wie Dann schreibt: »Synästhetiker empfinden ihre eigene Synästhesie als eine Form des Denkens.« Und genauso empfinden alle Menschen ihre persönlichen visuellen Vorstellungen oder ihre kinästhetischen Gefühle als eine Art des Denkens.

Doch viele von uns sind sich nur sehr vage der Art und Weise bewusst, in der sie Informationen verarbeiten und verstandesmäßig erfassen. Wenn ich Studenten oder Freunden die Frage stelle: »Wie sieht Wissen für euch aus oder wie hört es sich an oder fühlt es sich an?«, dann ernte ich zunächst nur verständnislose Blicke. Wir meinen oft, dass Wissen und Verstehen einfach unsichtbar in unseren Köpfen präsent sind. Wenn sie gefragt werden, wie ein Informationselement aussieht, dann antworten die Leute oft: »Es sieht überhaupt nicht aus!« Das stimmt unter Umständen, denn nicht jeder ist ein »visueller Kodierer«. Es ist jedoch wahrscheinlich, dass sogar die Information, die wir visuell kodieren, unbemerkt am Rande unseres Bewusstseins schwebt – obwohl sie durch den richtigen Stimulus in es hineingelangen könnte. In seinem großartigen Roman *Auf der Suche nach der verlorenen Zeit* schildert Marcel Proust, was für eine Fülle von Szenen in der Erinnerung des Erzählers wieder wach wird, als er in eine Madeleine beißt, die er in Lindenblütentee getaucht hat. Kevin Dann würde sagen, dass dieser »Marcel« ein Beispiel für jemanden mit einem eidetischen Gedächtnis ist, das Dann folgendermaßen charakterisiert:

> »Im Fall von Eidetik wird ein normales subjektives visuelles Bild mit besonderer Lebhaftigkeit aufgenommen; obwohl es nicht von dem Wahrnehmen eines tatsächlich gegenwärtigen äußeren Objekts abhängt, wird das eidetische Bild innerlich gesehen und vom einem körperlichen Sich-Befassen mit dem Bild begleitet. Das eidetische Wahrnehmen eines Bildes ist eine gesunde, keine pathologische Struktur; wie die Photismen beim Farbenhören oder andere synästhetische Wahrnehmun-

gen zeichnen sich eidetische Bilder durch ihre Lebendigkeit und Einprägsamkeit aus.«

Der Geschmack einer Madeleine, die er in Lindenblütentee getunkt hat, löst in Marcel eidetische Erinnerungsbilder an seine Kindheit aus. Der Geschmack, den er nicht mehr im Mund verspürt hat, seit er in dem Dorf Combray, in dem er als Kind gelebt hat, morgens seine Tante in ihrem Schlafzimmer besuchte, besitzt die Kraft, die in ihm schlafende Welt der Vergangenheit wieder wachzurufen:

»Und dann mit einem Male war die Erinnerung da. Der Geschmack war der jener Madeleine, die mir am Sonntagmorgen in Combray (...), sobald ich ihr in ihrem Zimmer guten Morgen sagte, meine Tante Léonie anbot, nachdem sie sie in ihren schwarzen oder Lindenblütentee getaucht hatte. (...)
Sobald ich den Geschmack jener Madeleine wiedererkannt hatte, die meine Tante mir, in Lindenblütentee eingetaucht, zu verabfolgen pflegte (...), trat das graue Haus mit seiner Straßenfront, an der ihr Zimmer sich befand, wie ein Stück Theaterdekoration zu dem kleinen Pavillion an der Gartenseite hinzu (also zu jenem verstümmelten Teilbild, das ich bislang allein vor mir gesehen hatte) und mit dem Hause die Stadt (...), ebenso stiegen jetzt (...) die Leutchen aus dem Dorfe und ihre kleinen Häuser und die Kirche und ganz Combray und seine Umgebung, alles deutlich und greifbar, die Stadt und die Gärten auf aus meiner Tasse Tee.«

Genauso wie Marcel nicht die von Lindenblütentee durchtränkte Madeleine schmecken konnte, ohne dass die Erinnerung an Combray wach wurde, kann ich die Passage aus Prousts Roman nicht lesen, ohne an meinen Bruder zu denken. Jackie liebte genau diese Stelle aus *Auf der Suche nach der verlorenen Zeit*, weil er, das glaube ich zumindest, eine eigene Erfahrung in der des Erzählers widergespiegelt sah. Auch Jackie schien ein eidetisches Gedächtnis zu besitzen. Er konnte sich an genaue Einzelheiten aus unserer Kindheit erinnern, und um diese Erinnerungen heraufsteigen zu lassen, reichte es, wenn er Musik hörte, die wir als Kinder zu hören pflegten, oder auch einfach, wenn er an Dinge dachte, die wir damals oft gegessen hatten. Als er viel zu früh, im Alter von vierundvierzig, an Krebs starb, hatte ich das Gefühl, dass meine Kindheit weggeschrumpft sei. Ich hatte mich darauf verlassen, dass Jackie unsere gemeinsamen Erinnerungen bewahrte, damit wir gemeinsam die Komödien und Dramen, die sich im Theater unserer Kindheit abgespielt hatten, wieder durchleben konnten.

Kevin Dann schreibt, dass ein eidetisches Gedächtnis und Synästhesie oft gemeinsam auftreten. Beide kommen manchmal zusammen in ein und derselben Familie vor und auch bei ein und demselben Individuum – wie es zum Beispiel bei Nabokov der Fall war. Einige sind der Meinung, dass Nabokovs ausgeprägtes eidetisches Gedächtnis ihn dazu befähigte, die präzise, lebendige Prosa zu schreiben, die seine Romane auszeichnet.

Obwohl viele Menschen in der Lage sein mögen, sich Szenen aus der Vergangenheit wieder anschaulich vor Augen zu führen, glaube ich, dass ein solches Visualisieren nicht jedermanns interne Kodierungsmethode ist. Einige Menschen kodieren Informationen auch akustisch: vielleicht klingt etwas sogar öfter vertraut für unser geistiges Ohr als es für unser geistiges Auge vertraut aussieht. Manche Menschen erinnern sich vielleicht an die entscheidenden Sätze aus der Vorlesung eines Professors, das heißt, für sie sind die Informationen im Klang der Stimme einer bestimmten Person kodiert.

In den Achtziger- und Neunzigerjahren des 20. Jahrhunderts betonten Erziehungswissenschaftler wie Rebecca Oxford von der Universität Maryland und Anita Wenden vom York College, wie wichtig es sei, verschiedene Lernstile zu erkennen: Menschen, die »mit den Augen« lernen, müssen den Stoff sehen, entweder in schriftlicher Form oder auch in Form von Bildern oder Diagrammen, um ihn in optimaler Weise aufnehmen und behalten zu können; solche, die »mit dem Ohr« lernen, müssen die Informationen vorgesprochen oder mündlich erklärt bekommen, oder sie vielleicht sogar von Musik begleitet vernehmen. Menschen, die über den Tastsinn lernen, benötigen einen viel »handgreiflicheren« Zugang. Je besser die einzelnen Lernenden darüber Bescheid wissen, wie sie Informationen aufnehmen und verarbeiten, desto besser können sie auch ihr Lernen selber in die Hand nehmen und ihre Kenntnisse über die Art und Weise, in der sich dieser Prozess bei ihnen vollzieht, nützen, um sich Wissen selbständig und mit größerer Effizienz anzueignen. Vielleicht könnten wir die wissenschaftliche Erforschung der Lernstile ausdehnen und gleichfalls untersuchen, wie genau Informationen sich im Denken eines visuell, auditorisch und taktil Lernenden manifestieren. Visuell Lernende könnte man dazu anhalten, die Art und Weise, in der sie Informationen kodieren, um sie in ihrem Gedächtnis zu deponieren, aufzuschreiben oder aufzuzeichnen, während ein auditiv Lernender darüber nachsinnen könnte, wie und in welcher Form Wörter oder Klänge in seinem inneren Ohr mitschwingen, wenn er Informationen speichert oder wieder abruft, während taktil Lernende darauf achten könnten, welche Muskeln sie bewegen müssen, um Informationen aufzunehmen oder wieder zugänglich zu machen.

In den Achtzigerjahren vertraten Verfechter der Existenz neurolinguistischer Programmierung die Ansicht, dass unsere ganz alltägliche Wortwahl in Gesprächen einen Hinweis auf den von uns bevorzugt verwendeten Modus des Aufnehmens, Speicherns und Aktualisierens von Informationen liefern könne. Visuell Lernende neigten zu dem Ausdruck: »Das sehe ich auch so!«, wenn sie Zustimmung signalisieren wollen, taktile Lernende sagten eher: »Das ist auch mein Gefühl«, während auditiv lernende Menschen unter Umständen sagten: »Ja, ich bin ganz Ohr!«

Wenn wir in engere Beziehung zu jenen vagen und ephemeren Bildern, Gefühlen oder Lauten treten, die sich wie auf Katzenpfoten ganz sachte in unser Bewusstsein schleichen, können wir sie vielleicht als Auslöser benutzen, um schneller Informationen aus unserem Gedächtnisspeicher abzurufen oder auch als Fundamente, auf denen neue Konzepte und Kreationen gründen können. Alfred Kubin hat mit Sicherheit verspürt, dass solche Gedanken- und Traumfragmente die Macht besitzen, uns zu in unserem Gedächtnis bewahrtem Wissen zurückzuführen oder auch uns voran, zu neuer Kreativität zu treiben.

Roger Watt von der Universität Stirling weist darauf hin, dass unsere verschiedenen Stile des Denkens und Wahrnehmens von einem evolutionären Standpunkt aus einen nutzbringenden Effekt haben. In einem Interview für die BBC-Sendung *Orange Sherbet Kisses* sagte er:

»Vielleicht ist [ein solcher Unterschied im Wahrnehmen] Teil eines günstigen evolutionären Prozesses (...). Es könnte so sein, dass wir unterschiedliche neurale Strukturen entwickeln, [sodass] sich unsere ganz persönlichen Wahrnehmungsweisen ausbilden. Folglich besteht die Möglichkeit, dass verschiedene Personen jeweils eine andere Methode als besser erachten, um bestimmte Dinge anzugehen. Mit anderen Worten: Wenn Menschen andersartige Wahrnehmungen haben, ist es wahrscheinlicher, dass sie in bestimmten Umständen kreativ werden.«

Auf der Synästhesie-Liste im Internet wird manchmal darüber diskutiert, ob Synästhesie, wenn es sich dabei um eine Manifestation des Evolutionsprozesses handelt, bei uns Menschen immer häufiger vorkommt, und ob man dies, wenn das der Fall wäre, positiv zu bewerten habe. Auf solche Fragen hat Sean Day, der die Liste betreut, geantwortet, es sei nicht so wichtig, ob der evolutionäre Prozess mehr oder weniger Synästhetiker hervorbringe, sondern dass er sowohl Synästhetiker wie Nicht-Synästhetiker erschaffe. Am 24. Februar 2000 schrieb er:

»Was Synästhesie und uns Menschen betrifft, können wir sagen, dass eine Zunahme der Diversität uns dabei hilft sicherzustellen, dass zumindest einige Angehörige der Spezies Veränderungen ihrer äußeren Lebensbedingungen, Katastrophen und so weiter überleben werden.

(...) Was der Spezies Mensch am meisten nutzt, ist nicht das Vorkommen von Synästhesie oder ihr nicht Nichtvorkommen; das Beste für uns ist vielmehr, dass wir Menschen mit und ohne Synästhesie haben!«

Es mag sowohl für uns selbst wie auch für alle um uns herum sehr nutzbringend sein, wenn wir, Synästhetiker wie Nicht-Synästhetiker, uns die Zeit nähmen, die vielen unterschiedlichen Arten und Weisen zu erforschen, in denen wir Informationen kodieren, um uns an sie zu erinnern oder unser Wissen zu erweitern. Im Folgenden liste ich einige einfache Fragen auf, die Ihnen einen Hinweis darauf geben können, wie Sie persönlich Informationen kodieren.

Denken Sie an ein wichtiges Ereignis in Ihrem Leben – vielleicht an eine Feier wie einen Geburtstag oder eine Hochzeit, aber es kann auch jede andere Begebenheit sein, die von Bedeutung für Sie ist. Was sehen, hören oder verspüren Sie auf andere Weise in Ihrem Inneren? Kommen Ihnen Bilder, Klänge, Aromen oder andere physische Empfindungen in Erinnerung? Lächeln Sie, weil Sie sich bestimmter Dinge entsinnen? Bemerken Sie, dass sich abgesehen von den Muskeln um Ihren Mund und Ihre Lippen noch andere Muskeln in Ihrem Körper bewegen, wenn Sie sich an den Tag zurückerinnern? Denken Sie an eine Idee, die Sie interessant finden. Auf welche Weise erscheint Ihnen diese Idee? Verbinden Sie in Ihrem Inneren bestimmte Bilder oder Wörter mit ihr? Wenn ja, sehen Sie dann die Wörter in schriftlicher Form vor sich oder hören Sie sie gesprochen? Wenn Sie sie geschrieben sehen, wie ist dann ihr äußeres Erscheinungsbild? Sind sie mit der Hand geschrieben oder gedruckt? Stehen sie auf einem Blatt oder schweben sie vor ihrem geistigen Auge frei im Raum herum? Wenn Sie die Wörter hören, wer spricht sie? Ist es die Stimme einer Person, die Sie kennen? Ist es Ihre eigene Stimme? Denken Sie an Ihren Namen. Was kommt Ihnen in den Sinn? Sieht Ihr Name vor Ihrem geistigen Auge wie irgendetwas aus? Wie sieht er aus? Hören Sie, wie irgendjemand Ihren Namen sagt? Wessen Stimme hören Sie? Nehmen Sie gleichzeitig visuelle Bilder wahr?

Ob uns das Wiederaufspüren von Erinnerungsfragmenten dazu verhilft, das Geheimnis der Kunst und des Lebens aufzudecken, sei dahingestellt, es kann uns aber in jedem Fall dabei helfen, nützliches Wissen wieder zugänglich zu machen und Bausteine für neue Schöpfungen zu gewinnen. Wenn wir uns der Sprache unseres persönlichen Kodierens bewusst bleiben, dann können wir sie einsetzen, um Informationen in uns aufzunehmen, um sie zu speichern und sie uns wieder ins Gedächtnis zurückzurufen, oder auch, um sie auf kreative Weise neu miteinander zu kombinieren. Wenn wir unser persönliches Kodieren beibehalten, dann würde sich vielleicht der Wunsch erfüllen, den Alfred Kubin, Künstler und Erschaffer von Träumen, einmal aussprach, dass nämlich jeder Mensch in der Lage sein würde, das zu schaffen, was er schaffen muss, nach seiner eigenen Fasson und in dem Maße, in dem seine Begabung es erlaubt.

10

Das Jahr ist eine Kette von zwölf bunten Rechtecken

Zeit ist Raum.

Für viele Synästhetiker *ist* Zeit Raum. Zeiteinheiten werden innerlich als Orte empfunden, als dreidimensionale Landschaften mit Farbe, Oberflächenstruktur, Form und Perspektive. Ein Jahr ist ein gelbes Dreieck mit spitzen Ecken, das vom Dezember zum Januar hin »abknickt«. Eine Woche ist eine Leiter mit farbigen Sprossen für jeden einzelnen Tag oder auch eine eng gewickelte Spirale mit Farben, die nach außen hin ausstrahlen. Größere Spiralen bilden die Folge der Monate, die zusammen ein vielfarbiges Jahr ergeben.

Ich habe Zeit immer als einen Raum empfunden und bin nie auf die Idee gekommen, das mit meiner Synästhesie in Zusammenhang zu bringen, bis Dr. Peter Grossenbacher mir erzählte, dass eine ganze Reihe von Farb-Sprache-Synästhetikern angaben, Zeit als etwas wahrzunehmen, das Farbe und Form besitzt und dreidimensional ist. Obwohl Simon Baron-Cohen der Meinung ist, dass das Empfinden von Zeit als einem farbigem Gebilde nicht mit der konventionellen Definition von Synästhesie übereinstimmt (das heißt, dass bei Stimulation eines Sinnes mindestens ein weiterer reagiert), sieht Grossenbacher das Wahrnehmen farbiger Zeit als »konzeptuelle Synästhesie« an: Synästhetikern ist eine automatische und unwandelbare, sensorielle Auffassung der Zeiteinheiten zu eigen, die für die meisten Menschen etwas Abstraktes sind. Außerdem sind die Farben, die ein bestimmter Synästhetiker mit einem Monat oder Wochentag oder Jahr verknüpft, oft mit denen identisch, die sich für ihn mit dem *Namen* oder der Bezeichnung des jeweiligen Monats, Wochentags oder Jahres verbinden.

Für mich sind die Wochen, die Monate und das Jahr Landschaften, die sich vollkommen ohne mein willentliches Dazutun in mir auftun, wenn ich an die »Wanns« in meinem Leben denke: wann ich zur Arbeit gehen, wann ich eine Freundin treffen, wann ich mich zum Schreiben hinsetzen oder wann ich einen Wochenendausflug machen will. Ich kann mir Zeit abgetrennt von den verschiedenen Landschaftsformen, die sie annimmt, gar nicht vorstellen: Eine Woche ist ein farbiger Pfad, eine Art von Gehsteig, der mit sieben Quadraten farbigen Zements gepflastert ist. Ich muss diese Beschreibung jedoch sofort präzisieren, denn das Material, aus dem mein Wochengehsteig besteht, besitzt nicht die Härte von Zement; seine Substanz scheint außerhalb der Bereiche des Harten und des Weichen zu liegen, da es sich, ganz wörtlich, um »feste Farbe« handelt. Der Teil meines Geistes, in dem der Wochenpfad existiert, nimmt die Vorstellung von fester Farbe ganz ernst. Ich gleite über den Pfad von einem Quadrat aus fester Farbe zum nächsten, um von einem Tag zum darauf folgenden zu gelangen. An den beiden Enden meiner Woche liegen die weißen Quadrate des Samstags und des Sonntags (allerdings sind sie von unterschiedlichem Weiß). Diese Quadrate sind weiß, weil die Wörter »Samstag« und »Sonntag« weiß sind. Samstag, »Saturday«, ist jedoch von einem ausgesprochen strahlenden Weiß, weil es durch die Sonnenstrahlen, die von den beiden orangen As und von dem R, das von einem helleren Orange ist, ausgehen, »erhellt« wird. Diese beiden Orangetöne potenzieren einander, sie überziehen das ganze Territorium von »Saturday« mit orangefarbenem Sonnenlicht, das aus den Elementen des Wortes, die diese Farbe aufweisen, hervorbricht. Das Sonntag-Quadrat ist von einem ruhigeren Weiß. Das Funkeln des S am Anfang des Wortes »Sunday« wird durch das ernste Braun des U, das extrem dunkelbraune N und das D, das von einem eher düsteren Braun ist, gedämpft. Diese braunen Lettern potenzieren einander ebenfalls, sodass sie einen schattigeren und weniger bewegten Bereich innerhalb des »Raumes« dieses Wochentags entstehen lassen.

Während ich vom Samstag zum Sonntag hinübergleite, springe oder steige ich vom Sonntag zum Montag hinunter, da dessen braunes Quadrat sich auf einem tiefer liegenden Teil des Gehsteigs befindet. Der braune Montag ist sogar von einem noch dunkleren Braun als sein Anfangsbuchstabe. Die Farbe des Wortes »Monday« wird nämlich von dem schon sehr dunklen Braun des N und dem sogar noch dunkleren D beeinflusst. Ich frage mich überdies, ob ein emotioneller Faktor, nämliche die Tatsache, dass ich den Montag manchmal als einen sehr düsteren und schwierigen Tag empfinde, seine dunkelbraune Farbe nicht zusätzlich vertieft hat. Vom Montag gleite ich zum marineblauen Dienstag, »Tuesday«, hinüber, dessen dunkle Färbung auch durch das braune U und D zustande kommt. Dann geht's weiter zum gelbbraunen Mittwoch, »Wednesday«, der eine größere Ausdehnung hat, breiter ist als die anderen Tage, um seinen speziellen Status als Tag in der Mitte der Woche zu betonen. Von diesem hellbraunen Tag an gleite ich abwärts; erst zum häherfederblauen Donnerstag, »Thursday«, dessen hellere Färbung durch das gelborange H und hellorange R mit beeinflusst ist. Dann noch ein Rutsch und ich befinde mich auf dem Freitag, »Friday«, der von einem rauchigen Silbergrau ist. Von diesem schmalen grauen Feld falle ich dann auf das des strahlend weißen Samstags, der vom orangen Sonnenlicht überflutet ist.

Wenn ich so die Tage der Woche beschreibe, wird mir klar, dass man die Theorie verfechten könnte, bestimmte emotionelle Einflüsse vertieften die jeweiligen Farben. Als ich Kind war, war der Samstag ein strahlender, glücklicher Tag, den ich normalerweise draußen im Sonnenlicht verbrachte, was erklären könnte, warum die beiden orangenfarbenen Buchstaben, das A und das R, einen stärkeren Einfluss haben als das dunklere U und D. Sonntags war die Stimmung gedämpfter, es war der Tag, an dem man in die Kirche ging, seine Hausaufgaben machte und sich darauf vorbereitete, am Morgen des dunkelbraunen Montags früh aufzustehen, um zur Schule zu gehen.

Ich gleite über den Wochenpfad, um zu dem Tag zu gelangen, über den ich spreche oder an den ich denke, genauso wie ich über meinen Alphabetpfad gleite, um zu dem Buchstaben zu gelangen, den ich brauche. Wenn ich am Montag zu jemandem sage: »Treffen wir uns doch am Donnerstag zum Mittagessen«, dann sehe ich uns beide in der Ferne, wie wir zusammen mitten auf dem häherfederblauen Feld stehen, das Donnerstag ist. Wenn wir vorhaben, uns zum Abendessen zu treffen, dann sehe ich uns im oberen Teil des Quadrats, doch wenn wir uns zum Mittagessen verabreden, stehen wir mehr am unteren Rand seines mittleren Bereichs. Wenn wir uns um sieben Uhr abends treffen, kommt eine grüne Sieben in meinen Blick, mit uns beiden daneben, und dann löst sich dieses Bild auf und stattdessen erscheint das des Ortes, an dem wir zusammenkommen wollen. Meine Woche ist daher vielleicht eine Art von abstrakter Karte, auf der persönliche und objektive Inhalte miteinander verschmelzen. Ich kann zum Beispiel die Freundin, mit der ich mich verabredet habe, sagen wir, auf dem blauen Donnerstagsquadrat stehen sehen und ebenfalls dorthin gleiten, als ob wir uns schon treffen würden. Wenn ich die U-Bahn nehmen muss, um sie an jenem Donnerstag zu treffen, dann öffnet sich das blaue Feld, auf dem ich uns stehen sehe, und eine Straße in Manhattan erscheint mit den grünen Neonlampen auf ihren schwarz-grünen Masten, die anzeigen, wo die Treppe mit ihren Betonstufen zur Untergrundbahn hinabführt.

Ian Watson, ein Synästhetiker und Erforscher der Anthropologie der Synästhesie, weist darauf hin, dass Farbkodes in unserer Gesellschaft sehr gebräuchlich sind, um eine Vielfalt von sozialen Aktivitäten zu unterscheiden oder zu kategorisieren; Fußballertrikots sind ebenso Beispiele für solche Kodes wie Nationalflaggen. Watson sieht die Farbkodierung von Zeiteinheiten einfach als eine Erweiterung dieses gesellschaftlichen Brauches an. In einem Aufsatz mit dem Titel »The Common Triggers of Synesthesia Are Social Conventions« schreibt Watson:

> »Die alphanumerischen, kalendarischen und musikalischen Systeme, die für gewöhnlich Synästhesie auslösen, setzen sich jeweils aus konventionellen Einheiten

zusammen. Es zu lernen, diese Einheiten zu unterscheiden und zu deuten, ist kein Ergebnis eines allgemeinen psychischen Entwicklungsprozesses, sondern vielmehr ein Produkt unserer kognitiven Sozialisierung. Wenn man diesen Einheiten farbige Markierungen zuweist, hebt man ihre manchmal nebulöse Unterschiedlichkeit stärker hervor. Und gewöhnliche Synästhesie ist nur eine der vielen Arten und Weisen, in denen wir als primär erfahrene Kontraste wie Farbunterschiede verwenden, um sozial konventionelle Kategorien zu kennzeichnen.«

Wie schon erwähnt, kann ich, wenn ich meine eigenen farbigen Zeiteinheiten analysiere, den Einfluss der Sozialisierung in den Entsprechungen zwischen den Farben eines bestimmten Tages und seiner emotionellen »Tönung« aufspüren (Montag: dunkelbraun; Samstag: leuchtend orange-weiß).

Was mich jedoch verwundert, ist die Tatsache, dass dieses farbkodierte Land der Zeit so *automatisch* in mir Gestalt annahm, so spontan, ohne dass ich irgendetwas zu seiner Erfindung beitragen musste. Synästhesie ähnelt in der Art und Weise, in der sie Orte und Bilder heraufsteigen lässt, einem Traum – allerdings erscheint in unseren Träumen ein bestimmter Ort generell nur ein einziges Mal, während mein Land der Zeit in seiner gegenwärtigen Gestalt seit meiner Kindheit bei mir gewesen ist und ich mir nicht vorstellen kann, eines Tages ohne es auskommen zu müssen.

Obwohl die landschaftlichen Manifestationen der Wochen, Monate, Jahre und sogar Tage und Stunden sich in mein Denken und Fühlen hineingewoben haben, wie Träume es tun, sind sie nie flüchtig und kurzlebig wie diese, sondern sie sind immer bei mir, sie sind Teil der permanenten Bilderausstellung in meinem Kopf. Ich habe jedoch das Gefühl, dass der Mechanismus – welcher auch immer es ist –, der die Traumlandschaften in uns schafft, wenn wir im Schlaf liegen, auch die Zeitlandschaften in uns entstehen lassen könnte, die wir im Wachzustand sehen.

Kevin Dann hält Synästhesie für eine Form des Denkens, was durch meine eigene Erfahrung bestätigt wird. Ich kann an Zeit nicht denken, ohne dass meine bunten Pfade vor mir erscheinen, und es fällt mir schwer zu verstehen, dass jemand sich Zeiteinheiten vorstellen kann, ohne sie als Orte zu sehen. Ich erinnere mich, wie überrascht ich war, als ich meinen Vater fragte, wie der Montag für ihn aussehe, und er antwortete, dass er für ihn wie gar nichts aussehe. Ich vermag mir nicht vorzustellen, dass Zeit etwas ist, das man nicht sehen kann, dass sie kein Ort ist, zu dem ich gehen kann. Für einige Synästhetiker können ihre inneren Zeitlandschaften sehr nützlich sein. Eine junge Frau von der Columbia University, zum Beispiel, erzählte mir, dass sie nie einen Kalender zu Rate ziehen müsse, da ihre bildhafte Visualisierung der Zeit immer ganz klar vor ihrem geistigen Auge stehe.

Judy de Chantal beschrieb im Internet die Zeit ebenfalls als einen Ort. Ihr Jahr sieht folgendermaßen aus:

> »Das aktuelle Jahr verläuft für mich immer vertikal. (...) Wenn ich an den Februar denke, stehe ich ganz unten und schaue zu den folgenden Tagen dieses Monats auf, während März, April, Mai, Juni und so weiter oben auf ihn gestapelt sind. Sie sind ganz dicht aufeinander geschichtet, bis dann Juli, August und September kommen, die lockerer aufeinander liegen und zwi-

schen denen mehr Abstand ist. Wenn ich den September anschauen [muss], mache ich einen Schritt in die linke untere Ecke von September und sehe mir [den ganzen Monat] genau an.
Wenn jemand zu mir kommt und sagt: Ich möchte dich nächsten Mittwoch sehen, muss ich die Woche rasch durchgehen. (...) Was ich sagen will, ist wohl, dass es, bis ich wirklich dahin gehe und [den Tag] in meinem Kopf sehe, nicht richtig zu mir durchdringt.«

Kerryo Oen hat seinen Zeit-Ort ebenfalls in der Synesthesia-Liste beschrieben:

»Ich besitze ein komplexes temporales Rahmenwerk. Mein Jahr ist ein Dreieck, das grob in Monate von ungleicher Größe unterteilt ist. Die Ecken sind bei Dezember/Januar und Juni/Juli. Am Dezember-Wendepunkt befindet sich ein »Zoom«. Die Woche ist ein Oval mit Tagen von ungleicher Länge. In der Mitte von Samstag und dann wieder in der Mitte von Sonntag befinden sich die Wendepunkte. (...) Auch der Tag ist ein Oval, die Wendepunkte liegen bei Mitternacht und ungefähr bei sechs Uhr morgens. Das Oval windet sich spiralenförmig (eine ovale Spirale) in die Woche hinein. Neben dem Juni ist ein Haltepunkt, wo ich für gewöhnlich stehe, und wenn ich an ein Datum denke, begebe ich mich dorthin.«

Eine andere Synästhekerin beschreibt das Aussehen ihrer Jahre den Lesern der Synesthesia-Liste folgendermaßen:

»Meine Jahre ähneln Leitern, die auf dem Boden liegen und in unterschiedliche Richtungen laufen, je nachdem in welchem Jahr wir uns befinden. (...) Die Sprossen der Leitern sind die Monate, und sie sind von unterschiedlicher Farbe, Oberflächenbeschaffenheit und so weiter. Auch die Leitern selbst sind von unterschiedlicher Farbe, je nachdem um welches Jahr es sich handelt. Ich ›renne‹ um diese Leitern herum und verharre an verschiedenen Stellen, um einen ›Blick‹ auf die Monate und so weiter zu werfen, je nachdem an was ich denke. Zum Beispiel, wenn ich an 1981 denke, dann ›renne‹ ich los und ›verharre‹ schließlich, wobei meine Zehen den Januar berühren und ich zum Dezember aufschaue. Der Januar ist eine große dunkelrote und marineblaue Fläche zwischen den Sprossen.«

Christina McAllisters Beschreibung ihres Jahres zeigt, wie ungewöhnlich und wie präzise das Bild sein kann, das ein Synästhetiker von der Zeit hat:

»(...) Mein Jahr hat ungefähr die Form eines Turnschuhs (wobei die Spitze nach rechts zeigt) oder eines Brotlaibs, dessen eines Ende viel höher ist als das andere. Zeichnen Sie, in der unteren rechten Ecke beginnend, eine schwungvolle, leicht gekrümmte Linie nach Westen, die Sie dann vertikal nach oben fortführen, bis sie ungefähr ein Drittel der Länge der ersten Linie erreicht hat, von dort aus ziehen sie eine weitere Linie nach Nordnordost, die ungefähr ein Drittel so lang ist wie die zweite, die vertikale Linie. Dann setzen Sie sie um ungefähr zwei Drittel der Länge der allerersten Linie und leicht gekrümmt nach Südost fort, und lassen sie danach nach Südsüdost abknicken, damit sie sich mit dem Anfang der ersten Linie trifft. Es wäre natürlich viel einfacher, wenn ich das selbst zeichnete, anstatt zu versuchen, es mit Worten zu erklären.«

Eine andere Beiträgerin zur Synesthesia-Liste schreibt:

»Ich habe einmal versucht, meiner Familie mein Jahr zu erklären, weil ich wissen wollte, wie ihres aussah, doch keiner von ihnen begriff, wovon ich eigentlich redete. Mein Jahr ist (...) ein Oval, wie ein auf der Seite liegendes O, aber schmaler. Wenn ich ein Jahr ganz im Allgemeinen, seine Gestalt, sehe, nimmt es eine gelbe Farbe an, weil meine Os gelb sind. Wie auch immer, Neujahr liegt bei zwölf Uhr, die Sommermonate (Juni, Juli, August) erstrecken sich von ungefähr acht Uhr bis fünf Uhr. Mein Jahr verläuft gegen den Uhrzeigersinn, weiß der Himmel, warum. Von acht bis fünf Uhr ist es leuchtend rosa, während es im Bereich von zwölf Uhr (Januar) eine hübsche grüne Farbe besitzt.
Meine Woche sieht ein bisschen einfacher aus. Die Wochenenden sind großen dunkle Rechtecke, während die Wochentage Quadrate sind. Sie sind alle horizontal nebeneinander aufgereiht. Ich habe ein bisschen Angst vor dem nächsten Jahrhundert (...), einfach wegen des Wechsels der Ziffern. Während die Neun – und daher die Jahre von 1900 an – von einem gediegenen, weichen Schwarz sind, ist die zwei eine silbrige, weiße, glänzende Ziffer. Es ist etwas, an das ich wirklich nicht denken möchte – überall so weißes, silbriges Zeug zu sehen.«

Die beschriebenen Zeit-Gebilde erinnern von ihrer Komplexität und ihrer ausgeprägten Eigenartigkeit her an Dinge, die wir im Traum sehen. Derselbe mysteriöse, uns nicht bewusste Teil von uns selbst, der nachts Traumbilder aneinander reiht, erschafft vielleicht auch am Tag Bilder von ästhetisch ansprechenden, funktionellen Zeitlandschaften, bei denen die Farben eines Synästhetikers, die alltäglichen Abläufe in seinem Leben und seine stimmungsmäßigen Reaktionen darauf miteinander verknüpft sind.

Wenn ich daran denke, was ich *heute* zu tun habe, bin ich schon so weit in diesem Tag drin, dass ich seine Gestalt nicht zu erkennen vermag. Sogar die Farbe des Tages vergeht, um den »Zahlenfarben« der Stunden Platz zu machen, die vor mir in der Höhe hängen oder hinter mir in tieferen Regionen des Tages. Die Farben der Stunden sind es, die ich sehe, wenn ich in dem Tag »drin« bin, der Tag selbst hat nur dann eine Farbe, wenn ich von außen auf ihn blicke, weiter von ihm entfernt bin, sodass ich ihn als Teil des Gesamtbildes sehe, das die Woche ist. Während ich dies schreibe, befinde ich mich in Newport, Rhode Island, und außerdem neben der großen grünen, roten und weißen Zeitangabe 2:30, die in der gräulichen Luft des heutigen Tages schwebt. Oben in der Ferne vermag ich eine kleinere 5 von einem weichen Purpurrot auszumachen: 5 Uhr ist der Zeitpunkt, an dem ich in den Bus steigen muss, um nach New York zurückzufahren. Oberhalb der purpurnen 5 kann ich ein großes oranges, graues und samtig-purpurrotes 9:45 erkennen, das die Zeit angibt, zu der der Bus die Endstation in New York erreichen wird, und noch weiter oben schwebt eine weiße 10. Um 10 Uhr abends hoffe ich endlich den Schlüssel im Schloss meiner Wohnungstür herumdrehen zu können und wieder zu Hause zu sein.

An der obersten Spitze des heutigen Tages sehe ich eine weiß-grüne 12. Um Mitternacht will ich zu Bett gehen. Damit hat der Tag seinen Gipfel erreicht, und ich muss einen Abhang hinuntergleiten, um zu sehen, wie die Zahlen der Stunden sich auf den Tiefpunkt, der der nächste Morgen ist, zubewegen, an dem der Wecker um die rote und gelbe Uhrzeit 6:30 klingeln wird. Das Gelb der 6 ist lebhafter als das Rot der 3, nicht nur weil die 6 zuerst kommt, sondern auch, weil das Gelb der 6 dem Gelb der Morgensonne entspricht.

An den Monaten meines Jahres kann ich ebenfalls erkennen, wie diese Verbindung aus synästhetischen Buchstaben und Zahlen, sowie eine Reihe sozialer Konventionen, die für mein eigenes Leben relevant sind, die Ausformung meiner Zeitlandschaft beeinflusst haben. Mein Jahr ist von länglicher Gestalt und besteht aus zwölf farbigen Rechtecken, je einem für jeden Monat. Jetzt, während ich dies schreibe, ist es Anfang November, deswegen habe ich gerade erst die Obergrenze des grünen und weißen Oktoberrechtecks überschritten und ein paar Schritte in die tiefbraune Fläche des Novembers hinein gemacht, dem das preiselbeerfarbene V, die vibrierend roten Es und das hellbraune M des Monatsnamens Wärme verleihen. Hat die Tatsache, dass man zu Thanksgiving Preiselbeeren isst, die Bedeutung des V, das ja die Farbe dieser Beeren hat, gesteigert? Vom November gehe ich zum Dezember/December hinüber, einer Fläche von einem helleren und wärmeren Braun, mit den beiden roten Es, dem hellbraunen M und dem tiefblauen C. Wenn ich mich später im Monat dem weiter hinten liegenden Teil des Dezember-Territoriums nähere, dann sehe ich das Funkeln von Weihnachtsschmuck: Die Dezember-Fläche kann sich öffnen, um den Blick auf richtige Festtagsszenen freizugeben, mit Plätzen, wo Christbäume verkauft werden, und Menschen, die Einkäufe machen und durch die verschneiten Straßen von New York City eilen. Wenn ich die letzten Schritte auf dem Dezember-Territorium gemacht habe, gehe ich um eine Ecke und überquere die Grenze zum schwarzen Januar-Tümpel mit seiner granatfarbenen Umrandung. Es hat mir Rätsel aufgegeben, warum der Januar – ein blaues Wort – auf meinem Kalenderpfad zu einem schwarzen und granatroten Monat geworden ist. Es war ein großes Geheimnis – ähnlich wie das, warum einige Verben unregelmäßige Formen ausbilden. Ich erinnere mich an den kleinen Ring mit dem Granat am Finger von Patsy Ronayne, meiner allerersten »besten Freundin« in meiner Kindheit, die am 31. Januar Geburtstag hatte. Könnte diese Erinnerung dem kalten, sonnenlosen Monat Farbe verliehen, und ihn von einem häherfederblauen Wort in einen schwarzen, granatrot gesäumten Monat verwandelt haben?

Ich lasse den schwarzen und roten Januar hinter mir und überquere die Grenze zum nebelverhangenen Februar, der so grau und rauchig wie sein Anfangsbuchstabe ist. Sein Rechteck ist kleiner als die von Januar und März, die es flankieren, vielleicht deswegen, weil der Februar ein kürzerer Monat ist. Das von März ist groß und braun, aber von einem dunkleren Braun, als die Farbe des Anfangsbuchstabens des Monatsnamens es erwarten ließe. Ich assoziiere den März mit Regen, vielleicht weil er der Monat ist, in dem in New York der Winter in den Frühling übergeht und anstelle von Schnee Regen fällt, der die Gehsteige der Stadt vor Nässe bräunlich glänzen lässt. Der April ist ein oranger, gelber und rosafarbener Monat, wobei die orangen und die gelben Töne von dem orangefarbenen A und dem blassgelben P herrühren, während das Rosa, das auch in dem Monat enthalten ist, eigentlich durch keinen der Buchstaben gerechtfertigt wird. Vielleicht ist es die Erinnerung an die rosa Bänder, mit denen die Körbchen voller Eier geschmückt waren, die der Osterhase mir zu diesem Fest gebracht hatte.

Der Mai ist von einem ruhigen Hellbraun, und mit ihm ist ein Gefühl von Behaglichkeit und Beständigkeit verbunden. Wenn es Mai wird, hat der Frühling wirklich Einzug gehalten, und das Tauziehen mit dem Winter, der nicht weichen will und ab und zu noch kühlere Temperaturen schickt, hat so gut wie aufgehört. Es ist auch der Monat, in dem ich Geburtstag habe, was in meiner Kindheit ein noch ruhigeres, zufriedeneres Gefühl auslöste, als ich jetzt beim Gedanken an den Mai empfinde.

Der Juni ist von einem dunkleren Blau als dem, das sein Anfangsbuchstabe aufweist: Das bewirken das braune U und das braune N. Der Juli mit seinem blassgelben L scheint in das sonnenbeschienene Meer an den Stränden von Rockaway und Jones überzugehen, zu denen meine Eltern mit meinem Bruder und mir in den Sommertagen meiner Kindheit so oft fuhren. Der August ist von einem dunklen, glühenden Orange, einer Farbe, die eigentlich noch intensiver ist, als der Anfangsbuchstabe es rechtfertigt; wahrscheinlich macht sich der Einfluss der intensiv glühenden Sonne bemerkbar, die manchmal an einem stickig-heißen Augustnachmittag in New York am Himmel hängt. Um vom August zum September zu gelangen, biege ich um eine Ecke, verlasse das heiße orange Territorium und betrete einen nüchternen weißen Raum, wo Zimmertemperatur herrscht. Ich schreite in den stumpfweißen Monat hinein, der nichts Funkelndes an sich hat wie der Buchstabe S, wenn er alleine steht. Die Farbe erinnert mehr an das Mattweiß einer Heftseite oder eines Ringbuchblattes und ist daher mit »Wiederbeginn der Schule« assoziiert. Ich überschreite die Grenze zum Oktober und betrete damit einen weiteren weißen Monat, der aber einen grünen Saum hat. Ich konnte mir nicht erklären, warum dieser grüne Saum da war (obwohl Oktober tatsächlich ein grünes B enthält), bis mir klar wurde, dass er auch auf das Grün der Ziffer 7 zurückgehen konnte – der 7. des Monats war der Geburtstag meines Bruders – und auf die grüne 2 der Zahl 28 – auf diesen Tag fiel der Geburtstag meines Vaters.

Es scheint so, als erfände unser Geist seine eigene Kurzschrift und als verflechte er Elemente des Gesellschaftlichen und Subjektiven miteinander, um seine Zeitlandschaften zu kreieren. Dieses gesellschaftlich/subjektive Geflecht ist für die Synästhetikerin Susan Hellerer, die ihrer eigenen Definition nach »Ritual-Designerin« von Beruf ist, zusätzlich noch mit einem spirituellen Element verschmolzen. Hellerer hat das Gefühl, im wahrsten Sinne des Wortes »in« der Zeit zu sein, sich im Inneren einer Stunde oder eines Tages zu bewegen oder im Inneren einer Woche unterwegs zu sein und, wenn sie sich umdreht, hinter sich die kleineren vergangenen Tage oder Wochen zu sehen, die allmählich in der Ferne verschwinden. Susan Hellerer meint, dass dieses besondere Zeit-Empfinden ihr dabei hilft, kreative rituelle Zeremonien zu entwerfen und zu choreografieren, die auf die persönlichen Bedürfnisse und den persönlichen Geschmack ihrer Klienten zugeschnitten sind und mit denen bestimmte wichtige Ereignisse im Verlauf ihres Lebens begangen werden sollen: Hochzeiten, Geburten, Pensionierungen. Außerdem entwirft sie Zeremonien für wichtige Stationen im Leben von

Frauen, für die in unserer Kultur keine formellen Rituale existieren: für das Einsetzen der Menstruation, den Beginn der Wechseljahre, sogar für eine Ehescheidung.

Bei vielen dieser Rituale kommt die Vorstellung vom »Lebensrad« zum Tragen – für Hellerer ist dieses Lebensrad nichts Abstraktes, keine bloße Vorstellung, sondern etwas sehr Reales. »Das Rad des Lebens, das für meine Studenten etwas Abstraktes ist, erlebe ich ganz konkret«, sagt sie. »Ich habe immer das Gefühl, auf dem Rad des Lebens zu gehen, weil die Zeit für mich so aussieht und sich so anfühlt. Es ist überhaupt keine Metapher, sondern Teil meiner täglichen Erfahrung.«

Hellerer, die einen Magister in Theologie am Union Theological Seminary gemacht hat, glaubt, dass die spirituelle Vorstellung vom »Durchwandern des Labyrinths« ihren Ursprung in der Fähigkeit des menschlichen Geistes hat, Zeit als Raum, als einen Ort zu erleben. Sie empfindet auch das liturgische Jahr als einen Ort:

> »Alle Ereignisse des liturgischen Jahres besitzen eine Choreografie und Farbe. Ich werde dies alles den Schülerinnen in meiner spirituellen Gruppe, die sich ›Woman Wheel‹ nennt, schildern, und sie werden eine Weile lang inspiriert sein. Während es für mich eine reale Erfahrung ist, hört sich die Schilderung, wie ich durch das Jahr gehe, für sie sehr phantasievoll an. Die Schülerinnen werden daher sehr interessiert sein, doch dann beginnt meine Schilderung an einem Punkt anzukommen, von dem an sie mir nicht mehr folgen können. Ich muss mich daran erinnern, dass ich mein Jahr-Rad sehe und weiter auf ihm gehe, sie aber nicht.«

Susan Hellerers Bemerkungen über ihren Unterricht erinnern mich an die Erzählung des Physikers Richard Feynman darüber, dass er sich fragte, »wie zum Teufel« die bunten Gleichungen, die er während seiner Vorlesung vor sich erblickte, wohl für seine Studenten ausschauten, die sie ja nicht »sehen« konnten. Hellerer bringt ihre Wahrnehmung farbiger Wortmuster und Zeitlandschaften mit einer tiefen Ehrfurcht in Verbindung, die sie immer dem Leben gegenüber empfunden hat. »An einem gewissen Punkt begann ich zu begreifen, dass der Nutzen, den meine Studentinnen aus meinem Unterricht zogen, weniger mit meinen Kenntnissen geheiligter Rituale zu tun hatte als vielmehr damit, dass sie eine Ahnung davon bekamen, wie ich wahrnehme. Sie haben das Gefühl, dass meine Art der Wahrnehmung davon zeugt, dass ich mit etwas in Berührung bin, das sie in sich selbst zu finden hoffen.«

Obwohl Hellerer sagt, dass ihr ihre Art zu sehen lieb und wert ist, gibt sie auch an, als Heranwachsende deswegen ein gewisses Schuldgefühl verspürt zu haben. »Ich wusste, dass ich die Dinge nicht so lernte, wie meine Lehrer es wollten«, sagt sie. »Ich nahm Informationen auf eine andere Weise auf, als ich sollte, mit Hilfe von ›Kniffen‹, die meine Lehrer nicht billigen wollten.« Auch einige ihrer Freundinnen schienen ihre »frivole« Art der Wahrnehmung nicht gutzuheißen:

> »Ich entsinne mich, wie ich, als ich acht war, meine beste Freundin fragte: ›Was machen deine Buchstaben und Ziffern?‹ Die Freundin schaute mich an, als ob ich verrückt sei. Ich ließ das Thema fallen und schnitt es im Gespräch mit ihr nie wieder an. Ich fing an, meine dreidimensionalen Buchstaben-, Zahlen- und Zeitland-

schaften als etwas anzusehen, das mit einer Art ›geheimer Magie‹ zu tun hatte, an der andere Leute nicht teilhaben konnten, und das ließ das Gefühl in mir entstehen, dass ich Informationen auf eine Weise aufnahm, die falsch war. In gewisser Weise schmerzt es sogar jetzt noch ein bisschen, darüber zu sprechen, weil es mich an die Zeit erinnert, als ich klein war und die Leute dachten, ich würde phantasieren oder wäre ganz einfach fürchterlich albern. Ich glaubte damals, die Art und Weise, in der ich Dinge in mich aufnahm, verbergen zu müssen.«

Vor kurzem las ich in einem Artikel in der *New York Times*, dass die Menschen in verschiedenen Regionen Chinas zwar ganz verschiedene Dialekte sprechen, dass sie aber durch die – visuell wahrnehmbaren – Ideogramme ihrer gemeinsamen Schriftsprache geeint werden, und mir kam in den Sinn, dass auch Synästhetiker miteinander verbunden sind, und zwar durch die Bilder, die sie in ihrem Inneren erblicken, wenn diese auch bei jedem von ihnen anders aussehen mögen. Wenn auch die Farben, Formen und Dimensionen ihrer jeweiligen Landschaften sich voneinander unterscheiden, werden Synästhetiker durch die Tatsache an sich, dass sie Zeit und Sprache als Orte wahrnehmen, miteinander vereint, weil sie nämlich erkennen, dass es sich um eine Erfahrung handelt, die ihnen allen gemeinsam ist. Jenem Ausruf, der so herrlich ist, weil er uns Menschen miteinander vereint: »Du siehst also, was ich sehe!«, können wir Synästhetiker noch einen zweiten hinzufügen: »Du gehst also dorthin, wo ich hingehe!« In dem einen wie dem anderen Ausruf kommt etwas von dem beglückten, erleichterten Gefühl zum

Ausdruck, in vertrauter Gesellschaft zu sein, das uns plötzlich durchströmt und das uns sagt, dass wir Synästhetiker, wenn wir auch in verschiedenen Straßen wohnen mögen, doch alle in derselben Stadt zu Hause sind.

11

Synästhesie im Cyberspace

Das Internet wurde für Synästhetiker geschaffen.

Dr. Peter Grossenbacher

»Cyber-Country« ist der Ort, wo sogar die am wenigsten der Norm entsprechenden Sichtweisen eine Chance haben, auf ihre Existenz hinzuweisen. Synästhetiker haben nicht lange gezögert, ihren Visionen im Internet Ausdruck zu verleihen. Seit den Neunzigerjahren ist eine ganze Schar von entsprechenden Websites eingerichtet worden. Dazu gehört auch die »Synesthesia List« von Sean Day, die ein absolutes »Muss« für jedermann ist, der das Internet nach diesem Phänomen durchsuchen will. Sie ist der Ort, an dem Synästhetiker miteinander in Kontakt kommen und miteinander chatten können, an dem sich »digitale Stimmen« miteinander verbinden, um eine synästhetische Kultur zu schaffen, deren Evolution ständig weiter voranschreitet. Day, ein Englischdozent, der an der Purdue University einen Doktortitel erworben hat, hat die Liste begründet und leitet sie. Sie bietet Synästhetikern in der ganzen Welt, die über ihre Wahrnehmungserlebnisse berichten wollen, ein Forum. Day ging 1992 mit seiner Liste ins Netz, nachdem er sich voller Begeisterung an einer

Linguistik-Liste beteiligt hatte, die die Purdue University ins Leben gerufen hatte. Er dachte sich: »Warum nicht eine solche Liste für Synästhetiker?« Er ist selber Synästhetiker, der Musik farbig wahrnimmt und eine ganze Reihe von Instrumenten spielt, darunter Schlagzeug, Gitarre, Xylophon, Marimba, Vibraphon, Orgel, Laute und – sein Lieblingsinstrument – Klavier. Er sagt, dass der Klang eines Klaviers wie »himmelblaues billiges Plastikmaterial« aussieht. Er hört auch gerne den Farben von Musikinstrumenten zu, die er selber nicht beherrscht, so zum Beispiel des Altsaxophons – das klingt/aussieht wie »angeknipste purpurne Neonröhren«. Obwohl er aus einer Familie stammt, in der fast jeder selbst Musik macht, ist er das einzige Mitglied, das sie in Farbe vernimmt. Day hat farbige Musik wahrgenommen, solange er sich erinnern kann, und manchmal gefallen oder missfallen ihm Songs wegen ihrer Farben.

Wie alle anderen Synästhetiker, mit denen ich gesprochen habe, nahm auch Day an, dass jedermann dasselbe wahrnahm wie er, bis er als Achtjähriger gegenüber seiner Mutter die Farben eines Liedes erwähnte, das er mochte, und merkte, dass sie gar nicht wusste, wovon er redete. Er erzählt: »Das hatte nicht zur Folge, dass ich mir wie ein ›Freak‹ vorkam, wie irgendeine Monstrosität (...), und es hat mich überhaupt nicht sonderlich beunruhigt. Ich hatte bloß keine Lust, mit anderen Leuten über meine farbige Musik zu reden, weil ich dachte, sie würden es sowieso nicht kapieren.«

Als er älter wurde, stellte er fest, dass Jazzmusiker am ehesten begriffen, wovon er sprach. Einige von ihnen hatten zumindest von Kollegen gehört, die farbige Musik vernahmen. Der Titel *Blue in Green* der Miles-Davis-Komposition auf seinem Album *Kind of Blue* gibt einem zu denken. Day sagt jedoch, dass Davis kein Synästhetiker war, sondern einfach jemand, den die Idee faszinierte, Farbe und Musik miteinander zu vereinen. Day hat jedoch erfahren, dass ein anderer Jazztrompeter, Dizzy Gillespie, wirklich Musik farbig hörte. Er erzählt, dass seine Eltern einst derselben Kirchengemeinde angehörten wie Gillespie, und sie und andere Gemeindemitglieder erinnern sich daran, wie Gillespie seine farbige Musik in Vorträgen schilderte, die er hin und wieder vor ihnen hielt.

Was seine eigenen musikalischen Wahrnehmungen betrifft, so berichtet Day, dass die Farben einiger Songs starke Emotionen in ihm wachrufen. Die Farbtöne des Pink-Floyd-Titels *Comfortably Numb*, der auf dem Album *The Wall* zu hören ist, sind »wirklich gespenstisch«. Er spricht von dem »glänzend schwarzen« Hintergrund des Songs, der »sporadisch von entfernten Lichtblitzen aufgehellt wird – blau-weißes elektrisches Plasma (...) mit dünnen roten Strömen, die hier und da über die schwarze Oberfläche rinnen«.

Sean Day hat zwar, so weit er sich zurück erinnern kann, synästhetische Wahrnehmungen gehabt, mit dem Wort für das Phänomen wurde er aber erst viel später in seinem Leben durch einen seiner Professoren an der Purdue University bekannt gemacht. Und noch später, so entsinnt er sich, entdeckte er an sich auch die Fähigkeit, farbig zu schmecken. Das geschah, als er zum ersten Mal eine Tasse sehr starken Espresso trank. Der Geschmack ließ ihn »eine Lache von grünem Öl« sehen. Danach nahm er auch den Geschmack anderer Speisen und Getränke farbig wahr: gedämpfte, mit Ingwer gewürzte Calamari lassen ihn hellorangen Rasierschaum sehen, bei Beefsteak sieht er Blau.

Day, der außer der Synesthesia-Liste auch seine eigene Homepage eingerichtet hat, betrachtet es als seine Mission, die Öffentlichkeit über ihre Mitbürger, die mit Synästhesie begabt sind, aufzuklären. Wie viele Forscher glaubt auch er, dass man, wenn man Synästhesie besser durchschaut, auch besser verstehen wird, wie das Gehirn funktioniert und wie seine einzelnen Teile miteinander kommunizieren. Day will aber auch darauf aufmerksam machen, dass Synästhesie harmlos und möglicherweise sogar nützlich ist, damit synästhetische Wahrnehmungen nicht mit Halluzinationen verwechselt werden. Er weiß von ein paar Fällen, in denen eine solche Verwechslung tragische Folgen gehabt hat: Ein Beiträger zur Synesthesia-Liste aus Südamerika berichtete von einem anderen Synästhetiker, den man als schizophren in eine Klinik einwies, nachdem er preisgegeben hatte, dass seine Wörter Farben besaßen, und ein klinischer Psychologe aus Taiwan berichtete von einem japanischen Synästhetiker, der eingeliefert wurde, nachdem er berichtet hatte, dass er farbige Klänge vernahm. Ähnliches wusste ein Forscher bei einem regionalen Treffen der American Synesthesia Association, das 1999 am Pierce Laboratorium von Yale stattfand, aus den USA zu berichten: Eine Mutter hatte berichtet, dass der Hausarzt der Familie ihren kleinen Sohn im Verdacht gehabt hatte, schizophren zu sein, nachdem der Junge erzählt hatte, dass er Buchstaben farbig höre.

Days Idee war es ursprünglich gewesen, den Synästhetikern mit seiner Liste ein Forum zu verschaffen, damit sie Neurologen, Psychologen und anderen Fachleuten Fragen in Bezug auf ihre Wahrnehmungen stellen konnten. Da aber so viele verschiedene Theorien umliefen, sah er es als »das Beste an, wenn man wirklich dem zuhörte, was Synästhetiker erzählten, und versuchte, mit ihnen gemeinsam eine Erklärung zu finden. Während ich ursprünglich gehofft hatte, verschiedene ›Experten‹ anzapfen zu können, um hilfreiche Informationen für meine Dissertation zu bekommen, ging ich beinahe sofort dazu über, stattdessen andere Synästhetiker auszuhorchen.«

Day hat an der National Central University von Taiwan seit 1996 Englisch unterrichtet und hofft, weitere Studien über die synästhetischen Empfindungen von chinesischen Muttersprachlern anstellen zu können. Er hat schon umfangreiche Forschungen auf dem Gebiet der Synästhesie durchgeführt und unter anderem Unterschiede zwischen der Wahrnehmung von männlichen und weiblichen Farbe-Sprache-Synästhetikern analysiert und aufgelistet – bisher hat er keine signifikanten geschlechtsspezifischen Unterschiede entdeckt.

Wenn Sie Sean Days Homepage besuchen wollen, hier ist die Adresse: http://www.users.muohio.edu/daysa/synesthesia.html. Um selber zu der Liste beitragen zu können, muss man ihm eine E-Mail an die Adresse daysa@cc.ncu.tw schicken. Day ist zu dem Zeitpunkt, da ich dieses schreibe, aufgefordert worden, an der Miami University von Ohio Englisch zu unterrichten. Er kann auch über die Website der Universtität kontaktiert werden: www.muohio.edu.

Zusammen mit dem Fachwissenschaftler Peter Grossenbacher und der Künstlerin Carol Steen bildet Sean Day den Vorstand der American Synesthesia Association, Incorporated (ASA, Inc.). Diese gemeinnützige Vereinigung, die sich ständig weiterentwickelt, hält jährliche Versammlungen an Orten wie den National Institutes of Health, dem J. B. Pierce Laboratorium der Yale University und der Princeton University ab. Dem allerersten Treffen der ASA haben nur zwei Teilnehmer beigewohnt: Carol Steen und ich selbst. Wir saßen 1995 in ihrem Loft, tranken Tee und träumten von der Möglichkeit, eine Synästhesie-Kultur im Internet zu entwickeln. Lange waren Carol und ich die beiden einzigen Mitglieder der ASA, doch jetzt ist unsere Gemeinde dabei zu wachsen. (Um Informationen über die Vereinigung zu erhalten, kontaktieren Sie bitte Carol Steen unter: rednote@infohouse.com.)

Die ASA hielt ihre erste nationale Versammlung unter dem Vorsitz von Greta Berman und Carol Steen am 19. Mai 2001 an der Princeton University ab, und zwar in einem Gebäude auf dem Campus, das passenderweise den Namen Green Hall trug. Konferenzen zum Thema Synästhesie zeichnen sich dadurch aus, dass sie zu den wenigen Veranstaltungen dieser Art gehören – vielleicht sind sie auch die einzigen –, bei denen sich Wissenschaftler und deren Studienobjekte als Personen von gleichem Rang begegnen. Die Vortragenden aus den Reihen der Wissenschaftler entschuldigten sich bei den Syästhetikern in der Zuhörerschaft dafür, dass sie die Ausdrücke »anormal« oder »normal« verwendeten, wenn sie über die Wahrnehmungen von Synästhetikern bzw. Nicht-Synästhetikern sprachen. Sie erklärten, dass sie diese Ausdrücke nur in einem »statistischen« Sinn verwendeten. (Man fragt sich, ob Synästhesie-Konferenzen nicht ein Modell für andere Veranstaltungen, in deren Mittelpunkt die Erforschung des menschlichen Verhaltens steht, abgeben könnten. Könnte man nicht einen Gewinn daraus ziehen, wenn Forscher und die Personen, die sie erforschen, auf solche Art zusammenkommen?) Eine Teilnehmerin, die Synästhetikerin Sarah Piekut, meinte, dass sie noch nie in ihrem Leben so viele Individualisten an einem Ort versammelt gesehen habe. Es könnte durchaus sein, dass Synästhetiker, die sich vorgenommen haben, ihre ausgefallenen Wahrnehmungen zu erkunden, und Forscher, die sich entschieden haben, dieses Gebiet, das traditionell immer nur am Rande des wissenschaftlichen Interesses gelegen hat, in den Mittelpunkt ihrer Arbeit zu stellen, von besonders individualistischer Veranlagung sind.

Die Forscher berichteten von einer Vielzahl unterschiedlicher experimenteller Studien: Dr. Eric Odgaard, der zusammen mit Dr. Larry Marks die am Pierce Laboratorium der Yale University vorgenommenen Studien leitet, sprach über Experimente mit Synästhetikern, bei denen der so genannte »stroop effect« absichtlich einbezogen wurde. Dieser Effekt tritt dann ein, wenn man die Reaktionszeit einer Person verlangsamt, indem man ihre Aufmerksamkeit aufsplittert. Fast alle Menschen brauchen zum Beispiel länger, um das Wort »grün« zu identifizieren, wenn es mit roter Tinte geschrieben ist. Odgaard fand heraus, dass Synästhetiker mehr Zeit brauchen, um die Farbe von Buchstaben oder Ziffern, die ihnen in schriftlicher Form vorgelegt wurden, zu identifizieren, wenn diese von ihrer eigenen, synästhetisch wahrgenommenen, abweicht. Noam Sagiv von der University of California in Berkeley sprach über das »Verbindungsproblem« bei Synästhesie. Er berichtete von Experimenten, die er durchgeführt hatte und die Hinweise darauf lieferten, wie Informationen sich im Kopf von Synästhetikern möglicherweise miteinander verbanden, um synästhetische Wahrnehmungen hervorzubringen. Dr. Peter Grossenbacher gab einen Überblick über die Forschung und sprach darüber, was Synästhesie der Menschheit im einundzwanzigsten Jahrhundert vielleicht an Vorteilen bieten könne. Dr. Gail Martino referierte darüber, wie die Kenntnis der Funktionsweise von schwacher Synästhesie in der Marktforschung und bei der Entwicklung bestimmter Produkte eingesetzt werden könnte.

Edward Hubbard und der dynamische Dr. Vilayanur Ramachandran von der University of California in San Diego beschlossen die Konferenz, indem sie den Teilnehmern vor Augen führten, wie die Erforschung der Synästhesie »ein Fenster in die Natur des Menschen« öffnen, uns zum Beispiel Erkenntnisse über die Neigung des menschlichen Geistes, Metaphern zu ersinnen, vermitteln könnte. Ramachandran erklärte: »Wissenschaftler haben das Phänomen Synästhesie oft abgetan, indem sie sagten: ›Ach, diese Künstler drücken sich einfach nur metaphorisch aus.‹« Auf diese Weise hätten sie den verbreiteten Fehler begangen, ein Geheimnis des menschlichen Verhaltens mit einem anderen Geheimnis des menschlichen Verhaltens zu erklären. »Was bedeutet es, sich metaphorisch auszudrücken?«, fragte Ramachandran. »Diese Form, sich auszudrücken, ist selber ein Geheimnis.« Er wies darauf hin, dass die Untersuchung von Synästhesie uns helfen könnte, dieses Geheimnis aufzudecken, da man nämlich unter den »heterogenen neuralen Pattern« von Synästhetikern »auch eines findet, das erhöhte Aktivität im *Gyrus angularis* erkennen lässt, einem Areal des Gehirns, das bei der Erschaffung von Metaphern eine entscheidende Rolle spielt.«

Obwohl die teilnehmenden Wissenschaftler sehr viele unterschiedliche Ansichten zum Ausdruck brachten und sich oft in lebhafte, aber stets in freundschaftlichem Ton geführte Debatten stürzten, vereinte sie eine gemeinsame Überzeugung: dass nämliche synästhetische Wahrnehmungen wirklich existierten. Daran hatte keiner von ihnen den geringsten Zweifel. Es sind mittlerweile genügend Belege und Beweise dafür zusammengetragen worden, sodass das Phänomen definitiv in der wissenschaftlichen Gemeinde angekommen ist. Die Debatten kreisten vor allem um Fragen, die bei der Untersuchung vieler Aspekte menschlichen Verhaltens von zentraler Bedeutung sind. Bis zu welchem Grad ist Synästhesie genetisch angelegt, bis zu welchem Grad ist sie von der Umwelt verursacht und geprägt? Wie bildet sich die synästhetische Wahrnehmung und wie steigt sie ins Bewusstsein auf?

Sozialwissenschaftler und Teilnehmer, die sich mit Kunst befassen, trugen ebenfalls Referate vor. Die Filmemacherin Sheri Wills sprach darüber, welche Rolle Synästhesie in der Geschichte des Filmemachens gespielt hat, und demonstrierte die Verschmelzung von Bild und Klang in ihrem Werk mit dem Titel *Nocturne*. Natasha Lvovich, die Schriftstellerin und Synästhetikerin, las aus ihrem Buch *The Multilingual Self* und ich selbst stellte einen Auszug aus dem Buch, das Sie gerade in Händen halten, vor. Die Synästhetikerin Carrie Schultz sprach ganz informell über ihr in der Entstehung begriffenes Werk *Chroma*, eine Videoinstallation, die Nicht-Synästhetikern eine Vorstellung davon vermitteln soll, was Synästhetiker wahrnehmen.

Diejenigen von Ihnen, die es versäumten, an der Konferenz der ASA teilzunehmen, aber gerne einmal in die Welt der Synästhetiker hineinschmecken wollen (synästhetisches Wortspiel beabsichtigt), können die Website des Massachusetts Institute of Technology, »The Synesthetic Experience«, einer der ersten, die eingerichtet wurden, besuchen. Karen Chenausky, eine Studentin am MIT und Farb-Sprache-Synästhetikerin, die Forschungen zu diesem Gebiet anstellt, rief diese Website ins Leben, um die Öffentlichkeit über Synästhesie zu informieren und gleichzeitig Nicht-Synästhetikern mit Hilfe der Wunder der Computer-Technologie eine Vorstellung davon zu vermitteln, wie Synästhetiker die Buchstaben des Alphabets in Farbe sehen. Außerdem wollte sie feststellen, inwieweit sich Synästhesie einsetzen ließ, um diese Technologie für den User weiterzuentwickeln. Nachdem sie ein Stipendium vom Council of the Arts des MIT bewilligt bekommen hatte, lud sie den bekannten Techniker Steve Mann und die synästhetische Künstlerin Carol Steen dazu ein, die Seite zusammen mit ihr zu entwerfen. Sie legte vor allem auch Wert darauf, Abbildungen der von synästhetischen Wahrnehmungen inspirierten Gemälde und Skulpturen Carols Steens aufzunehmen. 1997 wurde die Seite, die sowohl vom Optischen her ansprechend wie auch informativ ist, von der *Encyclopedia Britannica* ausgezeichnet: Sie erhielt zwei von vier – nach deren Bewertungssystem – möglichen Sternen (die meisten Seiten erhalten überhaupt keinen Stern). Im Audio-Teil der Seite erzählen Carol und Karen, wie sie sich zum ersten Mal ihrer Synästhesie bewusst wurden. In einem anderen Teil können die Besucher in gewöhnlichem Schwarz abgebildete Wörter eines Satzes anklicken und zuschauen, wie sich die Buchstaben, aus denen sie sich zusammensetzen, in farbige verwandeln, so wie Karen sie sieht.

Karen Chenausky meint, es sei wichtig, dass die Leute über Synästhesie Bescheid wüssten, denn, wie sie sagt, ist es »von einem wissenschaftlichen Standpunkt aus wichtig, von möglichst vielen Leuten zu wissen, wie sie mental funktionieren. Menschen mit besonderen Fähigkeiten oder besonderen Behinderungen zu untersuchen ist eine altehrwürdige Methode, den menschlichen ›Geist‹ im Allgemeinen zu untersuchen.« Sie glaubt auch, dass eine Kenntnis der faszinierenden Merkmale der inneren Welten von Synästhetikern positive Auswirkungen für die Gestaltung des *Interface*, den Bereich, der den PC und seinen Benutzer miteinander verbindet, haben kann, sie kann das Arbeiten mit dem Computer vergnüglicher machen. Wenn Sie sich die Seite anschauen wollen, geben Sie folgende Adresse ein: http://web.mit.edu/synesthesia/www/synesthesia.html.

In Europa wurde von den beiden Deutschen Andreas Mengel und Angela Mehder – beide Synästhetiker – eine Seite eingerichtet, die dem User eine Reihe der optischen Wahrnehmungen von Synästhetikern vor Augen führt (farbige Alphabete, Kalender, Ziffern und Ähnliches). Synästhetiker sind aufgefordert, Darstellungen ihrer Wahrnehmungen (besonders eingefärbte und gestaltete Alphabete, Ziffernpfade, Wochen- oder Monatspfade) beizusteuern. Besucher können sich diese ansehen, indem sie den Galerie-Button anklicken. Wenn Sie über »Flash Player 4« verfügen (oder ihn herunterladen können), können Sie sich auch die Aufnahme einer Radiosendung anhören, in der ich die synästhetische Künstlerin Carol Steen und den Synästhesie-Forscher Peter Grossenbacher interviewe (die Sendung wurde zuerst von WNYE-FM, dem New Yorker »Bildungssender«, ausgestrahlt). Andreas Mengel und Angela Mehder kamen auf die Idee, eine Synästhesie-Website einzurichten, weil »wir beide dachten, dass das Internet sich in idealer Weise für eine Beschäftigung mit dem Thema eigne – man kann Menschen überall auf der Welt ohne teure gedruckte Materialien oder eine kostspielige Medienkampagne erreichen«. Mengel, der über ein Thema aus dem Gebiet der Phonetik promoviert hat und gegenwärtig als Database-Manager für eine Mobilfunk-Gesellschaft arbeitet, nimmt farbige Ziffern und farbige Zeiteinheiten, die eine bestimmte Gestalt aufweisen, wahr. Er meint, dass das Bewusstsein solche Bilder schafft, weil »wir Wochen und Zahlen nicht direkt wahrnehmen und daher Gebilde erfinden, in die wir sie kleiden können«. Er war beeindruckt, als er entdeckte, was für eine Vielfalt von Zahlen-, Buchstaben- und Zeitkonzeptualisierungen Synästhetiker kennen, und meinte, dass man eine Database schaffen müsse, um sie zu speichern. Als er Angela Mehder kennen lernte, bemühten sie sich gemeinsam, eine solche Datenbank zu realisieren. Seine Partnerin stammt aus einer Familie, deren weibliche Mitglieder Synästhetikerinnen sind. Da ihre Mutter und ihre beiden Schwestern immer genau wussten, was sie meinte, wenn sie ihnen ihre bunten Zahlen schilderte (obwohl sich ihre Farben von denen der anderen unterschieden), dachte sie, dass ihre Mitschüler sie auch verstehen würden. Als kleine Mädchen fragten Andrea und ihre Schwestern ihre Klassenkameraden nach ihren farbigen Zahlen und Buchstaben und stellten fest, dass die meisten zwar keine Ahnung hatten, was sie meinten, einige wenige aber »genau wussten, wovon wir sprachen«, vor allem ein kleines Mädchen, das »gut im Musizieren war und Noten in Farbe sah«. Angela Mehder selbst kann sich sehr gut lange Zahlenfolgen, einschließlich Telefonnummern, merken. Um die Website von ihr und Andreas Mengel zu besuchen, geben Sie www.sensequence.de/indexde.html ein.

In Australien hat sich Pat Higgins, ebenfalls Synästhetikerin, die beruflich auf dem Sektor von Gesundheit und Rehabilitation tätig ist, entschieden, eine Synästhesie-Homepage anzulegen, nachdem sie erfuhr, dass es ein Wort für das Wahrnehmen farbiger Stimmen und musikalischer Klänge gibt, das seit jeher Teil ihrer Erfahrung war. Pat erzählt: »Es war eine enorme Erleichterung, zu erfahren, dass ich normal war und die Farbwahrnehmungen keine Wahnvorstellungen waren.« Da sie ein Verantwortungsgefühl für andere empfindet, entschloss Pat sich, darauf hinzuarbeiten, möglichst viele andere Synästhetiker und Personen, die in »pflegenden Berufen« tätig sind, zu erreichen, um ihnen ebenfalls diese Information zu übermitteln. Dass dies dringend notwendig war, wurde ihr deutlich, nachdem sie eine Reihe von Leuten interviewt hatte, die sich von Berufs wegen mit geistiger Gesundheit bzw. geistigen Erkrankungen beschäftigten, und nur bei einer Person auf Kenntnis des Phänomens Synästhesie stieß. Pat meinte: »Es wäre wirklich traurig, wenn es andere Menschen wie mich gäbe, die auf Grund mangelnden Wissens isoliert wären und niemanden hätten, mit denen sie Informationen über [synästhetische] Wahrnehmungen austauschen könnten.« Pat beschreibt einige ihrer tiefer gehenden Empfindungen beim Anhören von Musik, wie sie sie vor allem während – seltener – geruhsamer Stunden am Abend hat, wenn sie auf dem Klavier improvisiert. »Ich sehe [dann] smaragdgrüne kreisförmige Gebilde auf meinen Fingerspitzen oder in ihrer Nähe. Wenn das geschieht, wird mir bewusst, dass ich mich sehr heiter fühle und von innerem Frieden erfüllt bin.« Sie können Pats Website unter http://www.traralgon.net/isa-aus/index.html. aufrufen.

Zur Gründung der American Synesthesia Association wurden wir durch die Existenz der International Synesthesia Association (ISA) angeregt, die von Forschern der Universität Cambridge, England, ins Leben gerufen wurde. Über eine längere Zeitspanne hinweg organisierte die ISA jedes Jahr einen »Synesthesia Day«, auf dem Forscher und Synästhetiker ihre jeweiligen Experimente und persönlichen Erfahrungen in Referaten vorstellten. Die ISA bietet Artikel über die wissenschaftliche Erforschung des Phänomens an und veröffentlicht jedes Jahr auf ihrer Website einen »Newsletter«. Sie finden die Website unter www.psychiatry.cam.-ac.uk/isa/frames.html. Wenn Sie die Website der ASA besuchen wollen, müssen Sie www.multimediaplace.com/asa eingeben.

Weitere Websites zum Thema, die Sie besuchen können:

http://www.doctorhugo.org/synaesthesia/
http://www.macalester.edu/~psych/whathap/UBNRP/synesthesia/main.html
http://adaweb.walkerart.org/partners/
http://avoca.vicnet.net.au/~colourmusic/
http://www.mhh-synaesthesie.de

Mehrere Fernseh- und Radiosendungen haben sich mit dem Phänomen Synästhesie beschäftigt, außerdem gibt es Videos und eine ganze Reihe Bücher zu dem Thema. Einige davon seien hier aufgeführt:

Fernsehen und Video:

Beyond the Human Senses, eine Produktion der British Broadcasting Company (BBC), 11. Juli 2000.
Orange Sherbet Kisses, eine Produktion der BBC, 13. Dezember 1994.
»Seeing Things«, *60 Minutes* (Australien), 12. April 1998.
»The Strange World of Synesthesia«, *Future Watch* (CNN), 25. November 1995.

Synästhesie – Wenn das Klingende leuchtet, eine Sendung in der Reihe planet-wissen (WDR, SWR und BR) von Julia Ucsnay, 2002.

Wie wir hören: Synästhesie, eine Produktion des Westdeutschen Rundfunks (WDR) von Angela Bode. 20. Juni 2000.

Radio:

Interview mit Dr. Richard Cytowic, National Public Radio (NPR), 1993.

Interview mit Dr. Richard Cytowic und Carol Steen, ABC Radio, *National Health Report*, Juli 1996.

Pat Duffys Interview mit Dr. Peter Grossenbacher und der synäthetischen Künstlerin Carol Steen, WNYE-FM (New York City Educational Radio), November 1999.

»Synesthesia in the Morning«, Sebastian Kings Einführung zu den Lesungen Pat Duffys und Natasha Lvovichs aus ihren Büchern *Blue Cats* bzw. *The Multilingual Self*, WNYE-FM, New York, September 2000.

Interview mit Dr. Peter Grossenbacher und der Synästhekerin Carol Crane, *Todd Mundt Show*, National Public Radio (NPR), 2000.

»Synesthesia«, mit John Hockenberry als Moderator; Interviews mit Forschern und Synästhetikern (u.a. mit Dmitri Nabokov), *The Infinite Mind* NPR, 14. Januar 2001.

Bücher:

Belletristik

Joris-Karl Huysmans: *Gegen den Strich.*

Vladimir Nabokov: *Die Gabe.*

Vladimir Nabokov: *Ada oder Das Verlangen. Aus den Annalen einer Familie.*

Katherine Vaz: *Saudade.*

Boris Vian: *Mood Indigo* (Gedicht).

Neuere Sachbücher

Richard Cytowic: *Synaesthesia: A Union of the Senses.*
ders.: *Farben hören, Töne schmecken.* München, 1996. [Originaltitel: *The Man Who Tasted Shapes*]
Hinderk M. Emrich u. a.: *Welche Farbe hat der Montag? Synästhesie: Das Leben mit verknüpften Sinnen.* Mit einer Einf. von Richard E. Cytowic. Stuttgart, Leipzig, 2002.

Wenn ich mir Fernsehsendungen über Synästhesie anschaue, Bücher zu dem Thema lese oder Websites im Internet besuche, denke ich an meinen Vater – und mir wird klar, dass ich das Gespräch mit ihm fortsetze, das damals, im Jahr 1968, begann.

Lange bevor das Internet existierte und angesehene Universitäten der Erforschung der Synästhesie mit Konferenzen und von ihnen eingerichteten Websites Dignität verliehen, verhalf mein Vater, ganz auf sich allein gestellt, dem, was ich sah, zu Anerkennung. Weil er überzeugt war, dass in den ungewöhnlichen Wahrnehmungen seiner Tochter irgendein Sinn verborgen sein müsse, war es ihm möglich, seinen Unglauben auszuschalten, was die Grundvoraussetzung dafür ist, dass die eigene Sicht sich für die eines anderen Menschen »öffnet« und der endlose Prozess des Diversifizierens und Umwandelns, um den es im Leben geht, fortdauern kann.

Die so unendlich kreative Natur hat die Dinge so eingerichtet, dass jeder von uns, Synästhetiker wie Nicht-Synästhetiker, eine etwas andere Welt wahrnimmt. Jedes Mal, wenn einer von uns die Welt betrachtet, wird eine neue Welt geschaffen, eine Welt, die durch unsere singulären Neuronen-Muster und unsere ureigenen Erfahrungen gefärbt ist. Wenn ich mich ins Internet eingewählt habe, jene ständig weiter wachsende Welt, die die verschiedenen »Sichtweisen« der gesamten Menschheit in sich vereint, höre ich meinen Vater – wie damals – sagen: »Patty, ist das nicht erstaunlich?«

Danksagung

Zuallererst möchte ich meinem Mann, Josh Cohen, für die grenzenlose und unerschütterliche Liebe und Geduld danken, mit der er mich und mein Projekt unterstützt hat – ganz gleichgültig, wo er sich gerade auf dem Erdball befand. Dieses Buch wäre nie geschrieben worden, wenn Josh nicht im Jahr 1993 in der Zeitschrift *The Economist* auf einen Artikel über Synästhesie gestoßen wäre und ihn mir mit der beiläufigen Frage gereicht hätte: »Ist das nicht diese Sache, die du hast?« Meine Erregung über die Entdeckung, dass die Erforschung des Phänomens wieder zum Leben erwacht war, veranlasste mich dazu, eine Pilgerfahrt nach London anzutreten, um den renommierten Neurowissenschaftler Dr. Simon Baron-Cohen, der heute an der Universität Cambridge lehrt, aufzusuchen. Ich danke Dr. Baron-Cohen dafür, dass er mich an jenem Tag empfing und meine vielen Fragen zur Synästhesie beantwortete.

Andere Forscher, denen ich gerne danken möchte, sind Dr. Larry Marks, Leiter des J. B. Pierce Laboratory an der Universität Yale, der sich, obwohl er sehr beschäftigt ist, die Zeit nahm, das Manuskript zu diesem Buch durchzulesen und zu kommentieren. Er war auch der Verfasser des 1975 in *Psychology Today* erschienenen Artikels, der mich überhaupt mit dem Phänomen Synästhesie bekannt machte und mein Interesse dafür erweckte. Mein Dank gilt auch Dr. Gail Martino, einer Mitarbeiterin von Dr. Marks, die sich die Zeit nahm, mein Manuskript zu lesen und mir eine hilfreiche und ermutigende Stellungnahme zukommen ließ. Ein großer Dank auch an Dr. Michael Dickson dafür, dass er mein Manuskript las und kommentierte, und für die Gastfreundschaft, die er mir erwies, als er mich einlud, eine Einrichtung zur Erforschung von Synästhesie an der Universität Waterloo in Ontario zu besuchen. Zu Dank verpflichtet bin ich auch Dr. Richard Cytowic, dessen bahnbrechende Erforschung des Phänomens und dessen Mut, mit den Konventionen zu brechen, gezeigt haben, wie wichtig die Beschäftigung mit etwas ist, das einst als wissenschaftliches »Randgebiet« galt. Ein besonderer Dank an Dr. Peter Grossenbacher dafür, dass er mich ins »Synästhesie-Laboratorium« der National Institutes of Health eingeladen hat und dass er an der Naropa Universität weiter wegweisende Arbeiten zur Erforschung des Phänomens leistet. Ich danke ihm für seine Stellungnahme zu meinem Manuskript, für seine Bereitschaft, meine Fragen zu beantworten, und natürlich für seine Freundschaft.

Ich möchte auch meinen Angehörigen für ihre Unterstützung danken: Luna Tarlo, meiner Schwiegermutter und Schriftstellerkollegin, für ihr Interesse und ihren moralischen Beistand, und auch dem ganzen Duffy-Clan – Henry, Mary, Matthew, James und vor allem E. Marie, meiner Schwägerin – für ihre liebevolle Teilnahme an meinem Projekt. Ein besonders großes Dankeschön geht an meine Nichte Christina und an meinen Neffen Sean Duffy dafür, dass sie entscheidende Kapitel gelesen und hilfreiche Kommentare abgegeben haben. Ein Dankeschön auch an Faye Bender für ihre freundliche Art und ihre Kompetenz sowie dafür, dass sie an mein Projekt geglaubt und dafür gesorgt hat, dass es realisiert wurde. Ein gleiches an Amy Yee für ihre Freundschaft und dafür, dass ich von ihrer besonderen Gabe profitieren durfte, die richtigen Leute zusammenzubringen. John Michel, meinem Lektor, danke ich für seinen Enthusiasmus und seine nützlichen Vorschläge, vor allem für die, die mich dazu veranlassten, genauer über mein Verhältnis zu meinem Vater nachzudenken. Rosalind Palermo Stevenson und Laura Glenn danke ich für ihre Freundschaft und ihren kollegialen Beistand, Karyn Meyer, Odile Kory, Anna Muir und der ganzen Familie Muir für ihre Ermutigung. Ein besonderer Dank geht an meinen Freund Jim Tamulis, der mir nicht nur Fachartikel besorgt, sondern auch mit seinem Rat zur Seite gestanden und sein Vertrauen in mein Projekt bekundet hat. Ein spezieller Dank geht an die erste Synästhetikerin, mit der ich Freundschaft schloss, an Carol Steen; sie träumte mit mir zusammen von einer die Synästhesie betreffenden Internet-Kultur und sorgte dafür, dass diese Realität wurde. Dank an die stets inspirierende Enid Holt Harper und an den stets rührigen Sebastian King. Ein aufrichtiger Dank an Bhikshuni Weisbrot von der United Nations Society of Writers für ihre freundschaftliche Unterstützung.

Schließlich möchte ich noch dem verstorbenen Allan Kent Dart, meinen großen Freund und Mentor in Sachen Schriftstellerei danken, dessen ungewöhnlicher Humor und dessen Wertschätzung dieses Projekt in ein ganz spezielles Sonnenlicht hüllten.

Bibliografie

Ackermann, Diane: *A Natural History of the Senses.* New York: Vintage, 1990.

Baron-Cohen, S. und Harrison, J.: *Synaesthesia: Classic and Contemporary Essays.* Oxford: Blackwell Publishers, 1997.

Baron-Cohen, S., Wyke, M. und Binnie, C.: »Hearing Words and Seeing Colors: An Experimental Investigation of a Case of Synaesthesia.« In: *Perception* 16, S. 761–767.

Baudelaire, Charles: Correspondences. In: S. Baron-Cohen und J. Harrison. A.a.O.

Benson, Herbert: *Timeless Healing.* New York: Scribner's, 1966.

Berman, Greta: »Synesthesia and the Arts.« In: *Leonardo: Journal for the International Society for the Arts, Sciences, and Technology.* The MIT Press, Vol. 32 (1999), No. 1, S. 15–22.

Birren, F.: *Color and Human Response.* New York: John Wiley & Sons Inc., 1978.

Blakeslee, Sandra: »Brain Yields New Clues on Its Organization for Language.« In: *New York Times*, 10. September 1991.

dies.: »›Rewired‹ Ferrets Overturn Theory of Brain Growth.« In: *New York Times*, 25. April 2000.

Czikszentmihalyi, Mihaly: *Flow. Das Geheimnis des Glücks.* Stuttgart: Klett-Cotta Verlag, 2002 [Originalausg.: *Flow: The Psychology of Optimal Experience.* New York: Harper Collins.]

Cytowic, Richard: *Synaesthesia: A Union of the Senses.* New York: Springer Verlag, 1989.

ders.: *Farben hören, Töne schmecken.* München: dtv, 1996.

[Originalausg.: *The Man Who Tasted Shapes*. New York: Tarcher/Putnam: 1993.]
Dann, K.; *Bright Colors Falsely Seen. Synaesthesia and the Search for Transcendental Knowledge*. New Haven, CT: Yale University Press, 1998.
Dehaene, Stanislas: *The Number Sense*. New York: Oxford University Press, 1997.
Dickinson, Emily: *The Complete Poems of E. D. With an Introduction by her Niece Martha Dickinson Bianchi*. Boston: Little, Brown, and Company, 1924.
Dixon, Michael und Merikle, Philip: »5+2=Yellow.« in: *Nature* 406 (Juli 2000), S. 365.
Emrich, H., Schneider, U. und Zedler, M.: *Welche Farbe hat der Montag? Synästhesie: Das Leben mit verknüpften Sinnen*. Stuttgart: Hirzel, 2002.
Feynman, Richard: *What Do You Care What Other People Think? Further Adventures of a Curious Character*. New York: Norton, 1988.
Gardner, Howard: *Multiple Intelligences*. New York: Basic Books, 1993.
Goode, Erica: »When People Hear a Color and See a Sound.« In: *New York Times*, Februar 1999.
Grossenbacher, Peter: »Perception and Information in Synaesthetic Experience.« In: *Synaesthesia: Classic and Contemporary Essays*, hg. von Simon Baron-Cohen und John Harrison. Oxford (GB) und Cambridge (USA): Blackwell, 1997.
Grossenbacher, P. G. und Lovelace, C. T.: »Mechanisms of Synesthesia: Cognitive and Physiological Constraints.« In: *Trends in Cognitive Sciences* 5:1 (2201), S. 36–41.
Harrison, John und Baron-Cohen, S.: »Synaesthesia: Reconciling the Subjective with the Objective.« In: *Elsevier Science Ltd.*, 1995; S. 157–160.
Horiuchi, Toshimi: *The Minnesota Poems*. Tokyo: The Hokuseido Press, 1980.

Hornick, Sue: »For Some, Pain Is Orange.« In: *Smithsonian Magazine*, Februar 2001, S. 48–54.

Juster, Norton: *The Phantom Toll Booth*. New York: Random House, 1964.

Kosslyn, S., Ball, T. M. und Reiser, B. J.: »Visual Images Preserve Metric Spatial Information: Evidence from Studies of Image Scanning.« In: *Journal of Experimental Psychology: Human Perception* 4:1 (1978), S. 47–60.

Kubin, Alfred: *Aus meinem Leben*. München: dtv, 1978.

ders.: *Die andere Seite*. Reinbek b. Hamburg: Rowohlt Taschenbuch Verlag, 2001.

Lemley, Brad: »Do You See What They See?« In: *Discover Magazine*, Dezember 1999, S. 80–87.

Lewkowicz, David and Turkewitz, Gerald: »Intersensory Interaction in Newborns: Modification of Visual Preferences Following Exposure to Sound.« In: *Child Development* 52 (1981), S. 827–832.

Lim, Jay Alan (Komponist). Zitiert im Programm zur Aufführung von *Rough Magic* durch das San Francisco Symphony Orchestra im April 2000.

Lusseryan, Jacques: *And Then There Was Light*. New York: Parabola Books, 1998.

Lvovich, Natasha: *The Multilingual Self*. Mahwah, NJ: Lawrence Erlbaum Associates, 1997.

Marks, Lawrence: »On Colored-Hearing Synesthesia.« In: *Synaesthesia Classic and Contemporary Essays*, hg. von Simon Baron-Cohen und John Harrison. Oxford (GB) und Cambridge (USA): Blackwell, 1997

Martino, Gail und Marks, Lawrence: »Perceptual and Linguistic Intractions in Speeded Classification: Tests of the Semantic Coding Hypothesis.« In: *Perception* 28 (1999), S. 903–923.

dies.: »Synesthesia: Strong and Weak.« In: *Currant Directions in Psychological Science* 10, Nr. 2 (April 2001), S. 61–65.

Maurer, Daphne und Maurer, Charles: *The World of the Newborn*. New York: Basic Books, 1988.

Motluck, Alison: »Purple Prose.« In: *The Economist*, 4. September 1993.
dies.: »Two Synaesthetes Talking Color.« In: : *Synaesthesia Classic and Contemporary Essays*, hg. von Simon Baron-Cohen und John Harrison. Oxford (GB) und Cambridge (USA): Blackwell, 1997.
Nabokov, Vladimir: *Erinnerung, sprich. Wiedersehen mit einer Autobiografie*. Übers. von Dieter E. Zimmer. Reinbek b. Hamburg: Rowohlt Taschenbuch Verlag, 1999. [Originalausgabe: Speak, Memory. McGraw-Hill Book Company: New York, 1966.]
Nordau, Max: *Entartung*. 2. Bde. Carl Duncker Verlag: Berlin, 1893.
Paulescu, E., Harrison, J., Baron-Cohen, S. u. a.: »The Physiology of Coloured Hearing.« In: *Brain* 118 (1995), S. 661–676.
Pinker, Steven: *The Language Instinct: How The Mind Creates Language*. New York: William Morrow and Company. 1994.
Proust, Marcel: *Auf der Suche nach der verlorenen Zeit*. Übers. von Eva Rechel-Mertens. Frankfurt a.M.: Suhrkamp Verlag, 1967.
Rimbaud, Arthur: Sämtliche Dichtungen. Übers. von Walther Küchler. Heidelberg, 1982.
Root-Bernstein, Robert und Root-Bernstein, Michele: *Sparks of Genius: Thirteen Thinking Tools of the World's Moste Creative People*. Boston und New York: Houghton-Mifflin, 1999.
Sacks, Oliver: *Der Mann, der seine Frau mit einem Hut verwechselte*. Übers. von Dirk van Gunteren. Reinbek b. Hamburg: Rowohlt Taschenbuch Verlag, 2001.
ders.: *Eine Anthropologin auf dem Mars. Sieben paradoxe Geschichten*. Übers. von Hainer Kober u.a. Reinbek b. Hamburg: Rowohlt Taschenbuch Verlag, 1997.
Salzmann, Mark: *Lying Awake*. New York: Knopf, 2000.
Sitwell, Edith: *Collected Poems*. New York: Vanguard Press, 1954.
Steen, Carol: »A Vision Shared.« In: *Leonardo: Journal for the*

International Society for the Arts, Sciences and Technology. The MIT Press, Vol. 34, Nr. 3 (Juni 2001), S. 203–208.

Watson, Ian: »The Common Triggers of Synesthesia Are Social Conventions.« Vortrag, gehalten bei der Versammlung der Central States Anthropology Society, Milwaukee, Wisconsin, April 1997.

Wheeler, Raymon und Cutsforth, Thomas: *The Synesthesia of a Blind Subject.* Eugene: University of Oregon, 1922.

ders.: »Synesthesia: A Form of Perception.« In: *Psychological Review* 29 (1922), S. 212-220.

Bildnachweis

1 »Word Design« © Sebastian King
2 »Pat Duffy's Colored Alphabet« © Carol Steen; Foto: Jean Vong
3 »Pat Duffy's Colored Alphabet« © Carol Steen; Foto: Jean Vong
4 »Cyoto« © Carol Steen, 1995; Foto: James Dee
5 »Vision« © Carol Steen, 1996; Foto: Jean Vong
7 »Ecstatic Orange« by Michael Torke © Boosey & Hawkes
8 »Slime for Clouds« © Marcia Smilack
9 »Untitled« © Mark Safan
12 »Mist« © Laura Glenn, 2000; Foto: Jean Vong
14 »Michael Torke's Colored Week« © Carol Steen, 2001
15 »Pat Duffy's Colored Year« © Carol Steen, 2001